2019

GUANGDONGSHENG QUYU JINGJI FAZHAN BAOGAO

广东省区域经济发展报告 2019

广东省发展和改革委员会 编

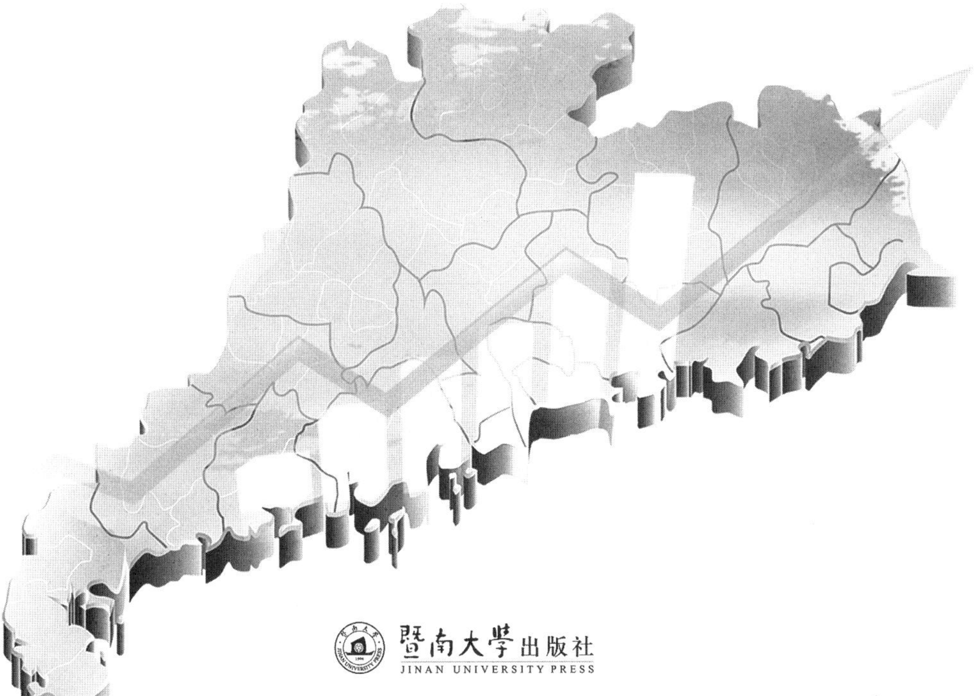

暨南大學出版社
JINAN UNIVERSITY PRESS

中国·广州

图书在版编目（CIP）数据

广东省区域经济发展报告．2019/广东省发展和改革委员会编．—广州：暨南大学出版社，2020. 12
ISBN 978-7-5668-3070-8

Ⅰ. ①广… Ⅱ. ①广… Ⅲ. ①区域经济发展—研究报告—广东—2019 Ⅳ. ①F127. 65

中国版本图书馆 CIP 数据核字（2020）第 256487 号

广东省区域经济发展报告（2019）
GUANGDONGSHENG QUYU JINGJI FAZHAN BAOGAO（2019）
编 者：广东省发展和改革委员会

出 版 人：张晋升
责任编辑：黄文科
责任校对：张学颖 林玉翠
责任印制：汤慧君 周一丹

出版发行：暨南大学出版社（510630）
电 话：总编室（8620）85221601
营销部（8620）85225284 85228291 85228292 85226712
传 真：（8620）85221583（办公室） 85223774（营销部）
网 址：http://www. jnupress. com
排 版：广州尚文数码科技有限公司
印 刷：佛山市浩文彩色印刷有限公司
开 本：787mm×1092mm 1/16
印 张：14. 25
字 数：230 千
版 次：2020 年 12 月第 1 版
印 次：2020 年 12 月第 1 次
定 价：58. 00 元

前言

为全面系统反映广东全省区域发展情况，促进区域协调发展，为各级党委、政府决策作参考，根据省领导的指示，广东省发展改革委从2008年开始，每年组织编写出版年度《广东省区域经济发展报告》，至今已出版十一期。

为保持延续性，便于分析对比，《广东省区域经济发展报告（2019）》沿用了上一期的篇章结构，分综合篇、区域篇、专项篇三个篇章和附录，以翔实的资料全面反映2019年广东省推进区域经济发展的情况。综合篇介绍了2019年广东省经济社会发展总体情况、四大区域发展分析、2019年区域发展主要工作及2020年工作思路，并对广东在全国发展中的地位及与沿海发达省（市）的比较进行了分析；区域篇介绍了珠三角、粤东、粤西、粤北四大区域发展情况，并对21个地级以上市区域发展和合作情况、县域经济发展情况、重大区域发展平台规划建设等进行了重点阐述；专项篇详细介绍了区域发展九项主要工作情况。本书的附录收录了2019年出台的《粤港澳大湾区发展规划纲要》《中共中央　国务院关于支持深圳建设中国特色社会主义先行示范区的意见》等四份文件和“2019年广东区域经济发展大事记”。

本书在编写过程中，得到了中共广东省委台办、广东省工业和信息化厅、省财政厅、省自然资源厅、省农业农村厅、省商务厅、省统计局、省港澳办等省有关部门和各地级以上市发展改革局（委）的大力支持，在此表示衷心的感谢！由于水平有限，如有错漏之处，敬请批评指正。

编　者

2020 年 11 月

目录

Contents

区域篇

专项篇

附 录

综合篇

一、经济社会发展概要

2019年，广东省坚持稳中求进工作总基调，深入贯彻新发展理念，扎实落实“1+1+9”工作部署，统筹做好稳增长、促改革、调结构、惠民生、防风险、保稳定各项工作，推动经济社会发展取得新成绩，全面建成小康社会取得重大进展。全省地区生产总值达107 671.07亿元，增长6.2%；[①] 人均地区生产总值94 172元，增长4.5%；地方一般公共预算收入12 654.53亿元，增长4.5%；全体居民人均可支配收入39 014元，增长8.9%；居民消费价格指数上涨3.4%。

（一）产业发展

制造业高质量发展稳步推进，出台推动制造业高质量发展的意见，开展稳链补链强链控链工作，形成电子信息、绿色石化、智能家电等产值超万亿元的产业集群。深入实施工业技改三年行动计划，引导超过8 300家工业企业开展技术改造，工业技改投资增长12.9%，推动3 000家工业企业“上云上平台”数字化转型。新增国家级工业设计中心9家。新动能加快成长。工业机器人产量达4.25万台（套），4K电视产量、5G基站数量均居全国第一。出台促进广东省集成电路产业发展的指导意见，广州乐金OLED、广州粤芯12英寸晶圆等项目建成投产。实体经济发展环境逐步优化。实施“实体经济十条（修订版）”“民营经济十条”，落实各项减税降费政策，新增减税降费超3 000亿元。实施支持中小企业融资、上规模奖励等措施，建成省中小企业融

① 本书主要数据来源于《广东统计年鉴2020》；所述的“增长”，除特别注明外，均指“比上年增长”。

资平台，获批发行企业债券537亿元，推动9 000多家小微企业上规模，规模以上工业企业总量超5.5万家，居全国第一。积极稳妥推进降杠杆，市场化债转股落地4个项目、到位资金174.90亿元；规模以上工业企业资产负债率56.2%，回落0.5百分点。

（二）创新发展

全面实施创新驱动发展战略，创新创业活力持续释放。深入实施“科创十二条”，区域创新综合能力继续保持全国第一。持续加强基础与应用基础研究，研究与试验发展经费3 098.49亿元，占地区生产总值比重达2.88%；科技进步贡献率达59.5%，万人发明专利拥有量26.1件。有效发明专利量、PCT国际专利申请量稳居全国首位。关键核心技术攻关取得重要成果。九大重点领域4批研发计划项目加快推进，基于国产8K技术标准的媒体终端芯片实现全球行业领先，人工智能领域研发出首款双核深度计算SOC芯片。基础研究平台建设加强。在材料科学、信息科学等领域启动首批13个基础研究重大项目。完成3批共10家省实验室布局，在人工智能、网络技术、新材料、生命科学等领域汇聚一批顶尖科学家和创新团队。“双一流”高校建设扎实推进，进入ESI排名前1%的学科达77个。企业创新主体地位不断增强。新增省级制造业创新中心5家、技术创新中心2家、新型研发机构53家，规模以上工业企业研发机构覆盖率达40%。科技企业孵化器达989家、众创空间达868家，均保持全国第一。创新和高技能人才加快培育引进。实施重大人才工程，引进第八批“珠江人才计划”44个团队、“广东特支计划”20个团队、海外青年博士后550名。

（三）基础设施

大力优化全省交通网络布局。新增高铁运营里程122千米、总里程达2 027千米，新增高速公路493千米、总里程9 495千米，稳居全国第一。开工建设广州至湛江高铁、梅州至龙川高铁、茂名博贺疏港铁路等项目，梅州至潮汕铁路全线通车。沈海高速深汕西段改扩建等项目加快建设，梅州至平远、高明至恩平等高速公路项目建成通车。惠州机场扩建、揭阳潮汕机场（4E 级）飞行区扩建工程顺利完成，开工建设湛江机场（4E 级）迁建工程、韶关机场军民合用工程、珠海机场改扩建工程。可停靠世界上最大吨位邮轮的南沙港国际邮轮母港开港运营，建成汕头港广澳港区二期等项目，北江航道实现千吨级船舶通达韶关，开工建设湛江港 30 万吨级航道改扩建等项目。出台加大基础设施领域补短板稳投资力度实施方案，惠州太平岭核电开工建设，建成投产台山核电 2 号机组、阳江核电 6 号机组等一批能源项目。生活垃圾污水处理设施、城市黑臭水体治理等生态环保领域投资 231 亿元。韩江高陂水利枢纽工程、韩江榕江练江“三江连通工程”等项目进展顺利，珠三角水资源配置工程等项目开工建设。

（四）体制机制

深化重点领域改革攻坚。大力推进“数字政府”改革建设，推动数据上云、服务下沉，“粤省事”实名用户突破 2 500 万、809 项服务事项实现“零跑动”，“粤商通”“粤政易”服务范围不断扩大，企业和群众办事更加便捷，省级政府网上政务服务能力排名跃居全国第一。社会信用体系建设深入推进，全省信用联合奖惩一张网加快形成。大力推进“放管服”和强市放权改革，省级权责清单事项从 3 018 项大幅压减至 986 项。持续推进减证便民，“百项疏堵行动”成效显著。实施企业投资项目分类管理和落地便利化改革，开展工程建设项目审批制度改革，全面签发不动产登记电子证照。推行“证照分离”改革全覆盖试点，企业开办全流程平均不超过 3 个工作日。出台支持中小企业用地、融资、知识产权保护的专项政策，建成涉企政策“一站式”网上发布平台和中小企业融资平台。深化预算编制执行监督管理改革，全面实施预算绩效管理。

（五）区域发展

加快构建“一核一带一区”发展新格局，空间发展格局更趋优化。珠三角核心引领作用加强。产业共建和对口帮扶加强，省产业转移工业园规模以上工业增加值增长6.2%，全面推进深汕特别合作区改革试点，广清经济特别合作区建设扎实推进。沿海经济带新增长极加快成长。揭阳中委广东石化、湛江中科炼化、阳江海上风电产业基地等项目进展顺利，汕头海上风电整机组装基地建成投产。沿海高速铁路建设加快推进，珠三角联系东西两翼快速运输通道基本形成。北部生态发展区生态屏障进一步筑牢。积极创建南岭国家公园，梅州、韶关获批国家生态文明示范区。制定实施均衡性转移支付和生态保护区财政补偿转移支付政策，出台推动老区苏区和民族地区发展的意见，重点老区苏区和民族地区专项补助提高至每年每县4 000万元，省级生态公益林年补助标准提高至每亩39.1元。粤东粤西粤北地区9家高水平医院、4家省实验室、8家新建迁建高校建设顺利推进。

（六）资源环境

污染防治取得突破性进展，全面落实河长制、湖长制，系统推进污染防治攻坚，扎实推进中央环保督察及“回头看”整改，茅洲河、练江等重点流域综合污染指数持续下降，劣V类国考断面减少4个，深圳在全国率先实现全市域消除黑臭水体。完成县级集中式饮用水水源地环境问题整治。河湖“五清”“清四乱”专项行动成效明显，启动万里碧道规划建设。大气质量持续改善，六项污染物指标全面达标，PM2.5年均浓度下降到每立方米27微克。完成10.6万家“散乱污”工业企业整治、333条建筑陶瓷行业生产线设备“煤改气”、409台燃煤锅炉清洁能源改造。新建城镇污水管网7 000多千米和一批生活垃圾、污水处理设施，全面启动地级以上城市生活垃圾分类工作。完成违法建设治理1.65亿平方米、“三旧”改造7万多亩、矿山石场复绿765公顷。

（七）对外经贸

推进全方位对外开放，加快建立与国际接轨的投资贸易规则体系。出台外贸高质量发展32项措施，多渠道开拓国际市场，对欧盟、东盟进出口分别增长11.1%、6.9%。加快发展外贸新业态，跨境电商进出口总额增长45.8%，二手车出口试点顺利启动。深入落实外商投资负面清单和“外资十条”，进一步减少市场准入限制，在用地保障、人才支持等方面营造更具吸引力的投资环境。投资总额超100亿美元的湛江巴斯夫项目开工建设，成为我国首个外商独资大型石化一体化项目、广东省最大的单一外资项目。惠州埃克森美孚、中海壳牌三期等重大外资项目顺利推进，GE海上风电制造基地正式开工。制定广东自贸试验区对港澳跨境服务贸易负面清单，推进商事登记确认制改革试点和自由贸易账户体系在更大范围复制推广。深度参与“一带一路”建设，对沿线国家进出口总额增长6.3%，国际友城基本实现沿线主要国家全覆盖。中欧班列实现每周9列常态化运行，出口货值增长31.2%。

（八）社会民生

持续加大民生投入，十件民生实事共下达拨付资金971.29亿元，完成年初预算的109.1%。创新实施积极的就业政策，深入推进“广东技工”“粤菜师傅”“南粤家政”工程。加快发展各级各类教育，公办园和普惠性民办园在园幼儿占比提高至78%，义务教育优质均衡发展，高职院校扩招12万人以上，高等教育毛入学率提高4百分点。提升社会保险统筹层次，实现工伤保险基金省级统筹，大病保险筹资和保障水平进一步提升。城乡低保、残疾人保障等底线民生不断加强，实现医疗救助市级统筹，新开工棚户区改造住房2.8万套。大力推进30家高水平医院建设，公共卫生服务保障能力进一步增强。深化“三医联动”改革，全面推进紧密型县域医共体建设，率先全面实施按病种分值付费。出台若干养老服务发展措施，加快推进居家、社区、机构养老设施建设。实施建设文化强省行动计划，文化及相关产业增加值保持全国首位，省级重大标志性文化工程“三馆合一”项目正式开工，新增全国重点文物保护单位33处。

表1　广东省2019年宏观经济主要指标①

	2019年		2018年	
	绝对数	比上年增长(%)	绝对数	比上年增长(%)
一、广东省生产总值（亿元）	107 671.07	6.2	99 945.22	6.8
第一产业	4 351.26	4.1	3 836.40	4.4
第二产业	43 546.43	4.7	41 398.45	5.9
第三产业	59 773.38	7.5	54 710.37	7.8
二、人均地区生产总值（元）	94 172	4.5	88 781	5.2
三、固定资产投资（亿元）	—	11.1	—	10.7
四、社会消费品零售总额（亿元）	42 951.75	8.0	39 767.12	8.7
五、外贸进出口总额（亿美元）	10 365.78	-4.5	10 851.03	7.8
出口总额	6 294.64	-2.7	6 470.46	3.9
进口总额	4 071.14	-7.1	4 380.57	14.1
六、实际利用外商直接投资（亿元）	1 522.00	4.9	1 450.88	4.9
七、城镇常住居民人均可支配收入（元）	48 117.55	8.5	44 340.97	8.2
农村常住居民人均可支配收入（元）	18 818.42	9.6	17 167.74	8.8
八、居民消费价格指数（%）	103.4	3.4	102.2	2.2
九、地方一般公共预算收入（亿元）	12 654.53	4.5	12 105.26	7.9
地方一般公共预算支出（亿元）	17 297.85	10.0	15 729.26	4.6
十、金融机构信贷收支（亿元）				
银行业金融机构本外币存款余额	232 458.64	11.7	208 051.16	6.9
银行业金融机构本外币贷款余额	167 994.58	15.7	145 169.39	15.2

① 广东省统计局根据第四次经济普查结果对2018年及历史的相关指标数据进行修订，造成可比口径的规模总量和增长速度发生相应的变化。

二、区域经济发展综述

（一）四大区域发展分析

广东全省划分为珠江三角洲、粤东、粤西、粤北四个区域。珠江三角洲地区包括广州、深圳、珠海、佛山、江门、东莞、中山、惠州、肇庆 9 市；粤东地区包括汕头、潮州、揭阳、汕尾 4 市；粤西地区包括湛江、茂名、阳江 3 市；粤北地区包括韶关、河源、梅州、清远、云浮 5 市。2019 年，全省常住人口为 11 521.00 万人。其中，珠三角占 55.96%，粤东、粤西、粤北地区分别占 15.14%、14.19%、14.71%。珠三角、粤东、粤西、粤北的人口城镇化率分别为 86.28%、60.38%、45.81%、50.80%，分别比上年提高 0.37、0.09、1.27、1.07 百分点。粤西和粤北地区人口城镇化率在四大区域中提升幅度较大，但相对水平仍偏低，分别低于全省平均水平 25.59 和 20.60 百分点，城镇化进程有待进一步推进。

表 2　2019 年广东省四大区域基本情况

	面积及占全省比重		年末常住人口及占全省比重		城镇化率（%）
	面积（万平方千米）	占比（%）	人口（万人）	占比（%）	
全省	17.97		11 521.00		71.40
珠三角	5.48	30.49	6 446.89	55.96	86.28
粤东	1.55	8.63	1 744.46	15.14	60.38
粤西	3.26	18.14	1 634.24	14.19	45.81
粤北	7.68	42.74	1 695.00	14.71	50.80

1. 经济总量稳步增长，珠三角绝对优势扩大。从绝对值来看，2019 年，珠三角地区生产总值 86 899.05 亿元，占全省比重为 80.7%；粤东地区生产总值 6 957.09 亿元，占全省比重为 6.5%；粤西地区生产总值 7 609.24 亿元，占全省比重为 7.0%；粤北地区生产总值 6 205.69 亿元，占全省比重为 5.8%。珠三角地区与粤东西北地区经济总量绝对差距呈不断扩大态势，粤东、粤西、粤北地区生产总值分别只有珠三角地区的 8.0%、8.8%、7.1%。从增速来看，2019 年，珠三角地区生产总值增长 6.4%，高于全省平均水平 0.2 百分点；而粤东、粤西、粤北地区生产总值增速分别为 5.0%、4.9%、5.5%，分别低于全省平均水平 1.2、1.3、0.7 百分点。2019 年，珠三角、粤东、粤西、粤北地区人均地区生产总值分别为 136 335 元、39 957 元、46 764 元、36 697 元，粤东西北三大区域之间差距较小，但与珠三角地区的差距较大。从增速来看，粤东、粤北地区人均地区生产总值增速分别为 4.7%、5.1%，分别高于全省平均水平 0.2、0.6 百分点；珠三角、粤西地区人均地区生产总值增速分别为 3.9%、4.0%，分别低于全省平均水平 0.6、0.5 百分点。

2. 珠三角财政实力继续增强，粤东西北地区财政实力相对薄弱。从绝对值来看，珠三角地区地方一般公共预算收入 8 277.11 亿元，占全省比重为 88.4%；粤东地区地方一般公共预算收入 301.73 亿元，占全省比重为 3.2%；粤西地区地方一般公共预算收入 335.46 亿元，占全省比重为 3.6%；粤北地区地方一般公共预算收入 449.14 亿元，占全省比重为 4.8%。粤东、粤西、粤北地区地方一般公共预算收入分别只有珠三角地区的 3.6%、4.1%、5.4%。从增速来看，珠三角、粤西地区地方一般公共预算收入均增长 4.6%，其次为粤北地区，增长 2.5%，粤东地区增速最低，增长 0.6%。

3. 三大需求稳定增长，经济内生动力增强。从固定资产投资来看，珠三角固定资产投资稳中有升，粤东地区增长最快，达到 12.7%，在四大区域中位居首位；珠三角地区固定资产投资增长速度紧随其后，增速为 12.3%；粤北地区增长 10.2%，粤西地区下降 1.3%。从社会消费品零售总额来看，珠三角地区社会消费品零售总额增速放缓，粤东西北地区与珠三角地区的总量差距依然较大。2019 年，珠三角、粤东地区社会消费品零售总额均增长 7.9%，低于全省平均水平 0.1 百分点，总量分别占全省比重为 77.4%、8.3%；粤西地区社会消费品零售总额增速为8.8%，位列全省各区域首位；粤北地区社会消费品零售总额增速为8.0%，位居全省各区域第二位。从外贸进出口来看，粤西和粤北地区对外经贸形势较好，珠三角地区外贸形势较为严峻。珠三角地区外贸进出口总额下降0.5%，低于全省平均水平0.3百分点；总量占全省的95.5%，回落0.3百分点。粤西、粤北地区外贸进出口总额分别增长14.0%、4.6%，分别高于全省平均水平14.2、4.8百分点；总量分别占全省的1.1%、1.6%，分别提高0.2、0.1百分点。粤东地区外贸进出口总额增长2.1%，高于全省平均水平2.3百分点；总量占全省的1.8%，与上年持平。

表3　2019年广东省各区域主要经济指标总量对比

指标	珠三角	粤东	粤西	粤北
地区生产总值（亿元）	86 899.05	6 957.09	7 609.24	6 205.69
人均地区生产总值（元）	136 335	39 957	46 764	36 697
地方一般公共预算收入（亿元）	8 277.11	301.73	335.46	449.14
社会消费品零售总额（亿元）	33 237.60	3 565.60	3 660.20	2 488.35
进出口总额（亿元）	68 281.91	1 308.38	762.04	1 132.06

表4　2019年广东省各区域主要经济指标占全省比重对比

（单位：%）

指标	珠三角	粤东	粤西	粤北
地区生产总值	80.7	6.5	7.0	5.8
地方一般公共预算收入	88.4	3.2	3.6	4.8
固定资产投资	73.1	11.9	6.4	8.5
社会消费品零售总额	77.4	8.3	8.5	5.8
进出口总额	95.5	1.8	1.1	1.6

表 5　2019 年广东省各区域主要经济指标增速对比

（单位：%）

指标	珠三角	粤东	粤西	粤北
地区生产总值	6.4	5.0	4.9	5.5
人均地区生产总值	3.9	4.7	4.0	5.1
地方一般公共预算收入	4.6	0.6	4.6	2.5
固定资产投资	12.3	12.7	-1.3	10.2
社会消费品零售总额	7.9	7.9	8.8	8.0
进出口总额	-0.5	2.1	14.0	4.6

4. 产业结构继续优化，服务业实现较快增长。2019 年，广东总体呈现出第二产业占比下降、第三产业占比上升的良好态势，四大区域产业均已调整为“三二一”结构。其中，珠三角、粤东、粤西、粤北地区第二产业占地区生产总值的比重分别为 41.3%、43.6%、34.5%、32.8%，分别回落 1.0、0.9、0.6、0.6 百分点。珠三角、粤东地区第三产业占地区生产总值的比重分别为 57.1%、48.4%，分别提高 1.0、0.3 百分点；粤北地区第三产业占地区生产总值的比重为 51.9%，与上年大致持平；粤西地区第三产业占地区生产总值的比重为 46.9%，回落 0.8 百分点。从产业增速来看，粤北地区在第一产业，珠三角地区在第二和第三产业表现突出。第一产业增加值增速最高的是粤北地区，增长 4.7%；第二产业增加值增速最高的是珠三角地区，增长 5.1%；第三产业增加值增速最高的是珠三角地区，增长 7.6%。

表 6　2019 年广东省各区域三次产业结构及增速对比

（单位：%）

	三次产业构成			三次产业增速		
	第一产业	第二产业	第三产业	第一产业	第二产业	第三产业
全省	4.0	40.5	55.5	4.1	4.7	7.5
珠三角	1.6	41.3	57.1	3.6	5.1	7.6
粤东	8.0	43.6	48.4	4.6	3.3	7.0
粤西	18.6	34.5	46.9	3.6	3.6	6.4
粤北	15.3	32.8	51.9	4.7	4.8	6.2

5. 珠三角地区工业生产发挥重要支撑作用，粤东西北地区中高端产业发展相对薄弱。从总量来看，珠三角地区工业总量优势扩大。2019 年，珠三角地区实现规模以上工业增加值 27 962.44 亿元，占全省的 86.1%，提高 1.6 百分点。粤北地区实现规模以上工业增加值 1 438.37 亿元，占全省的 4.4%，与上年持平。粤东、粤西地区分别实现规模以上工业增加值 1 656.07 亿元、1 437.10亿元，分别占全省的 5.1%、4.4%，比重均有所下降。从增速来看，珠三角和粤北地区工业增长较快。2019 年，珠三角、粤北地区规模以上工业增加值分别增长 5.0%、5.1%，粤东、粤西地区分别增长 2.3%、2.9%。从中高端产业分区域看，2019 年，珠三角地区先进制造业增加值、高技术制造业增加值占规模以上工业比重分别为 57.9%、35.2%，高于全省平均水平 3.0、3.7 百分点。粤东西北地区先进制造业增加值、高技术制造业增加值占规模以上工业的比重分别为 36.6%、8.2%，均低于全省平均水平。其中，粤西地区先进制造业增加值占规模以上工业比重为 43.9%，比粤东、粤北地区分别高 9.5、12.2 百分点；粤北地区高技术制造业增加值占规模以上工业比重为 13.8%，比粤东、粤西地区分别高 4.6、12.3 百分点。粤东西北地区中高端产业虽有所发展，但仍与珠三角地区存在着较大的差距，粤北地区先进制造业增加值占规模以上工业比重为 31.7%，与珠三角地区差距最大，达 26.2 百分点；粤西地区高技术制造业增加值占规模以上工业比重最低，仅为 1.5%，与珠三角地区的差距达 33.7 百分点。

表7　2019年广东省各区域现代产业增加值及比重对比

	先进制造业增加值		高技术制造业增加值	
	绝对数（亿元）	占规模以上工业比重（%）	绝对数（亿元）	占规模以上工业比重（%）
全省	17 848.93	54.9	10 222.97	31.5
珠三角	16 191.21	57.9	9 850.15	35.2
粤东	569.78	34.4	152.75	9.2
粤西	631.58	43.9	22.06	1.5
粤北	456.36	31.7	198.00	13.8

6. 珠三角地区居民收入增长较快，粤东西北地区与珠三角地区在居民收入方面存在较大的差距。2019年，珠三角地区全体居民人均可支配收入52 213.7元，增长9.0%，高于全省平均水平0.1百分点，其城镇居民、农村居民人均可支配收入增速分别高于全省平均水平0.2、0.1百分点。粤东西北地区全体居民人均可支配收入23 383.7元，仅为珠三角地区的44.8%；增长8.4%，低于全省平均水平0.5百分点；其城镇居民人均可支配收入增速低于全省平均水平1.2百分点，农村居民人均可支配收入增速低于全省平均水平0.5百分点。

表8　2019年广东省四大区域居民生活水平情况

	全体居民人均可支配收入		城镇居民人均可支配收入		农村居民人均可支配收入	
	绝对数（元）	增长（%）	绝对数（元）	增长（%）	绝对数（元）	增长（%）
全省	39 014.3	8.9	48 117.6	8.5	18 818.4	9.6
珠三角	52 213.7	9.0	56 638.7	8.7	25 025.8	9.7
粤东	23 483.6	7.9	28 569.8	7.0	16 386.8	9.1
粤西	23 550.9	8.6	30 552.5	7.6	17 932.4	9.1
粤北	23 120.3	8.6	29 828.0	7.2	16 490.8	9.1

7. 社会民生保障能力不断增强。2019 年，全省医院达到 1 631 家。其中，珠三角地区有 946 家，粤东地区有 186 家，粤西地区有 248 家，粤北地区有 251 家，分别比上年增加 42、13、10、14 家。各区域文化设施分布较为均衡，与上年相比基本保持稳定。社会保障工作稳步推进。2019 年，广东四大区域失业保险、工伤保险和生育保险参保人数呈现稳中向好态势。

表 9　2019 年广东省各区域社会文化建设情况

	医院（家）	艺术表演团体（个）	文化馆（个）	公共图书馆（个）	博物馆（个）	档案馆（个）
全省	1 631	72	145	146	259	189
珠三角	946	17	56	57	162	54
粤东	186	17	24	23	25	27
粤西	248	14	21	21	21	27
粤北	251	15	43	44	48	49

注：除医院外，各区域不包省直单位部分。

表 10　2019 年广东省各区域社会保险参保人数

（单位：万人）

	城乡基本医疗保险	失业保险	工伤保险	生育保险
全省	6 407.74	3 500.81	3 815.85	3 669.36
珠三角	1 928.53	3 072.36	3 261.04	3 235.64
粤东	1 499.45	175.67	172.74	155.96
粤西	1 475.94	96.98	120.72	108.41
粤北	1 503.82	155.80	194.78	169.36

注：各区域不包省直单位部分。

（二）区域发展主要工作

2019年，广东省深入贯彻习近平总书记对广东重要讲话和重要指示批示精神，紧紧抓住粤港澳大湾区建设和支持深圳建设中国特色社会主义先行示范区重大历史机遇，全力推动构建“一核一带一区”区域发展新格局，区域发展成效显著。

1. 全力推进粤港澳大湾区建设。出台广东省贯彻落实《粤港澳大湾区发展规划纲要》的实施意见和若干政策措施。以“湾区通”工程为抓手，大力推动三地规则衔接，全面落实粤港澳大湾区境外高端人才和紧缺人才个人所得税优惠政策。推进实施国际科技创新中心建设方案，初步构建深港河套、珠海横琴“两点”和广深港、广珠澳“两廊”的建设框架。新建10家粤港澳联合实验室，散裂中子源等重大科研设施向港澳开放。编制基础设施互联互通、城际铁路建设等专项规划，港珠澳大桥运营管理水平不断提升，横琴口岸旅检大楼建成使用，莲塘/香园围口岸、粤澳新通道加快推进，皇岗口岸重建工程启动，黄茅海通道、狮子洋通道等跨江跨海项目前期工作加快。民生领域合作交流取得新进展，港澳创业者纳入内地创业补贴扶持范围。香港科技大学（广州）落户南沙。

2. 强化珠三角核心引领作用。出台省支持深圳建设先行示范区若干重大措施，并以同等力度支持广州实现老城市新活力和“四个出新出彩”，赋予广州、深圳更大改革发展自主权，广州、深圳中心城市的核心引擎作用进一步增强。扎实推进以深圳为主阵地的综合性国家科学中心创建工作，建设珠三角国家自主创新示范区，形成以广州、深圳为创新龙头的“1+1+7”区域协同创新格局。珠三角地区区域创新能力居全国前列，高新技术企业存量占全省比例超过95%，发明专利授权量超过5万件。推动产业转型升级，2019年先进制造业增加值、高技术制造业增加值占规模以上工业比重分别达57.9%、35.2%。推动基础设施互联互通，南沙大桥建成通车，深中通道海底隧道全面开建，穗深城际铁路、珠机城际铁路横琴至机场段等建成通车。印发实施

《东莞滨海湾新区发展总体规划（2019—2035年）》，推进东莞滨海湾新区规划建设。

3. 着力推进粤东西北地区振兴发展。加快推进交通基础设施建设，梅州至潮汕铁路全线通车，沈海高速深汕西段改扩建等项目加快建设，梅州至平远、高明至恩平等高速公路项目建成通车，珠三角联系粤东西北快速运输通道基本形成。加快布局重大产业项目，揭阳中委广东石化、湛江中科炼化、阳江海上风电产业基地等项目进展顺利，投资约400亿元的丙烷脱氢项目落户茂名，汕头海上风电整机组装基地建成投产。以产业园区为主要载体，推动产业集聚发展，2019年，形成年产值500亿元以上园区5个，100亿元以上园区27个。支持汕头、湛江建设省域副中心城市。加强珠三角与粤东西北地区产业共建和对口帮扶，省产业转移工业园规模以上工业增加值增长6.2%，全面推进深汕特别合作区改革试点，扎实推进广清经济特别合作区建设。启动编制广东南岭国家公园总体规划。出台均衡性转移支付制度，将享受政策的县（市、区）从60个扩围至86个，实现全省财力困难县（市、区）全覆盖。

4. 大力支持苏区老区和民族地区等特殊类型地区振兴发展。加大政策支持力度，省委、省政府出台《关于进一步推动我省革命老区和原中央苏区振兴发展的意见》《关于推动我省民族地区加快高质量发展的意见》。省人大颁布施行《广东省促进革命老区发展条例》，为广东省老区苏区振兴发展提供强有力的法律保障。从2019年起，对重点老区苏区县和民族县每年每县安排专项财力补助4 000万元，其他老区每县安排专项补助1 000万元；对国家和省统一部署的国家干线铁路、高速公路、机场、港口、码头、水利工程、生态环境保护等重大项目资本金，加强省级统筹，免除重点老区苏区县和民族县出资责任；省级全额承担重点老区苏区和民族地区的城乡居民基本养老保险补助、基本医疗保险补助等9项基本公共服务共同财政事权的地方支出责任。着力支持资源型地区和老工业地区发展，韶关市成功申报为国家产业转型升级示范区。

5. 深入推进区域合作发展。继续推进泛珠三角区域合作。促进泛珠三角区域互联互通，加快推进赣深高铁广东段建设，全力推动龙岩至龙川铁路梅州至龙川段开工建设；推动广州港与赣州国际陆港共建“赣广组合港”；珠江—西江经济带、粤桂黔滇高铁经济带建设取得新进展；充分依托泛珠三角区域旅游大联盟、海上丝绸之路旅游推广联盟、粤桂黔高铁经济带旅游产业联盟等平台，加强旅游交流合作。加大力度对口支援西藏、新疆、四川甘孜地区，共投入 47.17 亿元，建设 303 个援建项目，其中，援西藏资金 7.31 亿元、项目 56 个，援新疆喀什及兵团三师资金 32.66 亿元、项目 114 个，援四川甘孜资金 7.2 亿元、项目 133 个。全面加强与黑龙江对口合作，合作重点项目 190 个，完成投资 255 亿元。

（三）2020 年区域发展主要工作思路

2020 年，广东的区域发展要以粤港澳大湾区建设为“纲”，推动“一核一带一区”区域发展新格局深化实化，加快形成主体功能明显、优势互补、高质量发展的区域经济布局。

1. 深入推进粤港澳大湾区建设。以深圳河套、珠海横琴“两点”和广深港、广珠澳“两廊”为重点，加快广深港澳科技创新走廊建设。推进粤港澳联合实验室、深港科技创新合作区、南沙科学城、横琴粤澳合作中医药科技产业园等重大创新平台建设。深入实施“湾区通”工程，推进三地物流服务标准、食品安全标准对接，社保政策衔接。加快建设港澳青年创新创业基地，统筹协调港澳知名高校在大湾区内地办学。推动前海深港现代服务业合作区、广州南沙粤港深度合作园、横琴粤澳深度合作区等粤港澳合作平台建设。

2. 加快珠三角核心区优化发展。继续支持深圳先行示范区建设和广州实现老城市新活力。支持深圳建设文化强市，支持广州打造老城市商贸业转型升级范例，支持珠海打造珠江口西岸中心城市。探索设立深莞惠区域协同一体化发展实验区，深入推进广佛全域同城化。加快推进深中通道、黄茅海通道等项目建设，推进莲花山、狮子洋通道等前期工作。强化珠三角城市间基础设施互联互通，完善跨珠江口通道和珠三角城际轨道网络，打造1小时交通圈。

3. 打造现代化沿海经济带。围绕钢铁、石化、风电装备、核电等重大项目建设，加快引进配套企业，延长产业链条，打造粤西沿海重工业带。推动粤东地区加快土地资源整合，强化重大项目导入和产业发展统筹，依托揭阳滨海新区等重大平台发展临港大工业。出台支持汕头、湛江建设省域副中心城市政策措施，培育壮大汕潮揭、湛茂都市圈。支持湛江参与共建西部陆海新通道。加快广湛、广汕汕、赣深、合湛、梅龙等高铁建设，构建贯通沿海经济带的快速大通道。加快湛江机场迁建、韶关机场军民合用、揭阳潮汕机场航站区扩建等项目建设。

4. 推动北部生态区绿色发展。扎实推进粤北南岭山区生态保护修复工程试点和南岭国家公园创建，支持河源、梅州、云浮等市打造一批以国家公园为主体的自然保护地。因地制宜发展现代农业和观光休闲农业，支持河源创建国家农业高新技术产业示范区。大力发展全域旅游，深度挖掘红色遗址等独特资源，发展高水平旅游产业。加快农村公路、信息、水利、供电等基础设施建设，实现全部自然村村内道路硬化、行政村集中供水全覆盖。加大对生态发展区、生态保护红线区、禁止开发区等财政转移支付力度，促进老区苏区振兴发展和民族地区高质量发展。

5. 加强区域合作发展。进一步完善珠三角对口帮扶粤东西北的机制，出台新一轮省内对口帮扶有关政策文件，编制对口帮扶中长期规划，启动新一轮对口帮扶工作。加强产业园区建设，提升产业合作共建水平。出台广清经济特别合作区建设总体方案，加快推进广清一体化高质量发展。研究支持深汕特别合作区发展相关政策文件，深化深汕特别合作区体制机制改革。深入推进泛珠三角区域合作，办好第十三届泛珠论坛暨经贸洽谈会。继续做好对口支援新疆、西藏、四川甘孜地区工作，抓好民生项目、产业援建、人才智力支援等工作。落实与黑龙江对口合作框架协议，扎实推进产业合作园区建设。

三、区域经济发展比较

（一）广东在全国区域发展中的地位

经济实力进一步增强。2019 年，广东地区生产总值 107 671.07 亿元，占全国的 10.9%，增长 6.2%，高出全国增速 0.1 百分点，经济总量连续 31 年稳居全国第一位。广东人均地区生产总值 94 172 元，是全国的 1.33 倍。财政总体实力不断扩大，财政收入保持较高增速，地方一般公共预算收入 12 654.53亿元，占全国的 12.5%；地方一般公共预算收入增长 4.5%，高出全国增速 1.3 百分点，总量连续 29 年居全国第一位。

对内对外开放稳中提质。2019 年，广东外贸进出口总额达 71 484.39 亿元，占全国的 22.7%。其中，出口额 43 416.04 亿元，占全国的 25.2%；进口额 28 068.35 亿元，占全国的 19.6%。截至 2019 年年底，全年新签外商直接投资项目 14 350 个，实际使用外商直接投资金额 1 522.00 亿元，增长 4.9%。

产业结构持续优化。2019 年，广东省三次产业结构为 4.0 : 40.5 : 55.5。其中，第一产业增加值 4 351.26 亿元，第二产业增加值 43 546.43 亿元，第三产业增加值 59 773.38 亿元，分别占全国的 6.2%、11.3%、11.2%。

自主创新能力进一步提升。2019 年，全省研究与试验发展经费 3 098.49 亿元，占地区生产总值比重提高到 2.88%。有效发明专利量、PCT 国际专利申请量分别达 29.6 万件、2.5 万件。全省高新技术企业超 5 万家；高新技术产品产值 7.8 万亿元，增长 9.6%。拥有国家重点实验室 30 家、国家工程实验室 15 家、国家工程技术研究中心 23 家、省级工程技术研究中心 5 351 家、国家—地方联合工程研究中心 45 家、国家认定企业技术中心 113 家、省工程实验室 108 家、省级企业技术中心 1 407 家。

生态文明建设走在全国前列。2019 年，广东省 21 个城市空气质量优良天数比例平均为89.7%，下降3.0%。全省平均灰霾天气日数22.0天，比上年少5.6天；全年日照时数1 749.0小时，接近正常年份1 755.1小时。全省城市（县城）新增建成污水处理设施38座，污水日处理能力达2 525.29万吨，增长5.9%；城市生活垃圾无害化处理率达99%。全省森林覆盖率达58.61%。

（二）广东与山东、江苏、浙江、上海四省（市）比较

1. 从总体经济看，广东经济总量居首，但增速落后于浙江。2019年，广东地区生产总值107 671.07亿元，总量仍居全国首位。其中，第一产业增加值4 351.26亿元，增长4.1%，对地区生产总值增长的贡献率为2.6%；第二产业增加值43 546.43亿元，增长4.7%，对地区生产总值增长的贡献率为33.6%；第三产业增加值59 773.38亿元，增长7.5%，对地区生产总值增长的贡献率为63.8%。2019年，江苏地区生产总值为99 631.52亿元，仅次于广东，规模位居第二。从增速上看，2019年浙江地区生产总值增速在四省一市中位居首位，为6.8%；其次为广东，增速为6.2%，分别高于江苏、上海、山东0.1、0.2、0.7百分点。

表11　2019年广东与沿海四省（市）经济发展总体比较

省（市）	地区生产总值		人均地区生产总值		三次产业结构
	绝对数（亿元）	增长（%）	绝对数（元）	增长（%）	
广东	107 671.07	6.2	94 172	4.5	4.0：40.5：55.5
山东	71 067.53	5.5	70 653	5.2	7.2：39.8：53.0
江苏	99 631.52	6.1	123 607	5.8	4.3：44.4：51.3
浙江	62 351.74	6.8	107 624	5.0	3.4：42.6：54.0
上海	38 155.32	6.0	157 279	5.7	0.3：27.0：72.7

2. 从三大需求看，广东固定资产投资总量增速高于江苏、山东、浙江、上海，社会消费品零售总额增速落后于浙江，外贸进出口增速高于江苏。2019 年，广东固定资产投资增长 11.1%，增速居于首位，分别高于江苏、山东、浙江、上海 6.0、19.3、1.1、6.0 百分点。2019 年，广东消费运行平稳。在总量方面，广东社会消费品零售总额 42 951.75 亿元，在四省一市中居首位，其次是山东和江苏，分别低于广东 7 181.17 亿元和 7 660.56 亿元；在增速方面，广东社会消费品零售总额增速为 8.0%，仅落后浙江 0.7 百分点。广东外贸进出口规模仍遥遥领先，2019 年外贸进出口总额为 71 484.39 亿元，规模约是江苏（位居第二）的 1.6 倍；外贸进出口总额下降 0.2%，分别低于山东、浙江、上海 6.0、8.3、0.3 百分点，高于江苏 0.8 百分点。

表 12　2019 年广东与沿海四省（市）三大需求比较

省（市）	固定资产投资		社会消费品零售总额		外贸进出口总额	
	总量（亿元）	增速（%）	总量（亿元）	增速（%）	总量（亿元）	增速（%）
广东	—	11.1	42 951.75	8.0	71 484.39	-0.2
山东	—	-8.2	35 770.58	6.4	20 421.95	5.8
江苏	—	5.1	35 291.19	6.2	43 383.83	-1.0
浙江	—	10.0	27 176.41	8.7	30 838.68	8.1
上海	—	5.1	13 497.21	6.5	34 053.06	0.1

3. 从创新能力来看，广东稳步提升。从研发投入强度看，2019 年广东研究与试验发展经费占地区生产总值比重达到 2.88%，比上海低 1.12 百分点。从发明专利授权量看，2019 年广东授权量为 6.0 万件，居四省一市中首位。从万人发明专利拥有量看，广东为 26.1 件，位居第四，分别比上海、江苏、浙江低 27.4、4.1、1.9 件。在有效发明专利和 PCT 国际专利受理量方面，广东有效发明专利为 29.6 万件，PCT 国际专利受理量为 2.5 万件，处于领先地位，说明广东的创新潜力依然明显。

表 13 2019 年广东与沿海四省（市）创新主要指标比较

省（市）	研究与试验发展经费支出占地区生产总值比重(%)	发明专利授权量(万件)	有效发明专利（万件）	万人发明专利拥有量（件）	PCT 国际专利受理量（万件）
广东	2.88	6.0	29.6	26.1	2.5
山东	2.10	2.1	10.1	10.1	0.2
江苏	2.79	4.0	24.3	30.2	0.7
浙江	2.68	3.4	16.1	28.0	0.3
上海	4.00	2.3	13.0	53.5	0.3

区域篇

一、珠江三角洲地区

（一）发展概述

2019年，珠三角地区生产总值86 899.05亿元，占全省80.7%，增长6.4%；人均地区生产总值136 335元，增长3.9%；地方一般公共预算收入8 277.11亿元，增长4.6%；全体居民人均可支配收入达52 214元，增长9.0%；城镇化率达86.28%。

——创新能力明显增强。加快推进珠三角国家自主创新示范区建设，形成以广州、深圳为创新龙头的“1+1+7”区域协同创新格局。珠三角地区研究与试验发展经费2 962.36亿元，占地区生产总值比重达3.41%，三次产业结构比重由1.6∶42.3∶56.1调整为1.6∶41.3∶57.1。珠三角区域创新能力居全国前列，高新技术企业存量占全省比例超过95%，发明专利授权量超过5万件。广州市新增国家重点实验室1家、国家企业技术中心5家。深圳市研究与试验发展经费1 328.28亿元，占地区生产总值比重达4.93%；前瞻布局5G、人工智能、4K/8K超高清视频、集成电路、生物医药等产业，获批建设国家人工智能创新应用先导区。佛山市国家高新技术企业达4 834家，仙湖实验室等一批创新平台成功落户。惠州市先进能源科学与技术省实验室获省政府授牌正式运作。东莞市松山湖科学城纳入综合性国家科学中心先行启动区建设。肇庆市新增市级以上新型研发机构10家，建成高水平孵化器26家、众创空间5家。

——改革开放稳步推进。2019年，珠三角外贸进出口总额达68 281.91亿元，占全省95.5%；实际利用外商直接投资1 459.98亿元，占全省96.0%。广州市深化南沙自贸试验区制度创新，累计形成创新成果506项，获全国复制推广42项；实施营商环境2.0改革，企业获得电力便利度国际领先。深圳市出台科技计划管理改革 22 条，财政科研资金实现跨境使用。惠州市全面推行建设工程项目“信用快审”承诺制改革，新备案外商直接投资项目 390 个，中韩（惠州）产业园加快打造对外开放重要载体。东莞市获批建设省改革创新实验区，虎门港综合保税区一期顺利通过国家验收。佛山市、中山市积极参与“一带一路”建设，获批国家级跨境电子商务综合试验区。

——重点项目进展顺利。珠三角地区固定资产投资增长 12.3%。广州、深圳、珠海、佛山、惠州、东莞、江门和肇庆市固定资产投资分别增长 16.5%、18.8%、6.1%、5.4%、15.4%、17.5%、8.3%和 10.8%。珠三角地区省重点项目建设完成投资 4 985.50 亿元，占全省完成投资的 63.5%，为年度计划投资的 124%。台山核电一期、美的库卡智能制造产业基地、东丽无纺布、伯恩（淡水）生产基地、TCL 电子智能显示终端项目一期等一批重大项目投产。穗深城际铁路、虎门二桥（南沙大桥）建成开通，深中通道、广中江高速、坦洲快线、广湛铁路等项目扎实推进，珠江肇高铁列入大湾区城际铁路建设规划。惠州机场扩容扩建完成，珠三角新干线机场、广州白云机场三期、深圳机场扩建工程前期工作有序推进。

——生态环境持续改善。推动粤港澳大湾区森林保护与发展网络建设，继续推进珠三角国家森林城市群建设。广州市扎实推进城市更新重点工作，释放用地空间 29.8 平方千米，新增绿化面积 459 万平方米、公共服务及配套设施 249 万平方米。深圳市新改扩建水质净化厂 23 座，基本实现污水全收集、处理全达标。佛山市新建（改造）污水管网 1 080 千米，广佛跨界河流水质首次全面达标，PM2.5 为历年最低，新增绿化面积 2.9 万亩，建成区绿化覆盖率达 45.1%。惠州市劣Ⅴ类河涌动工整治 54 条、已消除 33 条。东莞市 65%的村达到美丽宜居村标准，建成 50 个特色精品示范村，积极创建国家生态园林城市。中山市新增污水管网 316 千米，完成 13 座污水处理厂提标改造，建成 182 个河涌水质自动监测站。江门市关停搬迁主城区高污染、高排放企业 207 家，完成 3 793 家“散乱污”企业的整治。肇庆市完成桉树林分改造 5.04 万亩，新建森林小镇 6 个，获评“中国十佳绿色城市”。

——人民生活稳步提高。珠三角地区人均生产总值达到 136 335 元，已远超中等收入阶段，居民收入与经济同步增长，农村居民收入增长快于城镇，城乡居民收入差距缩小至2.26：1。广州市实施高校毕业生、退役军人等就业帮扶政策，推进“广东技工”“粤菜师傅”“南粤家政”培训工程。深圳市全年九大类民生支出超过3 000亿元，低保标准提高至每人每月1 160元，居全国首位。珠海市建成长者饭堂80家，新增公办幼儿园学位2 460个、中小学学位1.62万个。佛山市财政民生支出670.76亿元，增长9.5%，占地方一般公共预算支出的71.3%。惠州市新增幼儿园61所、学前教育学位2万个、公办义务教育学位2.5万个。东莞市52.2万人实现学历技能素质提升。中山市中山纪念图书馆开馆运行，岐澳古驿道对外开放。江门市蓬江、江海和新会三个区实现居家养老服务站区镇全覆盖。肇庆市建成棚户区改造住房424套，完成农村危房改造1 673户，新建或改建城市公厕103座。

表14　2019年广东省珠三角九市主要经济指标

	地区生产总值		人均地区生产总值		第三产业增加值		地方一般公共预算收入	
	绝对数（亿元）	增长率（%）	绝对数（元）	增长率（%）	绝对数（亿元）	增长率（%）	绝对数（亿元）	增长率（%）
珠三角	86 899.05	6.4	136 335	3.9	49 617.74	7.6	8 277.11	4.6
广州	23 628.60	6.8	156 427	3.9	16 923.22	7.5	1 699.04	4.0
深圳	26 927.09	6.7	203 489	3.0	16 406.06	8.1	3 773.38	6.6
珠海	3 435.89	6.8	175 533	-0.2	1 849.79	9.2	344.49	3.9
佛山	10 751.02	6.9	133 850	3.6	4 549.48	8.1	731.62	4.0
惠州	4 177.41	4.2	86 043	3.1	1 802.79	6.8	400.86	2.0
东莞	9 482.50	7.4	112 507	6.6	4 092.52	7.2	673.27	3.6
中山	3 101.10	1.2	92 709	-0.6	1 516.68	4.4	283.42	-10.1
江门	3 146.64	4.3	68 194	3.5	1 539.87	5.8	256.83	5.2
肇庆	2 248.80	6.3	53 936	5.3	937.33	7.0	114.21	7.7

（二）广州市

1. 概况。

2019 年，广州市地区生产总值 23 628. 60 亿元，增长 6. 8%。人均地区生产总值 156 427 元，增长 3. 9%。三次产业结构为 1. 1 : 27. 3 : 71. 6。社会消费品零售总额 9 551. 57 亿元，增长 8. 4%。地方一般公共预算收入 1 699. 04 亿元，增长 4. 0%。外贸进出口总额 10 003. 51 亿元，增长 2. 0%。规模以上工业增加值 4 324. 08 亿元，增长 5. 1%。全体居民人均可支配收入 60 074 元，增长 8. 7%。居民消费价格指数上涨 3. 0%。

2. 优化发展情况。

——创新驱动产业结构升级。新增国家重点实验室 1 家、国家企业技术中心 5 家，专利、发明专利授权量分别增长 16. 7%、13. 2%，技术合同成交额 1 273 亿元，增长 77%。培育发展战略性新兴产业，一批重大产业项目建成投产，战略性新兴产业增加值增长 7. 5%。提升发展服务业，设立上交所南方中心、深交所和“新三板”广州服务基地，新增上市公司 20 家。服务业增加值增长 7. 5%，软件和信息技术服务业、知识产权业、人力资源服务业营收分别增长 14. 9%、25. 2%、32. 9%。加快发展电子商务、新零售等新业态，网上零售额、快递业务量分别增长 12. 9%、25. 3%。

——深化营商环境改革。全面完成政府机构改革任务，推进简政放权，下放、委托市级行政职权 35 项，取消市级证明 351 项。实施营商环境 2. 0 改革，企业获得电力便利度国际领先，企业间不动产转移登记 1 小时办结、抵押登记 1 天办结。率先实施商事登记确认制、“跨境通”和信用联合奖惩“一张单”。市、区依申请事项全部实现可网上办理，行政许可事项基本实现“最多跑一次”。率先取消政府采购投标保证金。

——提升开放型经济水平。推进“一带一路”枢纽城市建设，对沿线国家和地区投资增长 29. 4%，沿线国家和地区来穗实际投资增长 19. 9%，成功举办“读懂中国”国际会议、从都国际论坛等 69 场（次）国际重要会议会展，新增外国总领馆 2 家、国际友城 9 个、友好港 6 个。促进外贸增长，出台稳定外贸增长、发展新兴业态政策措施，支持企业开拓多元国际市场。跨境电商进出口总规模居全国城市第一，对欧盟、日本进出口保持两位数增长。积极引进外资，开展全产业链招商。新增落户世界 500 强企业 5 家，新设外商直接投资企业 3 446 家；实际利用外商直接投资 459. 36 亿元、增长 16. 3%，增速分别高于全国、全省 9. 6%、11. 4%。

——推进国际综合交通枢纽建设。规划新增 10 条高铁，推动高铁进市中心，加快构建与大湾区城市中心 1 小时、与邻近省会城市 3 小时、与国家级城市群主要城市 5~8 小时互达的交通网络。编制广州南站综合交通枢纽和新一轮轨道交通线网等专项规划，白云机场三期扩建工程预可研报告通过国家审批，新开国际航线 21 条，机场旅客吞吐量 7 338. 60 万人次，增长 5. 2%。南沙国际邮轮母港开港运营，净增 8 条国际集装箱班轮航线，港口货物、集装箱吞吐量分别为 62 687 万吨、2 323. 62 万标箱，分别增长 2. 2%、6. 1%。地铁运营里程突破 500 千米，穗深城际铁路开通运营。

——生态环境明显改善。城市释放用地空间 29. 8 平方千米，新增绿化面积 459 万平方米、公共服务及配套设施 249 万平方米。深化大气污染防治，PM2. 5 年均浓度每立方米 30 微克，完成 137 家挥发性有机物企业整治。推进生活垃圾分类城乡全覆盖，第三资源热力电厂、福山生物质综合处理厂建成试运营，新增垃圾焚烧每天处理 4 500 吨、生化每天处理 3 720 吨。高铁沿线环境整治成效显著，新改建公厕 2 557 座，机关企事业单位对外开放厕所 2 214座。“还绿于民”工程有力推进，白云山、麓湖、越秀山连通工程如期完成。

——民生事业大力推进。持续扩大就业，新增就业 33. 73 万人，城镇登记失业率 2. 2%。提高社会保障水平，向住房困难群体提供公租房 7 000 多套，发放住房租赁补贴 1. 36 万户。企业退休人员养老金提高至人均每月3 586元，城乡低保标准、孤儿养育标准分别提高到每人每月 1 010 元、2 406 元。居民医保扩面完成率 107. 7%，报销比例提高 5. 8%。推进公共服务优质均衡发展，新增公办幼儿园学位 5. 88 万个、中小学学位 1. 36 万个、示范性高中 10 所、教育集团 23 个。文交会举办展演活动 100 多场（次），签约重大文化产业项目 17 项。广州医科大学附属一院、市妇女儿童医疗中心分别入选委省共建国家医学中心、区域医疗中心。

3. 推进粤港澳大湾区建设情况。

——推出一批创新型引领性改革。在内地城市率先出台支持港澳机构独立办展工作措施，率先实施港澳知识产权认可措施，发行全国首款纯专利知识产权证券化产品，落户全省首个自贸试验区 FT 账户体系，成功办理全国首例不动产跨境抵押登记，开拓性实现跨境马匹“一次审批、多次往返”检验运输模式和“进口直通、出口直放”的通关模式。对标港澳，持续推动营商环境改革升级，促进现代化国际化营商环境出新出彩。

——出台一批协同港澳发展的政策。在大湾区内地城市，率先推出两批与港澳规则对接事项清单、首个人才发展战略文件《关于实施“广聚英才计划”的意见》、首个支持港澳青年发展的综合性政策文件《发挥广州国家中心城市优势作用支持港澳青年来穗发展行动计划》、首个个人所得税优惠政策落地细则《广州市关于粤港澳大湾区个人所得税优惠政策财政补贴管理暂行办法》。

——落实一批惠港惠澳民生事项。设立全国首个“大湾区人才一站式服务窗口”，试点 6 所公办学校，设立 8 个“港澳子弟班”，试点复杂涉税事项税收事先裁定服务，试点聘任港澳籍人士担任劳动人事争议仲裁员，推动粤港澳大湾区“菜篮子工程”建设，成功承办内地首场纯表演性的世界级速度马术比赛、首届粤港澳大湾区文化艺术节、首届华侨华人粤港澳大湾区大会。

——推动一批穗港澳规则衔接。有序推动与港澳职业资格互认或单方认可，认可港澳 22 个工种职业资格，南沙自贸片区试点借鉴香港工程建设管理模式，探索由具有香港执业资格的建筑专业人士提供专业服务。落实白云机场 144 小时个人过境免签政策等开放便利措施，实现南沙、黄埔等口岸进出口货物全年 24 小时通关。采用“跨境一锁”推动穗港开展“空陆跨境联运”和“卡车航班”运输服务，探索启动与澳门“跨境一锁”项目。

——谋划一批大湾区重大平台。广清接合片区列入首批国家城乡融合发展试验区，广州人工智能与数字经济试验区成为省级重大合作平台，《粤港深度合作园建设实施方案》《中新广州知识城总体发展规划（2020—2035年）》已提交中央。统筹推进广佛高质量发展融合试验区、穗港智造合作区、跨境电商枢纽港、从化国际马匹检测中心等重大议题实施方案编制和上报工作。

——实施一批大湾区重大项目。南沙大桥、穗深城际铁路建成通车，广汕铁路、广湛高铁全线开工，南沙国际邮轮母港正式开港运营。推动广药集团在澳门设立国际总部并在横琴粤澳合作中医药科技产业园建设产业化基地，香雪制药公司与澳门大学合作建设中医药标准化国际化创新转化平台。建立粤港澳大湾区“菜篮子”穗港、穗澳联席会议机制，搭建大湾区“菜篮子”平台并投入运营。

4. 推进区域合作情况。

——广深双城联动。印发实施广州市支持深圳建设中国特色社会主义先行示范区的行动方案。签署《广州市深圳市深化战略合作框架协议》，推进第一批4大类27项重点合作项目，深交所在广州市设立服务基地，南方海洋科学与工程广东省实验室（广州）在深圳设立分部。

——广佛极点驱动。印发实施广佛同城化建设2019年度重点工作计划和广佛共建先进装备制造、汽车、新一代信息技术、生物医药与健康四个万亿级产业集群工作方案，共推广佛高质量发展融合试验区建设，试验区建设方案和总体规划已呈报批，谋划推动广佛荟等标志性项目，广佛环线（佛山西站至广州南站段）、海华大桥主体工程完工。

——广清携领带动。获省委、省政府批准实施《加快推进广清一体化高质量发展工作方案》，加快推动广清经济特别合作区“三园一城”建设，广州北江引水工程（水源工程）顺利动工，广清城际一期即将建成。

——引领珠江东西两岸融合互动。深入推动穗莞、穗中合作，与江门签署合作协议，推动莲花山过江通道、南中高速等互联互通项目，佛山经芳村鱼珠至东莞城际、南沙至珠海中山城际等重大项目纳入《粤港澳大湾区（城际）铁路建设规划（上报稿）》，广州港对珠江口及珠江西岸港口的整合取得积极进展。

——“广佛肇+清云韶”经济圈协同发展。广州与肇庆、韶关签署新一轮合作协议，经济圈发展规划即将印发实施，大湾区“菜篮子”工程在肇庆、云浮、韶关等地建立多个优质农产品供应基地，助力北部生态发展区加快入珠融湾步伐，在经济圈基础上谋划建设广州都市圈。

5. 中新广州知识城建设情况。

——创建国家战略承载区。坚持总体发展规划与总体提升规划两手抓，其中，知识城总体发展规划已提交中央，知识城总体提升规划正进一步优化全域发展空间布局。率先争取知识产权保护与运用、金融开放与发展、生物医药、综合型自贸试验区等 10 项创新政策在知识城先行先试，落实广东省首个营商环境实验区各项政策。学习借鉴深圳先行示范区经验做法，制定《关于支持广州知识城学习深圳建设中国特色社会主义先行示范区率先行动的意见》。

——抢占创新发展制高点。2019 年，知识城发明专利申请量、PCT 国际专利申请量、专利授权量分别增长 76%、137%、116%。全力推进知识产权综改试验，出台《广州市黄埔区　广州开发区推进粤港澳知识产权互认互通办法（试行）》，首开大湾区知识产权互认政策先河，实现港澳或新加坡奖励补贴及资格认定等享受内地同等待遇。知识产权服务园建设持续推进，北京大学粤港澳大湾区知识产权发展研究院与中新国际知识产权创新服务中心正式揭牌运行，广东省知识产权服务业集聚中心建设全面启动。

——打造知识经济新高地。2019 年，规模以上企业产值 5 169.52 亿元，增长 66.3%。实施专业化产业集群培育，高标准建设“一核两心三区四园”。坚持抓重大项目引领，共引进瑞士龙沙、粤芯、诺诚健华、百济神州等重大项目 165 个。坚持抓知识密集型产业，在建企业投资项目 54 个，总投资近 770 亿元，达产产值超 3 000 亿元，初步成为“知识之城”。

——激发对外开放新活力。建立国家级、省级和市级三级工作机制，先后签署涉及知识城发展的合作项目共 13 项，推进智慧城市、大数据中心等中新重点合作领域磋商取得新成果。中新二期合作加速推进，共建中新国际科技创新合作示范区，签署《示范区合作框架协议》《示范区开发建设共识性文件》，完成知识塔土地利用规划调整与用地报批工作。加快推动广州—新加坡国际互联网数据专用通道建设，打造中新国际数据枢纽。

——打通城市建设快车道。全力推动交通路网建设，加快推进“8 条轨道交通+5 条高速公路+7 条城市快速路”交通骨架建设，地铁 14 号线、21 号线全线开通，广中珠澳高铁、广河高铁等轨道交通纳入相关规划并上报国务院，知识城至市中心快速路车陂路北延线段开工建设。

——着力优化公共配套。知识城南方医院、中大肿瘤防治中心等一批高水平医疗机构加速建设；招商天景小学等 23 所学校已建成；绿地缤纷城盛大开幕，知识城大厦、知识城广场等重点配套项目加快动工建设。大力推进城市精细化管理，打造区域特色的海绵城市发展体系，以总年径流控制率 83% 问鼎华南最高标准；100%实施绿色建筑，全面推广屋顶绿化与垂直绿化；起步区建成风雨连廊 2. 5 千米；打造知识城 13 千米最美“黄马”赛道。

（三）深圳市

1. 概况。

2019 年，深圳市地区生产总值 26 927. 09 亿元，增长 6. 7%。人均地区生产总值 203 489 元，增长 3. 0%。全体居民人均可支配收入 62 522 元，增长 8. 7%。规模以上工业增加值 8 893. 21 亿元，增长 4. 7%。社会消费品零售总额 9 144. 46 亿元，增长 7. 3%。地方一般公共预算收入 3 773. 38 亿元，增长 6. 6%。金融机构本外币存款余额 83 942. 45 亿元，增长 15. 7%；金融机构本外币贷款余额 59 461. 39 亿元，增长 13. 2%。

2. 优化发展情况。

——创新发展动能更加强劲。新组建人工智能与数字经济省实验室、超滑技术研究所等研发机构，实施 50 个关键核心技术攻关项目。PCT 国际专利申请量、有效发明专利 5 年以上维持率稳居全国城市首位。深港科技创新合作区加快发展，首批 5 条先行先试政策稳步实施，皇岗口岸启动重建，科研人员、物资、实验样本等创新要素跨境便捷流动取得突破，金砖国家未来网络研究院中国分院等 84 个项目在合作区落地。光明科学城规划建设全面提速，合成生物研究、脑解析与脑模拟等大科学装置加快建设，深圳湾实验室等高端创新资源落户科学城。深入实施加快高新技术产业高质量发展“七大工程”，前瞻布局 5G、人工智能、4K/8K 超高清视频、集成电路、生物医药等产业，深圳获批建设国家人工智能创新应用先导区。新型显示器件、智能制造装备、人工智能 3 个产业集群入选国家战略性新兴产业集群发展工程，先进制造业增加值占规模以上工业比重达 70.5%。国家高新区实现扩容提质，新增国家级高新技术企业 2 700 多家，总量超过 1.7 万家。

——营商环境持续优化。充分释放“四个千亿”政策红利，落实更大规模的减税降费政策，全年新增减税降费超过 1 100 亿元。坚持政策性与市场化兼顾，设立 1 000 亿元的民营企业平稳发展基金，帮助 54 家上市公司化解流动性风险；出台促进供应链金融发展政策，用足用好首期 50 亿元的天使投资引导基金，充分发挥 50 亿元中小微企业银行贷款风险补偿资金池作用，全年中小微企业新增贷款余额增长 20%。创新思路便利企业办事，深入推进数字政府和智慧城市建设，新上线区块链电子证照应用平台，“i 深圳” App 累计整合近 4 700 项政务服务事项，98%的行政审批事项实现网上办理，94%的行政许可事项实现“零跑动”，企业和个人政务办事需提交的材料减少 70%。区块链电子发票引领全国，商事登记等近 200 个事项实现“秒批”，企业注销业务办理时限压缩到 1 个工作日以内，办税事项平均耗时下降 40%。社会投资、政府投资工程建设项目的审批时间分别缩短至 30 个、41 个工作日以内，水电气接入办理时间平均压缩 70%，货物进口、出口通关时间分别压缩 54%、76%，通关效率位居全国前列。

——交通枢纽功能稳步增强。全力加快地铁建设，开通 5 号线、9 号线延长线，地铁运营里程超过 300 千米，在建里程 275 千米；南坪三期等高快速路建成通车，春风隧道、黄木岗交通枢纽等重大交通设施加快推进；打通断头路 20 条，优化新增公交线路 143 条；大力推广智能灯控、停车无感支付等智慧交通新举措，地铁扫码乘车实现全覆盖，高速公路 ETC 用户总量位居全省第一。进一步增强港口的国际服务能力，深圳港集装箱年吞吐量 25 785 万吨，增长 2.6%；实施机场口岸外国人 144 小时过境免签政策，新增罗马、特拉维夫等 15 条国际航线，国际客运通航城市总数达 60 个，机场旅客吞吐量突破 5 000 万人次。

——生态环境不断改善。水污染治理实现历史性突破，基本完成全市雨污分流改造和污水管网全覆盖，新改扩建水质净化厂 23 座，基本实现污水全收集、处理全达标，159 个黑臭水体和 1 467 个小微黑臭水体全面消除黑臭。持续巩固提升空气质量，全面推广“国六标准”车用燃油，在公交车、出租车全部电动化的基础上，新推广新能源汽车近 7 万辆、纯电动泥头车 3 200 辆，淘汰老旧车 7 万辆，完成全部燃气电厂降氮脱硝改造，船舶岸电使用率居全国首位。生活垃圾分类投放收运加快实施，回收利用率超过 30%。三大能源生态园建成运行，新增垃圾焚烧处理每日 1.1 万吨，垃圾处理难题得到有效破解。

——民生福祉日益增进。全年九大类民生支出超过 3 000 亿元，新增就业 16 万人，城镇登记失业率为 2.2%。低保标准提高至每人每月 1 160 元，居全国首位。大力推进教育现代化，出台推进教育高质量发展政策，深圳大学、南方科技大学等高水平大学建设提速，深圳技术大学校园建成并独立招生，深圳北理莫斯科大学永久校区投入使用。加快提升医疗卫生水平，广东省高水平医院增加到 5 家，新增三级医院 4 家，新引进高层次医学团队 20 个。积极发展养老事业，新增一批养老床位，进一步提高高龄津贴标准，建成长者饭堂和助餐点近 150 家；推出敬老优待系列措施，60 岁以上老人免费乘坐公交地铁。食品药品安全得到进一步强化，率先建立供深食品标准体系，发布 300 项供深食品标准，升级改造 85 家农贸市场，全市近 1.2 万个 200 平方米以上餐饮单位和 2 600 多家学校食堂全部实现“互联网+明厨亮灶”智慧监管。继续提升文体事业发展水平，出台加快文化产业创新发展和创意设计高质量发展的政策，深圳科技馆等项目开工，南头古城等文化街区活化改造加快推进。

3. 推进粤港澳大湾区建设情况。

——全面建设综合性国家科学中心。深港科技创新合作区加快发展，首批 5 条先行先试政策稳步实施，金砖国家未来网络研究院中国分院等 84 个项目在合作区落地。高水平实验室集群初见雏形，深圳湾实验室等高端创新资源落户科学城，西丽湖国际科教城上升为部省市共建平台，鹏城实验室集聚22位院士、1 600多名科研人员。发挥广深港澳科技创新走廊核心节点城市作用，吸引和对接全球创新资源，大型科学仪器设施共享平台正式运营，出台科技计划管理改革22条，财政科研资金实现跨境使用，共同组织实施粤深基金、粤联基金，引导和支持广深港澳创新主体开展科技创新合作。

——积极促进要素自由流动。坚持进一步深化改革、扩大开放，以规则相互衔接为重点促进要素流动。谋划大湾区建设121项创新政策、68个重大项目、21个功能载体。以深港科技创新合作区为依托，做好与香港的创新政策对接，扩大对港澳开放。推出深港通、深澳通“注册易”，设立港澳台和外国法律查明基地，成立粤港澳大湾区气象监测预警预报中心。进一步便利湾区人员往来，实施51国人员144小时过境免签政策。探索简化科技设备通关模式，推动科技创新资金跨境流动。积极落实粤港澳大湾区涉外人才税收优惠政策，实行更加灵活的就业和人才发展政策。推动“中国深圳”和“中国前海”船籍港获批设立。

——推进基础设施互联互通。成功举办中国国际高新技术成果交易会、中国质量（深圳）大会、全球青年创新集训营、国际友城智慧城市论坛等国际性活动，城市国际影响力得到新提升。在全球招商大会上，现场签约项目128个，总投资超过5 600亿元，展现了深圳强大的吸引力。打造陆路交通枢纽，加快赣深、深茂、深汕、穗深等高铁和城际铁路规划建设，推进深中通道、深汕第二高速等高速公路规划建设，优化大湾区城市间的便捷快速联通。大力提升口岸服务能力，将建成启用莲塘口岸，推广24小时通关口岸范围。超前布局信息基础设施，逐步取消粤港澳大湾区内手机长途费和漫游费。

——推进深港澳更紧密、更务实地合作。以国际化视野推动深港口岸沿线开发开放，依托深港陆路口岸及邻近区域、过境地块，高起点、高标准打造集科技、商贸、文化、旅游、消费、医疗和教育于一体的深港口岸经济带，谋划构建深港合作新平台。促进深港高层及政府间往来沟通，建立合作会议制度，强化深港高层常态化沟通机制。推动深港协同发展，以对接香港规则、便利要素流动、支持香港居民就业创业为重点，争取在税收、专业资格和执业资格认可、教育医疗、口岸通关等方面创新突破。构建跨境新兴旅游模式，加强与港澳文化交流往来。

——推进宜居宜业宜游的优质生活圈建设。深化与港澳各级各类教育交流合作，支持香港中文大学（深圳）建设发展。加快对接港澳优质医疗资源，吸引港澳医疗卫生服务提供主体在深圳设置医疗机构，深化深港澳中医药领域合作。聚焦服务港澳居民就业创业，建设 13 个港澳青年创新创业基地，不断完善港澳居民来深圳就业创业公共服务体系和政策措施。积极推进深圳国际邮轮港建设，推动太子湾邮轮母港建设中国邮轮旅游实验区，力争建设粤港澳国际游艇旅游自由港。

4. 推进区域合作情况。

加强与广州“双核”联动，签订广深战略合作框架协议，着力推进首批 27 项重点合作项目，深化科技创新、产业、基础设施全方位合作。积极推动深圳都市圈规划建设，谋划中心引领、圈层联动、轴带支撑的空间格局，推动 44 项深莞惠经济圈年度重点合作事项，通过产业协同化、交通网络化、服务高端化，努力发挥深圳作为核心引擎更加强劲的辐射带动作用。推动珠江口东西两岸融合互动，加强珠江东岸电子信息产业集群与珠江西岸高端产业集聚区协同。坚决做好对口帮扶河源、汕尾工作，精准帮扶河源、汕尾 324 个相对贫困村达到脱贫标准，推动乡村振兴战略取得积极成效。2019 年，深河、深汕 12 个共建产业园引进落地超亿元项目 75 个，中兴通讯河源基地项目完成 30 条生产线搬迁，河源电厂二期、巴伐利亚庄园二期、春沐源等一批百亿级大项目动工建设，南山河源高新区产业园开工建设。

5. 深汕特别合作区建设情况。

2019 年，深汕特别合作区已供地产业项目 83 个，计划总投资 386 亿元，全部达产后预计年产值 683 亿元、年税收 58.2 亿元，其中，已投产项目 23 个，即将投产和已动工建设项目 33 个，未动工项目 27 个。

——加快重点项目建设。举行重点项目集中开工仪式，69 个重点建设项目集中开工启动，投资 535 亿元。全面加快打造规划面积达 13.5 平方千米、全国最大的深汕湾机器人小镇，已纳入全市三大机器人产业园之一，首发重大项目深汕湾科技城顺利封顶。与华侨城集团携手举行高规格小漠湾文旅小镇规划设计国际研讨会，加快推进高标准超大型文旅产业一站式集聚区，一期工程已开工建设。坚持重大项目、高新技术产业项目、规模集聚项目“三个优先”，着力引进先进通信设备等细分行业，推动向产业价值链高端延伸。

——交通体系逐步构建。深圳港小漠港区（一期）两个十万吨级码头和一个五万吨级泊位建设进展顺利，陆域形成及配套路网开发建设全面动工。全区市政道路规划建设总长 262 千米，预计投资 551 亿元，其中，已建成通车道路 28 条（段），总长约 74 千米，总投资约 34 亿元；正在建设道路 22 条（段），总长约 53 千米，总投资约 61 亿元；开展前期工作道路 54 条（段），总长约 135 千米，总投资约 456 亿元。

——坚持民生导向，释放改革红利。占地约 75 公顷的深汕高中城已确定选址，深汕高级中学、九年一贯制公办学校等规划建设全面提速。北大深圳医院深汕门诊部正式对外开诊，北大深圳医院深汕院区启动建设。狠抓住房规划建设，创业村、生活中心近千套住房建成使用，开元大厦、深耕村等 10 549套保障房开工建设，边溪街心公园、赤河生态休闲公园、921 街心公园投入使用。147 米高的东部大厦已封顶，211 米高的深汕绿地中心加快建设。

（四）珠海市

1. 概况。

2019 年，珠海市地区生产总值 3 435. 89 亿元，增长 6. 8%。其中，第一产业增加值 57. 36 亿元，增长 1. 9%；第二产业增加值 1 528. 73 亿元，增长 4. 6%；第三产业增加值 1 849. 79 亿元，增长 9. 2%。规模以上工业增加值 1 206. 38亿元，增长 4. 0%。社会消费品零售总额 996. 30 亿元，增长 6. 9%。地方一般公共预算收入 344. 49 亿元，增长 3. 9%。全体居民人均可支配收入 52 495 元，增长 9. 1%。

2. 优化发展情况。

——加快建设珠江西岸科创高地。积极谋划广珠澳科创走廊，加快建设“天琴计划”综合研究基础设施、南方海洋科学与工程广东省实验室（珠海），挂牌成立珠海中科先进技术研究院、珠海复旦创新研究院、珠海深圳清华大学研究院创新中心等重大平台。高新技术企业总数达2 203家，规模以上工业企业研发机构覆盖率达45.0%。一批重大科研平台落户，科技创新发展指数进入全国十强。成功举办首届粤港澳大湾区高价值专利培育布局大赛，获评“国家知识产权示范城市”。

——加快构建现代产业体系。深入实施“实体经济新十条”等惠企政策，落实减税降费超110亿元。新登记商事主体5.59万户。新增规模以上工业企业200家。制造业发展提质增效，先进制造业增加值、高技术制造业增加值占规模以上工业比重分别达到59.9%、28.7%。高新技术企业总数达2 203家，格力电器进入世界500强。金融产业增加值369.16亿元，占地区生产总值比重达10.7%。

——加快基础设施互联互通。高铁通达城市达64个，广珠城轨延长线一期完成初步验收。伶仃洋通道及西延线交通规划形成初步成果，黄茅海跨海通道完成初测初勘验收。港珠澳大桥开通以来，出入境累计1 617.3万人次、93.9万车次。5万吨黄茅海航道一期工程通过交工验收进入试运行。珠海机场改扩建工程动工，全年旅客吞吐量1 228.30万人次，增长9.5%。

——加快深化改革扩大开放。营商环境持续优化，商事登记平均用时缩短至0.32天，超过70%事项综合受理，超过80%事项“最多跑一次”，政府投资项目、社会投资项目审批时间分别压缩至90个、50个工作日以内。优化境外经贸工作网络，驻外经贸代表对接有效项目88个。开创全国首个进出口配运时刻表，开通湾区外贸卡车航班，推动珠海保税区与港澳机场、葵涌码头无缝连接，经港珠澳大桥配发全球货物出口提速70%。

——加快打造优质生活圈。实施“珠海英才计划”，全市新引进各类人才4.20万名，增长55.5%。举办第十七届中国国际人才交流大会珠海分会场、第三届高端人才珠海创新创业交流大会等20余场高规格人才活动，搭建具有珠海特色、富有影响力的引智平台。开展“琴澳同心·筑梦飞翔”澳门大学生暑期横琴实习计划和“澳门青年学者计划”，加强两地青年人才互动交流。举办“国际博物馆日”广东主会场活动等重大活动。

——加快提升人民群众获得感。九项民生支出达436.10亿元，占地方一般公共预算支出的70.8%。全体居民人均可支配收入52 495元，增长9.1%，其中，城镇居民、农村居民人均可支配收入分别为55 219元、29 069元，分别增长8.9%、11.0%。城乡低保、特困人员、户籍孤儿基本生活标准进一步提高。建成长者饭堂80家。新增公办幼儿园学位2 460个、中小学学位1.62万个。获评“健康城市建设示范市”。香洲、斗门、高新区成功创建国家级慢性病综合防控示范区。市人民医院入列全省高水平医院重点建设单位。食品和药品监管不断加强，改造提升25家农贸市场。安全生产形势总体稳定，治理地质灾害隐患点135处，扫黑除恶专项斗争和“飓风2019”专项行动深入开展。

3. 推进粤港澳大湾区建设情况。

——深化珠澳区域合作。加快推动横琴粤澳深度合作区建设，出台《横琴国际休闲旅游岛建设方案》《关于横琴新区企业所得税优惠目录增列旅游产业项目的通知》《香港、澳门导游及领队在珠海市横琴新区执业实施方案（试行）》，推动外国人签证居留证件签发权限下放至横琴新区、澳门对横琴口岸澳方口岸区及相关延伸区实施管辖等创新政策落地。粤澳跨境金融合作（珠海）示范区挂牌，粤澳合作中医药科技产业园新引进广药国际等企业60家。FT自由贸易账户、合格境外有限合伙人（QFLP）政策试点在横琴实施，首个粤澳共享贷、首款跨境医疗产品、首单公募公司债券发行。横琴澳门青年创业谷获评“港澳青年创新创业基地”。支持澳门企业跨境办公，开通珠澳跨境通勤专线。稳妥推进“澳门新街坊”项目，澳门街坊联合总会横琴综合服务中心揭牌。

——深化深珠区域合作。在推动与港澳规则衔接和联通贯通融通等前沿领域对标深圳学习，用足用好特区立法权，营造最宽松的创新环境，推动要素开放向制度开放转变。探索前海、横琴联合研提创新措施，推动深圳先行先试、珠海复制推广。构建港深—澳珠半小时交通圈，共同争取深珠高铁近期建设并纳入深圳—南宁高铁线位。携手推动“两点两廊”建设，以珠海高新区、富山工业园为载体探索推动深珠合作示范，积极承接深圳创新、产业溢出资源，联合培育壮大集成电路、大健康、新能源新材料等新兴产业。

4. 珠海西部生态新区规划建设情况。

——交通基础设施日趋完善。珠海机场客运吞吐量 1 228. 3 万人次。高栏港完成货物吞吐量 1. 28 亿吨，集装箱吞吐量 185 万标箱。开通内外贸航线 58 条，内贸航线基本覆盖全国沿海大部分港口，外贸航线连接东南亚、南太平洋、日韩以及中国香港、台湾地区。以西部沿海高速、珠峰大道、珠海大道重要干线道路为横向骨架，以高栏港高速、机场高速、江珠高速、机场北路为纵向骨架的“三横四纵”的高快速路网逐步完善，港珠澳大桥西延线等东西通道加快建设。

——新区产业格局初步形成。西部生态新区拥有 1 个国家级经济技术开发区、3 个国家新型工业化示范基地、2 个省级工业园区，园区集聚效应初步显现，成为全市发展先进装备制造业、生物医药、电子电器等高新技术产业和特色产业的重要基地。创新要素逐步集聚，珠海国际健康港成功开港，形成以丽珠、联邦、润都等生物医药企业为龙头的产业集聚区。联合港澳高校建立产学研合作机制，珠澳实验动物产学研协同创新平台、电力传感器实验室、大湾区人工智能海洋科技创新中心、大湾区智能穿戴创新中心等加快推进建设。

——重大项目加快建设。珠海航空产业园累计引进航空要素项目近 80 个，形成总装、配套、加工、服务协作完整的船舶海洋工程装备制造产业链。以银隆新能源、中兴智能汽车整车制造企业为龙头，形成研发、生产、销售、技术为一体的新能源闭合式循环产业链。以 ABB 和格力智能装备为龙头，云洲智能、运泰利自动化等一批智能制造企业培育壮大，机器人本体制造、核心零部件生产、系统集成、自动化解决方案产业链条逐步形成。

——城市建设全面启动。新城起步区建设全面提质提速，公共服务设施、市政基础设施建设加快推进，建成一批主干路网、公共服务设施项目，完成投资 111.83 亿元。金湾片区公共文化中心建成投入使用，产业服务中心基本完工，市民艺术中心、航空城中学等重点项目加快推进。斗门片区珠海中学一期西部地块建成投入使用，斗门区档案馆基本建成，富山新城第一小学加快推进，平沙医院改建工程已完工。

——生态环境持续优化。2019 年，西部生态新城起步区安排低碳生态和海绵城市建设项目 28 个，投资 2.61 亿元。金湾片区航空新城公共绿地景观工程已完工，斗门片区黄杨河湿地公园建成投入使用，幸福河湿地公园加快推进，富山新城环境提升改造工程加快施工，平沙中心公园、7 号围水闸、三前河水闸工程等项目加快建设。

（五）佛山市

1. 概况。

2019 年，佛山市地区生产总值 10 751.02 亿元，增长 6.9%。三次产业结构为 1.5∶56.2∶42.3。规模以上工业增加值 4 874.23 亿元，增长 7.0%。社会消费品零售总额 3 685.27 亿元，增长 7.6%。地方一般公共预算收入 731.62 亿元，增长 4.0%。外贸进出口总额 4 828.40 亿元，增长 5.0%。全体居民人均可支配收入 54 043 元，增长 8.9%。金融机构本外币存款余额、贷款余额分别为 16 948.10 亿元、12 175.18 亿元，分别增长 10.2%、16.4%。

2. 优化发展情况。

——实施创新驱动发展战略。研究与试验发展经费 287.41 亿元，占地区生产总值比重达 2.67%。创新资源加快集聚，国家高新技术企业达 4 834 家，新签约投资超亿元项目 478 个，计划投资 3 370.60 亿元。加强与国内外高校和大院大所合作，建设一批重大创新平台，与季华实验室、清华大学佛山先进制造研究院、清华佛山（华南）新材料研究院、中科院苏州纳米所广东分所等 90 多家重大创新平台开展合作。

——推动制造业转型升级。2019 年，装备制造业工业增加值 1 514.00 亿元，增长 7.6%。稳步推进国家制造业转型升级综合改革试点，部署实施推动制造业高质量发展“六大工程”，规模以上工业增加值保持全国城市第六位、大湾区城市第二位。成功举办珠江西岸先进装备制造业投资贸易洽谈会、中国安全产业大会等重大产业展会活动，新签约投资超亿元项目478个，计划总投资3 370.60亿元。大力发展智能制造，引导1 300多家工业企业开展技术改造，新增应用机器人超过3 000台。现代服务业提质增效，千灯湖创投小镇开园并引进私募基金类机构602家，募集投资资金达726亿元，新增3家国家级、17家省级工业设计中心。

——打造“一带一路”建设主要支点。积极参与“一带一路”建设，获批国家级跨境电子商务综合试验区。出台“外资十条”，获批中国（佛山）跨境电商综合试验区，投资贸易便利化水平进一步提升，实际利用外商直接投资51.13亿元，增长11.8%。加强国际产能合作，新增赴“一带一路”沿线国家对外直接投资企业8家，新增中方协议投资额2 690.30万美元。在美国、澳大利亚、俄罗斯、南非和马来西亚等国共同建设7个泛家居品牌产品海外展示体验馆，为佛山制造产品抱团出海搭建展销渠道。持续深化国际交流，与吉尔吉斯斯坦奥什市缔结为友好城市；充分发挥中德工业服务区作用，强化对德对欧经贸往来和技术合作。

——不断提升城市功能品质。完成城市治理三年行动计划，968个项目累计投资3 554亿元，轨道交通、公路、能源、水利等基础设施建设加快。完成“三旧”改造项目1.08万亩，人民公园建成开放。乡村振兴战略深入实施，完成村级工业园土地整理4万亩，自然村全部实现集中供水和垃圾收运处理。实施中心城区形态提升三年专项行动，大力整治提升村级工业园，城乡面貌进一步提升。多措并举推动污染防治和生态保护，6项空气环境污染物中有4项达到国家空气质量二级标准；12个国控、省控河流考核断面全面消除劣V类水质，8条建成区黑臭水体消除黑臭；新增绿化面积2.9万亩，建成区绿化覆盖率达45.1%。

——人民生活持续改善。财政民生支出670.76亿元，增长9.5%，占地方一般公共预算支出的71.3%。城镇居民人均可支配收入55 233元，增长8.9%，分别高出全省、珠三角地区0.4、0.2百分点。城镇新增就业8.7万人，城镇登记失业率在3.0%以下。居民消费价格指数上涨2.9%。基本养老、医疗、低保等保障水平稳步提高，教育、文化、体育等社会事业加快发展，省、市民生实事圆满完成。扫黑除恶专项斗争成效明显，社会大局保持和谐稳定。

3. 推进粤港澳大湾区建设情况。

——完善体制机制。成立佛山市推进粤港澳大湾区建设领导小组及办公室，制定出台《关于贯彻落实〈粤港澳大湾区发展规划纲要〉的实施方案》《佛山市推进粤港澳大湾区建设2019年工作要点》等文件，谋划8个方面55项重点任务、70多项工作要点。深入开展学习宣传，组建市委宣讲团，赴各区各有关单位组织开展《粤港澳大湾区发展规划纲要》宣讲，实现机关单位全覆盖。对全市副处级以上领导干部、镇（街）党政正职、科级及以下公务员等全部集中轮训。

——建设国际科技创新中心。大力鼓励支持企业作为创新发展主体，印发《佛山市全面建设国家创新型城市促进科技创新推动高质量发展若干政策措施》，包括全面融入粤港澳大湾区国际科技创新中心建设等8个方面，在对应省“科创12条”的同时，提出了更细、更实的支持和落实政策。积极推动区域协同创新，在核心技术攻关、发展新型研发机构、知识产权保护、科技成果转化等方面与香港、广州、深圳等湾区城市开展广泛合作。

——打造宜居宜业宜游优质生活圈。加快建设粤港澳高端服务示范区，成立佛港澳青年三大交流合作基地，为港澳青年创新创业提供良好条件。推动湾区内医疗卫生合作，积极建设粤港澳大湾区南药健康产业基地。谋划建设粤港澳大湾区影视产业合作试验区，启动粤菜师傅“1+5”系列工程，协同建设文化湾区、休闲湾区迈出新步伐。

——推动各项工作取得实效。坚持“项目任务化、任务清单化”，印发实施《佛山市大湾区建设重点项目》，共同谋划佛山市推进粤港澳大湾区建设重点项目401项，总投资额11 951.48亿元，计划投资1 060.23亿元，完成投资1 100多亿元，达到年度投资计划的108%。重大平台建设加速，印发实施《佛山市推进粤港澳大湾区建设重大平台》。《佛山三龙湾高端创新集聚区发展总体规划》完成规划编制，已上报省大湾区办，将提请省领导小组审议。《粤港澳大湾区影视产业合作试验区实施方案》已报市委、市政府审议，拟提请报省级层面给予支持并立项。

4. 加快广佛全域同城化发展情况。

——加强顶层设计和谋划布局。召开广佛同城化党政联席会议，两市政府签署《共建广佛高质量发展融合试验区备忘录》，广州市白云区与佛山市南海区签署《共建广佛同城化合作示范区框架协议》，印发实施《广佛同城化建设2019年重点工作计划》。广佛两市共同研究制订合作共建先进装备制造、汽车、新一代信息技术、生物医药与健康四个万亿级产业集群工作方案并印发实施，构建具有国际竞争力的现代产业体系。

——谋划建设广佛高质量发展融合试验区。试验区按照“1+4”空间布局推进建设，将形成“一核引领、四区协同、各具特色、互补互促”的协调发展格局。已完成广佛高质量发展融合试验区相关建设方案的编制工作，加快推进广佛跨界大型综合体（广佛荟）、香港理工大学（佛山）等一批重点项目建设，全力打造粤港澳大湾区广州—佛山极点的标杆性项目。

——加速交通基础设施互联互通。提出广佛轨道18条衔接通道方案，启动广佛两市道路交通衔接规划修编工作，从高速公路和城市道路两个层面强化两市通道的规划融合。轨道交通建设进展顺利，广佛环线（佛山西站至广州南站段）即将运营通车；佛山市城市轨道交通二号线一期全线17座车站中16座车站主体结构封顶，首列车完成交车进站；广州地铁7号线西延顺德段全线7座车站中4座车站主体结构顺利封顶。跨市路桥项目建设加速提速，海华大桥佛山段、五丫口大桥大中修工程等一批项目完工，番海大桥、广佛肇高速二期、珠江大桥放射线接广佛新干线（广佛出口放射线二期）项目建设稳步推进。

——构建协同高效区域创新格局。广佛两市联合起草《关于推进广佛科技创新合作的工作方案》。共同开展核心技术攻关，市级核心技术攻关立项的27个项目中，16个项目有广州高校、科研院所的参与，占比达59.3%。合作共建新型研发机构，经省科技厅认定的省级新型研发机构中，有6家为佛山与广州高校和科研机构共建的。积极推进佛山三龙湾高端创新集聚区建设，合力打造广佛科技创新产业示范区，大力培育和引进国家重点实验室、国家技术创新中心等高端科研机构，科技创新平台布局渐趋完善。

——强化生态环境共治共保。佛山市和广州市共同编制并以省政府名义印发《广佛跨界河流水污染防治攻坚方案》，佛山市顺利完成 2019 年度各项整治任务。强化对交界区域涉气企业的环境执法力度，加大对有锅炉、窑炉和喷涂工序企业的检查频次。针对交界区域环境信访情况，共同开展跨界环境执法。佛山市大气环境质量持续改善，关键指标再次取得突破。

——推动优质公共服务共建共享。推广自助服务终端设备应用，建立“24 小时”跨城办事新模式，广佛两地共铺设自助服务终端机 1 586 台。实现广佛两地营业执照通办服务，在南海区、顺德区、三水区行政服务中心开设跨城通办服务窗口。实现广佛跨城通办事项 1 846 个，增加 420 个；广佛两地 2019 年总业务量 9 230 件，累计达 51 433 件。两市人社局签署《深化广佛同城化战略合作框架协议（2019—2022 年）》，推动广佛人才战略合作。两市医保局与广州公共资源交易中心共同签署广佛药品跨区域联合集团采购战略合作框架协议，佛山市正式加入广州药品集团采购平台，联合开展药品集团采购。

5. 佛山中德工业服务区建设情况。

2012 年 7 月，佛山中德工业服务区正式挂牌启动，核心启动区 5. 76 平方千米。2019 年 6 月，经省委编委批准，佛山中德工业服务区管委会加挂三龙湾高端创新集聚区管委会牌子。

——全力推进重大项目建设。2019 年，三龙湾共梳理出 101 个重大项目建立项目库，总投资额 3 532 亿元。三龙湾大道及相连道路综合提升工程已动工。三龙湾碧道项目进展顺利，潭洲水道夜间游船工程项目已编制夜游初步规划方案。“两山一湖一岛”城市景观轴、5G 网络设施、佛山顺德机器人谷等项目的规划建设工作稳步推进。

——稳步推进招商引资工作。创新招商引资方式方法，聚焦广深外溢项目，积极对接广深港澳科技创新走廊，着力引进智能制造、生物医药等战略性新兴产业项目。截至 2019 年年底，三龙湾在谈产业项目 29 个；在建项目 36 个，计划总投资 580.4 亿元，累计投资额 119.8 亿元；签约产业项目14 个，计划总投资额约 140 亿元，累计投资额 5.27 亿元。大力培育和引进国家重点实验室、国家技术创新中心等高端科研机构和重大科技平台项目。截至 2019 年年底，三龙湾在谈和在建的科技平台项目 13 个，其中，东北大学研究生院项目已签约，加速推动香港理工大学、清华佛山（华南）新材料研究院等重大科研平台落地。

——进一步擦亮潭洲会展名片。制定潭洲会展片区发展规划，打造潭洲会展城。2019 年，潭洲国际会展中心共举办展会 24 场、活动 38 场，其中包括中国国际中小企业博览会国际家具展、2019 佛山国际陶瓷装备与材料展览会、佛山（潭洲）国际陶瓷与卫浴展览会等行业专业展会，树立产地展的标杆。会展中心二期正式投入使用，优化展馆内部空间，融入佛山特色元素，完善餐饮等配套服务。

——持续深化国际交流合作。成功举办系列国际化品牌活动。首次在德国推介三龙湾投资营商机遇。举行联盟第八次全体会议及第二届中德市长对话活动，会上发布首期《中德地方经济合作年度报告》，进一步树立佛山及联盟在中德地方合作领域的重要平台地位。成功举办系列中外专业对话洽谈活动，包括 2019 中日韩人工智能研讨会、中德（佛山）智能制造合作研讨会等。先后组织 7 批企业团组合共 50 多家企业代表赴德国等欧洲国家开展交流对接。中德工业城市联盟稳步发展，截至 2019 年年底，联盟共有成员城市 43 个。

（六）惠州市

1. 概况。

2019 年，惠州市地区生产总值 4 177.41 亿元，增长 4.2%。三次产业结构为 4.9∶51.9∶43.2。人均地区生产总值 86 043 元，增长 3.1%。规模以上工业增加值 1 654.17 亿元，增长 1.8%。社会消费品零售总额 1 924.55 亿元，增长 8.8%。地方一般公共预算收入 400.86 亿元，增长 2.0%。全体居民人均可支配收入 37 160 元，增长 9.5%。居民消费价格指数上涨 3.2%。

2. 优化发展情况。

——沿海经济带建设完成总体布局。编制《惠州市沿海经济带综合发展规划（2020—2035 年）》，按照省沿海经济带的定位和布局，科学谋划沿海经济带改革发展和现代化建设。充分发挥海洋资源、区位和产业优势，坚持“生态优先，陆海统筹”的理念，海洋经济持续壮大，海洋生产总值约占地区生产总值的 30.0%，海洋经济成为引领惠州经济社会发展的“蓝色引擎”。惠州海洋生态环境持续稳定优良，是全省唯一以地级市为单位的国家级海洋生态文明建设示范区。

——产业集聚效能带动作用明显。石化产业方面，中海油惠州炼化二期建成投产，埃克森美孚惠州乙烯一期项目由《国家石化产业规划布局方案》储备项目转为规划项目。电子信息产业方面，TCL 模组整机一体化项目一期、旭硝子显示玻璃二期等顺利投产，新一代信息技术产业港（慧聪集团总部）动工建设。清洁能源方面，惠州港口一海上风电场项目和惠州港口二 PA、PB 海上风电场项目进展顺利。滨海旅游方面，全年滨海旅游接待游客 633 万人次，实现旅游业总收入 570 亿元。现代渔业方面，创建广东省节地节水高质高效渔业示范园区 1 个、农业农村部水产健康养殖示范场 17 个、市级现代渔业示范基地 45 个，省级龙头企业 5 家、市级龙头企业 6 家。

——现代化交通体系日趋完善。2019 年，惠州机场旅客吞吐量 255.40 万人次，增长 36.0%。惠州港口年吞吐能力超过 1 亿吨，港口货物吞吐量 8 956 万吨，增长 2.3%。“两港”建设顺利推进，完成惠州机场扩容扩建工程，T2 航站楼及配套工程建成启用。轨道交通建设加快推进，赣深铁路、广汕铁路惠州段建设进展顺利，惠州北站动工建设，深惠城际、莞惠城际北延线项目开展工可研究，深汕高铁前期规划工作配合深圳扎实推进。高速公路建设进展顺利，从莞深高速建成通车，汕湛高速惠州至清远段、河惠莞高速河源紫金至惠州段等项目建设顺利推进，全市高速公路总里程达 755.20 千米，居全省第二位。跨界公交更加便利，惠深莞三市已开通公交一体化班线 30 条，国省道改造、“四好农村公路”建设加快推进。

——扎实推进营商环境建设。优化审批流程，加快推进工程建设项目审批管理平台建设，推动报批报建事项全流程网办，进一步合理压缩审批时限。开展“直通车”活动，2019年，市县（区）领导与企业代表面对面协商解决企业诉求574个。全面落实减税降费政策，为企业新增减负101亿元。全面推行建设工程项目“信用快审”承诺制改革，获评“2019年新华信用杯”全国优秀信用案例奖。全面推进“数字政府”政务服务标准化，在线政务服务平台发布实施59 636项事项，全城通办服务事项达70余项，31项“粤省事”高频事项实现“指尖办理”，无人干预“智惠批”事项上线15项。

——生态文明建设水平不断提升。跨界河流治理工作扎实推进，东江惠州段东岸断面水质均值达到Ⅱ类。积极推动区域联合执法，严厉打击包含非法倾倒固体废物行为在内的各类环境违法行为，共查处各类违法倾倒案件84宗。新（续）建污水管网608千米，超额完成全年工作任务。加强海洋生态修复，开展海岸线整治修复整体论证工作，进一步明确海岸带和重点海湾综合整治方向与重点。加强海洋资源管理利用，出台《惠州市海岸带保护与利用管理规定》，对海岸带建设后退、滨海景观、公共空间、安全防灾等提出管制要求。夯实海洋公共服务基础，紧密围绕“海洋强市”战略需求，逐步建立起“智慧海洋”平台，在全国率先实现海洋信息化硬件支撑、应用支撑、数据基础支撑“三个统一”。

3. 推进粤港澳大湾区建设情况。

——完成推进大湾区建设政策文件制定工作。建立推进粤港澳大湾区建设工作机制，邀请香港智库机构开展推进粤港澳大湾区建设整体定位战略及实施策略研究，组织开展大湾区建设交通基础设施互联互通、生命大健康产业专项调研，制定实施《惠州市推进粤港澳大湾区建设近期重点工作及2019年工作要点》《惠州市推进粤港澳大湾区建设实施方案》。

——高水平规划建设“丰”字交通主框架。积极探索“交通带动产业、产业支撑城市”发展新模式，“丰”字交通主框架规划建设取得突破性进展，谋划快速通达广州科学城、深圳莲塘和东莞松山湖的交通轴线。“丰”字交通主框架暨 1 号公路（南北轴线）举行开工仪式，项目建设各项工作正在加紧推进。

——加强与粤港澳城市合作。与香港贸发局、澳门投资促进局分别签署《粤港澳大湾区合作协议》《惠州澳门联合参与粤港澳大湾区经贸合作备忘录》，加强互访交流、经贸产业对接。发挥惠州（香港）旅游及投资推广中心的宣传推广桥梁作用，与香港中旅签订《惠州旅游及商务（香港）推广合作协议书》，进一步加强惠州旅游和投资资源在香港地区的宣传推广力度，提升惠州在香港的市场知名度和整体形象。

4. 县域经济发展情况。

惠州市陆地面积 1. 13 万平方千米，海域面积 4 520 平方千米，海岸线长 281. 40 千米。现辖惠城区、惠阳区、惠东县、博罗县、龙门县 5 个县区，惠东、博罗、龙门三个县总土地面积 8 649 平方千米，占全市的 76. 2%。2019 年，全市县域地区生产总值 1 372. 55 亿元，占全市的 32. 9%。

表 15　2019 年惠州市县域经济发展情况

地区	地区生产总值（亿元）	社会消费品零售总额（亿元）	地方一般公共预算收入（亿元）	三次产业结构
惠东县	626. 28	398. 96	31. 76	8. 9 : 32. 3 : 58. 8
博罗县	579. 86	314. 39	46. 72	11. 2 : 49. 1 : 39. 7
龙门县	166. 41	58. 36	12. 60	18. 4 : 41. 6 : 40. 0

——惠东县。2019 年，惠东县地区生产总值 626. 28 亿元，增长 7. 0%。三次产业结构为 8. 9 : 32. 3 : 58. 8。人均地区生产总值 66 615 元，增长 6. 5%。社会消费品零售总额 398. 96 亿元，增长 8. 8%。地方一般公共预算收入 31. 76 亿元，下降 8. 6%。城镇居民、农村居民人均可支配收入分别为 30 738元、22 761 元，分别增长 8. 5%、8. 9%。全年接待游客 1 415. 80 万人次，实现旅游业总收入 75. 90 亿元，分别增长 8. 1%、9. 1%。

——博罗县。2019 年，博罗县地区生产总值 579. 86 亿元，增长 4. 8%。

三次产业结构为11.2∶49.1∶39.7。社会消费品零售总额314.39亿元，增长8.8%。地方一般公共预算收入46.72亿元，增长4.3%。规模以上工业增加值211.50亿元，增长6.5%。城镇居民、农村居民人均可支配收入分别为35 857元、22 571元，分别增长8.0%、9.3%。全年实现旅游业总收入76.12亿元，增长13.3%。

——龙门县。2019年，龙门县地区生产总值166.41亿元，增长3.0%。三次产业结构为18.4∶41.6∶40.0。人均地区生产总值52 693元，增长2.8%。社会消费品零售总额58.36亿元，增长8.6%。地方一般公共预算收入12.60亿元，增长16.3%。城镇居民、农村居民人均可支配收入分别为26 674元、21 124元，分别增长12.4%、10.3%。全年接待游客1 402.20万人次，增长16.8%；实现旅游业总收入96.90亿元，增长21.0%。

5. 惠州环大亚湾新区建设情况。

——加快推进万亿级产业集群建设。全年惠州市炼化一体化规模跃居全国第一，综合实力跃居“中国化工园区30强”首位。中海油/壳牌三期项目已编制完成预可研报告，被列为国家第二重大外资项目。核电项目一期工程1号机组正式启动核岛基础浇筑第一罐混凝土（FCD）工作，全年完成投资38.1亿元。广发东山海风电场建成，惠东港口海上风电、中科院两大科学装置（HIAF、CiADS）项目正在加紧推进，惠州新材料产业园完成产业园总体发展规划和产业发展规划。

——加快连通周边地区的通道建设。惠州机场新航站楼正式启用，货站及3个停机位完成建设，正加快推动国际航站楼改造，开通航线36条，通航国内31个重要城市，跃居珠三角200万级机场行列。河惠莞高速平潭至潼湖段进行施工，深汕西高速公路改扩建惠州段加快开展前期工作，惠河高速白石互通、广惠高速机场互通、深汕高速惠阳西互通建设加快推进，G228线惠阳马骝岭至淡水立交桥段和S356线惠阳淡水立交桥至深圳交界段取得施工图审批。

——深入实施创新驱动发展战略。石化产业领域，中大惠州研究院获评中国产学研合作创新示范基地，北化工惠州产学研基地落户，广东石化创新中心正制订建设方案。电子信息产业领域，金百泽云创工场获评国家级众创空间，惠阳与中科院合作的粤港澳大湾区战略先进半导体研究院正在筹建，惠州云谷（云计算）、大亚湾创业壹号（互联网+）等创新平台正加快建设，惠阳金力变速成功入选全国首批专精特新“小巨人”企业，成功引进广工大物联网协同创新研究院等科研院所。

6. 惠州潼湖生态智慧区规划建设情况。

——基础设施建设有序推进。2019 年，智慧区已启动或在建各类基础设施项目 21 个，总投资超 100 亿元。起步区中区“两横两纵”路网、“三横两纵”支路网顺利动工，中区北部路网、西部路网、西区路网前期工作有序进行中；智慧大道北 PPP 段正在动工建设中，直投部分和惠桥快线基本完成路面铺设；创新与总部经济区首期道路基本完成路面主体建设，正在进行绿化等附属施工作业；起步区自来水管网、110 千伏宝岗变电站等项目陆续完成或启动前期工作。

——重点项目建设实现新进展。2019 年，共有省重点项目 5 个，年度计划投资 36 亿元，完成 30.48 亿元，完成率为 84.7%。创新小镇项目 2019 年度计划完成投资 4 亿元，实际完成投资 4.13 亿元，完成率为 103.3%。潼湖思科科学城项目 2019 年度计划完成投资 8 亿元，实际完成投资 8 亿元，完成率为 100%。智慧大道工程计划完成投资 10 亿元，实际完成投资 7.75 亿元，完成率为 77.5%。创新与总部经济区首期道路工程计划总投资 17.26 亿元，已完成投资 13.40 亿元。

——招商引资取得新突破。智慧区共引进各类项目 40 个，包括平台型潼湖科技小镇项目、万城智慧潼湖项目等总部研发和综合类项目。同时，智慧区储备中航光电华南产业园等 10 余个项目。此外，充分利用潼湖科学城已建成区域，打造韩国元素聚集的“韩国城”，已有惠州韩国人（商工）会、惠州市韩资企业管理有限公司、广东声音科技有限公司、惠州都特雷德网络技术有限公司等韩国中小企业和商协会入驻。

（七）东莞市

1. 概况。

2019 年，东莞市地区生产总值 9 482. 50 亿元，增长 7. 4%。人均地区生产总值 112 507 元，增长 6. 6%。三次产业结构为 0. 3 : 56. 5 : 43. 2。社会消费品零售总额 4 003. 89 亿元，增长 10. 1%。规模以上工业增加值 4 192. 78 亿元，增长 8. 5%。外贸进出口总额 13 834. 31 亿元，增长 3. 1%，其中，出口总额 8 658. 71 亿元，增长 8. 8%。地方一般公共预算收入 673. 27 亿元，增长 3. 6%。

2. 优化发展情况。

——创新驱动态势不断巩固。研究与试验发展经费 289. 96 亿元，占地区生产总值的 3. 06%。深入推动高新技术企业树标提质，高新技术企业总数 6 217家、科技型中小企业 1 957 家，均居全省地级市第一。推进“技能人才之都”建设，实施“十万百万千万”人才工程，新增博士后、博士工作平台 35 家，新增 2 个团队入选“珠江人才计划”，累计引进省创新科研团队 38 个。PCT 国际专利申请量跃居全省第二，获中国专利奖银奖 4 项。松山湖科学城纳入综合性国家科学中心先行启动区建设，滨海湾新区发展总体规划获省通过，大湾区大学和香港城市大学（东莞）加快筹建，松山湖材料实验室正式动工，南方光源研究测试平台动工兴建。

——先进制造业中心加快建设。先进制造业增加值 2 241. 94 亿元，占规模以上工业比重达 53. 5%。智能手机产量 4. 06 亿台，增长 11. 9%。73 家企业入围广东制造业 500 强。全年引进内外资项目 4 098 个，单个项目平均规模增长 39. 5%，实际投资 1 196 亿元，增长 28. 8%。81 家企业实现三年倍增。创建广东省制造业供给侧结构性改革创新实验区，通过激活土地、技术、资金、人才等要素，创新新旧动能接续转换机制，推动传统产业转型升级，培育壮大战略性新兴产业。坚持制造业立市不动摇，出台重点新兴产业发展规划，确定新一代信息技术、高端装备制造、新材料、新能源、生命科学和生物技术五大新兴领域和十大重点产业。规模以上工业企业超 1 万家，稳居全省第一位，73 家企业入围广东制造业 500 强，培育一批“隐形冠军”和行业冠军。

——基础设施互联互通扎实推进。南沙大桥顺利通车，佛莞城际狮子洋隧道顺利打通，珠江东西岸连接更加紧密。东平东江大桥、莞番高速一期、从莞高速三期投入使用。穗深城际正式开通运营，地铁 1 号线正式动工，2 号线三线一期工程前期工作加快推进，新开通 6 条跨市公交线路。松山湖科学城至光明科学城通道（东莞段）首期工程开工建设，与周边城市互联互通水平不断提升。

——重大改革深入推进。全面完成市级机构改革任务，加快推进市直管镇改革，强化松山湖、水乡功能区统筹。商事制度、“放管服”等重点领域改革不断深化，“一平台三工程”建设获得国务院督查激励，“互联网+不动产”改革受到省政府高度肯定，“银政通”企业开办一体机等六大改革品牌推出实施。减税降费全面落实，全年累计减免税费超过 300 亿元，514 万自然人纳税人享受新政，无须缴纳工薪所得个人所得税。

——辐射带动粤东西北地区成果显著。推进产业共建，加强园区建设，每年投入不少于 1 亿元用于配套设施建设，培育大朗（乐昌）产业共建科技园等一批特色产业基地，新成立装备园公司等 4 家开发公司参与园区共建。狠抓产业招商，协助韶关市对接粤港澳大湾区（广州）城市发展推介会，现场签约项目 15 个，投资总额达 208.21 亿元。加强民生保障，推进精准扶贫。为符合条件的 10 525 名贫困户子女向户籍地/学籍地教育部门申请生活费补助，将无劳动能力贫困人口 22 656 人纳入低保或特困人员救助供养，贫困人口 100%参加城乡居民基本医疗保险，协助 4 455 名贫困户申请落实医疗救助资金。

——民生福祉进一步改善。民生支出占财政总支出超过七成，十件民生实事全面兑现，30 个重点民生项目建成献礼，对口支援和帮扶工作扎实推进，低保、残疾人、孤儿和特困供养人员等的生活保障得到进一步加强。52.20 万人实现学历技能素质提升。全市新增中小学幼儿园 55 所、学位近 6 万个，其中，公办学位约 3.5 万个，随迁子女义务教育阶段享受公办和民办学位补贴的人数占比突破 50%。市人民医院肿瘤中心、市儿童医院新大楼投入使用，市第九人民医院正式开办。全市新增病床位 1 982 张，在疫情防控中发挥了重要作用。乡村振兴战略加快实施，全省农村人居环境示范市创建工作扎实推进，86.4%的行政村达到干净整洁村标准。

3. 推进粤港澳大湾区建设情况。

——对接湾区体制机制不断健全。强化顶层设计，召开 2019 年东莞市推进大湾区建设领导小组工作会议，加强整理工作谋划部署。制定《东莞市贯彻落实〈粤港澳大湾区发展规划纲要〉的实施方案》《东莞市推进粤港澳大湾区建设三年行动计划（2018—2020 年）》《关于推进粤港澳大湾区建设的若干措施》等文件，形成东莞市推进大湾区建设的“施工图”与“进度表”，构建起远、中、近期相结合的贯彻实施体系。推动设立东莞市湾区创新发展研究院，开展临深片区对接深圳先行示范区等课题研究。

——对接湾区战略平台建设成效显著。滨海湾新区作为湾区特色合作平台纳入《粤港澳大湾区发展规划纲要》，发展总体规划获省通过，虎门港综合保税区一期顺利通过国家验收。与中科院建立全面战略合作关系，高水平打造松山湖科学城，松山湖材料实验室、南方光源研究测试平台项目动工兴建。水乡功能区与广州市黄埔区签署战略合作协议，力争打造粤港澳大湾区“全面深度合作先导区”。东莞国际商务区首宗地块成功出让，拆迁安置与规划建设加快推进。

——与港澳交流合作更加密切。松山湖港澳青年创新创业基地开园，吸引超过 50 个港澳青年创业项目落地，出台港澳青年创新创业基地建设实施方案和《东莞松山湖推动港澳人才创新创业实施办法》，实行一站式服务。率先与中国法律服务（香港）公司签订《莞港商事登记合作框架协议》，深化莞港两地商事登记合作。凭港澳通行证或居住证可在莞办理港澳人员养老保险，实行港澳居民与内地居民享受同等教育权利。简化港澳居民在莞购房政策，出台境外高端人才和紧缺人才认定及个人所得税财政补贴暂行办法。

——与湾区主要城市合作不断加强。积极加强与深圳、广州、惠州等城市开展多层次、多渠道的交流。全力支持深圳建设中国特色社会主义先行示范区，深度参与《深圳都市圈规划》编制工作，扎实做好深莞惠“3+2”联席会议筹备工作，推动历届会议议定事项落地实施。大力支持广州实现老城市新活力和“四个出新出彩”，与广州签订深化重点领域合作协议，共同编制《穗莞合作发展规划》。加强与惠州合作交流，主动开展市党政班子交流访问，加快研究推进一批基础设施合作项目建设。

4. 重大区域发展平台建设情况。

——水乡特色发展经济区。2019 年，水乡经济区地区生产总值 1 539. 53 亿元，增长 7. 0%；规模以上工业增加值约 735. 98 亿元，增长 4. 7%；地方一般公共预算收入约 145. 89 亿元，增长 20. 2%。一是统筹发展机制日益完善。重点统筹发展规划、区域开发、招商引资、重大项目建设和政务服务五大领域。推进中心启动区首期土地整备，统筹 9 221 亩地块作为重点，打造“一核两翼”发展格局。二是基础设施和重大项目加快建设。推进东莞水乡科创中心建设，推进中洪路、望沙路升级改造，水乡大道整体提升，莲花山过江通道等重点交通项目建设，加快推进功能区 5G 网络设施、水乡中心医院、水乡未来学校等配套项目，水乡功能区市重大项目建设累计完成投资 66 亿元。三是产业发展和招商引资取得成效。编制水乡功能区产业协同发展规划，提出大力发展“大 5G+大生命健康+大文化旅游产业+大能源装备产业+大现代服务产业”的产业体系。四是统筹各镇招商资源。实现精准招商，与 11 家优质企业签订合生国际双创科技城、天安云谷智创天地等一批项目框架协议，协议投资总额 455 亿元。五是融入粤港澳大湾区建设。以规划衔接为基础，以交通互通为牵引，水乡经济区与香港、澳门、广州等周边地区在科技创新、产业合作、营商环境、城市品质建设等方面的合作加快推进。水乡管委会与广州开发区签订战略合作框架协议，力争打造成为大湾区“全面深度合作先导区”，确立规划、交通、政务、产业、旅游、医疗等领域首期十个合作项目。

——粤海银瓶合作创新区。2019 年，合作创新区地区生产总值 104. 20 亿元，增长 9. 0%；规模以上工业增加值 50. 10 亿元，增长 8. 7%；固定资产投资总额 35 亿元，增长 67. 8%；地方一般公共预算收入 22 亿元，增长 11. 5%。一是经济高质量发展进一步提速。招引鑫和精密电子、晨光乳业等 22 个项目，总投资105亿元。全力保障重大产业项目建设进度，2019年完成投资19亿元；粤海产业园一期18万平方米厂房已建成，入驻6家企业；镇级倍增计划企业技改投资达2.65亿元，国家高新技术企业达77家。二是城市品质进一步提升。完成发展总体规划、海绵城市专项规划等共21项规划，加快完善新兴产业培育规划和产业发展规划；打通爱民大道全路段、粤海大道曹乐段，完成银丰路延长线绿化升级；升级改造4个老旧工业区，有序推进8个旧村3 752亩城市更新。三是生态魅力进一步展现。建成截污主干管网26.98千米并实现通水，3座总投资约2 803万元的分散式污水处理站投入使用；石马河旗岭国考断面水质顺利达标，高标准规划31.7千米“百里碧道”；投资8 300万元、占地面积1 582亩的银山市级湿地公园正式建成开园。四是民生保障力度进一步增强。顺利通过广东省教育强镇和东莞市推进教育现代化先进镇复评验收，中心小学曹乐校区、黎村小学扩建等项目加快建设，实验中学、完全中学等6个学校项目正开展前期工作；顺利通过国家卫生镇复审和市级健康促进区评估，社区卫生服务机构标准化建设完成率达100%。

——滨海湾新区。2019年，滨海湾新区规模以上工业增加值约62.00亿元，增长0.7%；地方一般公共预算收入45.85亿元，增长425.0%；签约8个项目，总投资1 376.48亿元。一是新区发展定位再度跃升。成功纳入《粤港澳大湾区发展规划纲要》的大湾区特色合作平台。《东莞滨海湾新区发展总体规划（2019—2035年）》通过省政府审定印发，明确新区粤港澳大湾区协同发展特色平台、珠三角核心区融合发展战略节点、东莞高质量发展创新引擎和滨海生态宜居智慧新城的发展定位。市政府印发《东莞滨海湾新区城市总体规划（2018—2035年）》，为开发建设提供重要支撑。二是基础设施加快建设。成功推动深茂铁路经过并设站，推进东湾大道、湾区大道等一批骨干道路建设，湾区1号一期建设项目顺利完成；沙角电厂燃煤机组有序关停，土地整备和土地空间拓展工作加快推进；大湾区大学加快建设，未来学校加速推动；康华医疗集团项目选址方案初步确定；滨海湾中心农业公园项目纳入省级现代农业产业园建设名单。港口建设步伐加快，新增7条内贸航线、4条外贸集装箱直航航线，东莞港集装箱吞吐量首次突破400万标箱，增长

13.0%。三是招商引商取得突破。成功引进紫光芯云产业城、OPPO 智能制造中心等一批重大产业项目，涉及投资金额 1 365 亿元；推动 21 个市重大项目建设，完成投资 55.65 亿元。四是与香港合作进一步加强。探索与香港合作开发的模式，与香港铁路有限公司规划合作建设滨海湾站，计划打造“三铁合一、综合交通、站城一体”的城市综合体；规划建设滨海湾青创城，打造粤港澳大湾区国际科技创新中心示范区；与香港有关公司签订合作协议，重点扶持新区基础设施及公用事业相关配套项目。

（八）中山市

1. 概况。

2019 年，中山地区生产总值 3 101.10 亿元，增长 1.2%。三次产业结构为 2.0∶49.1∶48.9。社会消费品零售总额 1 617.09 亿元，增长 3.6%。外贸进出口总额 2 387.15 亿元，增长 1.9%。金融机构本外币存款余额、贷款余额分别为 6 345.05 亿元、4 912.91 亿元，分别增长 7.0%、21.7%。全体居民人均可支配收入 50 478 元，增长 7.7%。居民消费价格指数上涨 3.1%。

2. 优化发展情况。

——加快产业转型升级。重大创新平台建设步伐加快，中物院光子科学中心、中科院低温技术研究中心签约落地，高新技术企业增至 2 562 家。转型升级步伐加快，先进制造业增加值占规模以上工业比重提升至 46.4%，现代服务业增加值占服务业增加值比重提升至 59.0%，新增规模以上工业企业 682 家，全市市场主体超过 42 万户，增长 10.0%。

——深化改革开放。完成市级机构改革，组建成立 31 个政府工作部门。加大简政放权力度，优化调整下放火炬开发区、翠亨新区市级经济管理权限事项 276 项。“数字政府”改革建设加快推进，95%的政务服务事项实现网上可办，超过 1 000 项事项实现全流程“一网通办”。推动更高水平对外开放，全年出口总额 1 929.14 亿元，增长 7.1%，与“一带一路”沿线国家贸易额增长 6.3%。

——城乡建设步伐加快。大力推进交通强市建设，完成深茂铁路中山段可研审批前期工作，深中通道、广中江高速、坦洲快线等一批高快速路建设工作扎实推进，长江路、博爱路完成快速化改造。处置闲置土地 487 万平方米，盘活批而未供用地 389.8 万平方米，完成“三旧”改造 182.9 万平方米。深入实施乡村振兴战略，农业农村现代化水平进一步提高，农村人居环境整治力度加大，90%村居达到干净整洁村标准。

——生态环境质量改善。水污染防治扎实推进，中心城区 10 条黑臭水体整治提升工程全面动工，全市新增污水管网 316 千米，完成 13 座污水处理厂提标改造，建成 182 个河涌水质自动监测站。中心组团、北部组团垃圾焚烧发电厂扩容工程（三期）投入试运行。金字山公园、树木园三期完工，翠亨国家湿地公园、金钟湖公园和 4 个组团儿童公园对市民开放，市儿童公园、古香林公园建设加快推进。

——重塑城市发展新格局。铁腕治理土地规划乱象，上收镇区规划编制权限，严控房地产用地供应，强化基础设施、公共服务设施和产业用地保障，出台 37 项制度重塑国土空间规划管理体系。重大战略平台规划建设加快推进。高质量完成“四标四实”工作，进一步摸清城市底数，为政府科学决策、高效管理提供重要支撑。

——切实保障和改善民生。教育、医疗、住房保障等民生支出 293.80 亿元，占地方一般公共预算支出比重达 71.4%。城镇新增就业 5.7 万人，促进创业 7 554 人，城镇登记失业率为 2.3%。新增普惠民办幼儿园 15 所，新建公办幼儿园 6 所，新增规范化幼儿园学位 5 185 个，完成 15 所公办中小学学校新建扩建工作，增加公办学位 8 568 个。社会保险参保达 957 万人次，低保标准提高 7.6%。

3. 推进粤港澳大湾区建设情况。

——共建充满活力的世界级城市群。统筹推进一批高铁、城市轨道、高快速路、港口等交通项目建设，加快实现到广州、深圳中心区半小时通勤和香港、澳门 1 小时交通联系。编制《中山市推进粤港澳大湾区建设基础设施互联互通（2019—2022 年）实施方案》，加快轨道交通规划建设。中山港马鞍港区新客运码头主体工程基本建成，投入使用后乘坐客轮 45 分钟可到达香港机场、1 小时可到达中港城。筹建总面积达 153 平方千米的九大市级产业发展平台，在建项目 87 个，总投资额 286.06 亿元。对接港澳全面深化国家服务业综合改革试点，优先发展现代金融、文化旅游、商务会展等现代服务业。

——共建具有全球影响力的国际科技创新中心。主动对接广深港澳科技创新走廊和珠江西岸科创走廊，积极参与国家综合性科学中心建设，制订《中山市推进粤港澳大湾区国际科技创新中心建设专项行动计划》，着力打造大湾区国家科技创新中心重要承载区和创新科技成果转化基地。推进中科院药物创新研究院华南分院、哈工大（中山）无人装备与人工智能创新中心、中国科学院大学中山联合创新中心、复旦大学中山联合创新中心、智能移动机器人（中山）研究院等一批重大创新平台落户。积极推进中山科技大学、澳门科技大学中山办学项目（香山大学）。

——共建“一带一路”建设的重要支撑。成功获批跨境电商综合试验区，积极申报建设综合保税区。实施营业执照“二十四证合一”，推进火炬开发区“证照分离”改革试点，成为全国首批企业开办全程网上办试点城市。在全省率先公布政务服务“马上办、网上办、一次办、就近办”改革清单，创新实施“容缺预受理”机制，项目审批时限压缩 70%以上。中德（中山）生物医药产业园引入诺华山德士等世界知名企业落户，引进百慧基因等一批项目，中瑞（欧）工业园引进瑞士丝丝姆纺织机械等多个项目。加快规划建设黄圃铁路国际物流园，将其打造成为连接欧洲快线（中欧班列）的现代综合物流中心及“一带一路”陆路货运重要节点。

——共建内地与港澳深度合作示范区。出台实施《关于加强港澳青年创新创业基地建设工作方案》，让港澳创新创业青年与本地青年享受同等待遇。加快建设易创空间创新创业孵化示范基地、翠亨港澳青年创新创业基地等一批服务港澳青年创新创业平台，105 个青年创新创业基地全部向港澳青年开放。推进中山—香港科技大学联合创新中心、香港大学生物医药技术国家重点实验室—广东药科大学分中心、广东药科大学—香港大学中山生物医药创新平台、澳门科技大学中药质量研究国家重点实验室—中智药业集团中药质量研究联合实验室等创新平台建设。香港工联会中山工联中心立足中山，拓展服务至珠海、江门及粤西，为香港乡亲提供各类咨询等贴心服务。

4. 中山翠亨新区建设情况。

——基础设施建设提速。2019年，起步区共完成基础设施建设29.17亿元，6个项目已完工交付使用，并启动6个新增道路初步设计工作，协助推进深中通道、中开高速、港澳码头等国家和省市重点工程建设，PPP项目年度产值24.33亿元，完成计划的133.4%。公共服务配套工作有序推进，起步区第一所公办学校中山纪念小学正式投入使用，启动翠亨新区第一中学建设前期工作。港澳码头港池主体建设完成，联检大楼片区综合开发项目方案设计完成。稳步推进滨河整治水利景观工程建设，启动建设污水管网二期工程，启动开展南部水利工程前期工作，起步区城市防洪（潮）体系建设得到进一步完善。重点区域城市开发稳步推进，起步区北部临海科技新城片区的翠亨新区智创中心完成采购施工总承包招标工作，一期专家楼主体结构、室内装修基本完成，二期实现主体结构封顶，完成年度投资额3.87亿元。南部科学城区域的港澳客运码头综合片区、智创中轴南塔北塔地标建筑等优先开发区域正全面梳理区域内的土地整理、交通基础设施和城市配套设施项目，稳步有序地推进管廊、道路、堤围、水闸、公共配套等基础设施建设。

——加强与深圳的对接合作。通过创新共建共同开发模式，强化资源协调配置力度，着力打造中深科技园。以生物医药应用研究和生命健康研究为核心，重点承接著名医药高校和科研院所在新区设立分院、研究生院，建设国家重点实验室、工程研究中心等国家级科研院所、创新平台、创新中心，在生物医药领域形成产学研优势，与深圳形成差异化、分工协作式的发展模式。紧盯电子信息、高端装备制造等深圳全球领先型产业，在打造西湾医疗器械产业园优质产业平台以及江波龙、鸿利达、立信门富士等一批优质项目的基础之上，继续精准招商，战略性遴选式引进高水平重大项目。

——产业发展水平不断提高。重大产业项目招引落地成效显著，建设省、市重点项目25个，总投资达238.84亿元。紧盯生物医药、新一代信息技术和现代服务业等主导产业，瞄准世界500强、央企、省属企业等旗舰型重大项目，成功引进康方制药6个产业项目落地，投资额超106亿元。企业研发机构建设持续提速，起步区新增市级工程中心认定企业7家，增长133%；新增高新技术企业16家，增长100%；新增在孵企业11家，总孵化载体面积达8万平方米，累计总在孵企业40多家；企业专利申请总量418件，专利授权176件。企业创新团队建设有新突破，新增市级创新创业科研团队2家，3家企业在广东省创新创业大赛中获奖。科技金融产业融合发展，以发展股权投资基金促进科技创新、汇聚资本力量、吸引高端金融人才、实现资本招商为抓手，综合施策，强化金融服务，力推科技、金融、产业“三融合”深入发展。联合区管企业制订“西湾母基金”设立方案，草拟《中山翠亨新区推动经济高质量发展引导基金管理暂行办法》，为翠亨新区加快高质量发展注入政策原动力。设立生物医药产业化基金，全区基金数量达到9支，总规模约11.3亿元。

（九）江门市

1. 概况。

2019年，江门市地区生产总值3 146.64亿元，增长4.3%。人均地区生产总值68 194元，增长3.5%。社会消费品零售总额1 206.96亿元，增长8.6%。地方一般公共预算收入256.83亿元，增长5.2%。规模以上工业增加值1 008.60亿元，增长1.5%。金融机构本外币存款余额、贷款余额分别为4 946.81亿元、3 667.71亿元，分别增长9.2%、16.8%。

2. 优化发展情况。

——创新能力显著增强。制定实施《江门市关于进一步促进科技创新推动高质量发展的工作措施》，荣获“全国小微双创示范城市”称号。全市高新技术企业超过1 500家。引进国内外多个高层次人才团队，院士工作站增至11个，与14位院士建立合作关系。科创平台建设取得新成效，与省科学院共建省半导体产业技术研究院江门中心和省智能制造研究所江门中心。五邑大学建设高水平理工科大学工作稳步推进，综合排名比上年提升123位，跃居全国第259位，整体实力进入同类高校第一方阵。珠西创谷成为全市首家获省认定的粤港澳台科技企业孵化器，与珠西先进产业优秀人才创业创新园等港澳青年创业园区共引进60家港澳企业及其项目。百名博（硕）士引育工程累计引进博士32人、硕士19人，新增博士后创新实践基地5个，新引进在站博士后38人。

——投资贸易便利化水平快速提升。商事制度改革深入推进，在全省首推商事登记“微信+智能化审批”服务，实现企业设立登记压缩至0.5个工作日内，开办企业全流程1天办结，经验在全省推广。累计365个投资项目采用承诺制管理，项目前期工作平均提速1~2个月。食品药品监管领域实施“申请人承诺制”审批事项在全国领先。工程建设项目审批制度改革加快推进，政府投资项目、社会投资项目全流程审批时间分别压缩至90个、55个工作日内。不动产登记业务实现复印材料“零提交”，一手房转移登记实现24小时自助办理。全年在降低用地、用工、用电、用气成本及落实减税降费政策等方面累计为全市企业减负超过100亿元，有力激活实体经济新动能。

——生态环境持续优化。全面办结中央环保督察“回头看”、省级环保督察交办案件。PM2.5、PM10指标明显改善，关停搬迁主城区高污染高排放企业207家，完成3 793家“散乱污”企业和776台生物质燃料锅炉的整治工作。河长制、湖长制工作在省考核中获优秀等次，鹤山市沙坪河整治入选全省生态修复十大示范项目，开平市住家船整治列入省河长制五大经验。提前完成县级饮用水源地环境问题整治。市区11条黑臭水体消除黑臭。新建（扩建）城镇污水处理厂13座，实现建制镇生活污水处理设施全覆盖。固废危废综合处置中心加快建设，开平循环经济生态园一期投入运行，恩平华新水泥协同处置危废项目获批运营，市区餐厨垃圾项目试运行。新会区创建成为国家生态文明建设示范区，台山市获“广东省节水型社会示范县”称号。

——民生保障能力不断提升。各级财政在民生事业投入292.57亿元，增长12.9%，占地方一般公共预算支出的69.5%。市十件民生实事投入36.37亿元，完成年度投资计划的102.3%。稳就业工作成效显著，城镇新增就业4.70万人，城镇登记失业率为2.1%。平稳推进企业职工基本养老保险、工伤保险省级统筹和机关事业单位养老保险改革工作，城乡居民基本养老保险基础养老金最低标准、企业职工养老保险基本养老金稳步提升。全市医疗救助政策范围内支付比例达80%以上，实现与基本医疗保险、大病保险“一站式”结算。基本完成5 097户16 659人的脱贫任务，全市低保标准统一提高到每人每月850元。

3. 推进粤港澳大湾区建设情况。

——与中心城市“软硬联通”水平显著提升。基础设施“硬联通”不断加强，珠西综合交通枢纽江门站建设进展顺利；南沙港铁路加快建设，成功争取在蓬江区、鹤山市设客运站点；高速路网和港口建设有新进展，通车里程达489千米；珠西物流中心与深圳盐田港合作不断深化。机制“软联通”不断深化，首创粤港澳大湾区税务通，港澳居民可以在“家门口”办理涵盖税务登记等首批25项涉税（费）业务；在全国率先上线商事登记“智能湾区通”，将“商事登记+智能审批”改革延伸到港澳地区；强化“双区驱动”，支持深圳建设先行示范区以及广州实现老城市新活力和“四个出新出彩”，出台《江门市关于支持深圳建设中国特色社会主义先行示范区的行动方案》；与广州签署战略合作框架协议。

——港澳居民便利生活的政策措施落地见效。民生领域合作稳步推进，健全以居住证为主要依据的港澳居民随迁子女入学政策，整合18项港澳居民办理的高频政务服务事项，开设粤港澳大湾区综合服务窗口。青年双创合作基础扎实，制定出台《江门市关于加强港澳青年创新创业基地建设实施方案》，成立港澳青年创业创新服务中心。特色金融合作先行先试，高新区金融中心建成并投入使用，省地方金融监管局安排300万元财政资金支持江门跨境金融平台建设，江澳金融合作业务量首次突破千亿元。

——大湾区特色合作平台建设加快。依托大广海湾经济区，结合黄茅海跨海通道动工建设，加快银湖湾滨海新区开发建设，总投资约168亿元。高标准推进江门人才岛建设，全岛六个片区控制性详细规划修编基本完成，完成年度投资35.8亿元，累计完成投资超50亿元。发挥世界文化遗产优势和海外侨胞作用，建设华侨华人文化交流合作重要平台。充分发挥江门作为重要供港农产品基地的重要优势，规划建设大湾区高质量农业合作发展平台。

4. 推进区域合作情况。

加强与粤西旅游合作，共同开发优势互补的旅游产品，持续深化珠中江阳区域旅游合作联盟。珠海、中山、江门、阳江四地旅游部门在阳江召开2019年度珠中江阳区域旅游合作联盟工作会议，研究制订2019年珠中江阳旅游联盟宣传推广活动计划；开展境内省外联合推介活动；组织赴飞机和高铁直达的旅游客源地举办旅游推介交流活动，深化旅游企业交流；强化四市本地居民旅游服务，深化珠中江阳四地的沟通交流。推进粤西天然气主干管网江门—阳江项目，该项目全长约170.3千米，管径813毫米，总投资约30.7亿元，将实现粤西地区的油气主干管网覆盖，有力推进粤西地区城市煤改气工程。

5. 县域经济发展情况。

江门市下辖台山、开平、鹤山、恩平4个县级市，县域面积达7 719.57平方千米，占全市的81.2%。2019年，全市县域地区生产总值1 383.57亿元，占全市的44.0%。

表16 2019年江门市县域经济发展情况

地区	地区生产总值（亿元）	社会消费品零售总额（亿元）	地方一般公共预算收入（亿元）	三次产业结构
台山市	452.24	211.52	31.65	22.5∶38.4∶39.1
开平市	382.48	176.78	27.95	10.5∶43.2∶46.3
鹤山市	361.94	151.07	32.17	7.6∶46.8∶45.6
恩平市	186.91	91.48	12.09	14.1∶27.7∶58.2

——台山市。2019年，台山市地区生产总值452.24亿元，增长5.0%。人均地区生产总值47 422元，增长4.9%。外贸进出口总额99.80亿元，下降27.5%。地方一般公共预算收入31.65亿元，增长8.2%。全年接待游客1 454.64万人次，增长13.3%；实现旅游业总收入127.11亿元，增长20.1%。

——开平市。2019年，开平市地区生产总值382.48亿元，增长0.5%。规模以上工业增加值110.58亿元，下降16.2%。社会消费品零售总额176.78亿元，增长8.6%。外贸进出口总额152.60亿元，下降8.6%。地方一般公共预算收入 27.95 亿元，增长 6.7%。全年接待游客 865.56 万人次，增长 12.9%；实现旅游业总收入 111.45 亿元，增长 21.1%。

——鹤山市。2019 年，鹤山市地区生产总值 361.94 亿元，增长 6.5%。人均地区生产总值 70 416 元，增长 5.6%。社会消费品零售总额 151.07 亿元，增长 8.6%。地方一般公共预算收入 32.17 亿元，增长 6.8%。城镇居民、农村居民人均可支配收入分别为 35 382 元、19 318 元，分别增长 7.9%、9.7%。金融机构本外币存款余额 478.71 亿元，增长 9.8%。

——恩平市。2019 年，恩平市地区生产总值 186.91 亿元，增长 4.9%，人均地区生产总值 36 761 元，增长 4.4%。社会消费品零售总额 91.48 亿元，增长 8.6%。地方一般公共预算收入 12.09 亿元，增长 6.1%。外贸进出口总额 38.30 亿元，增长 4.2%。全年接待游客 790.20 万人次，增长 12.0%；实现旅游业总收入 56.08 亿元，增长 20.0%。

6. 江门大广海湾经济区建设情况。

2019 年，江门大广海湾经济区规模以上工业增加值 151.56 亿元，其中，起步区 44.6 亿元；固定资产投资 295 亿元，其中，起步区 61.25 亿元；地方一般公共预算收入 44.20 亿元，增长 13.7%，其中，起步区财政收入 7.95 亿元，增长 12.6%。

——战略地位不断提升。先后被写入国务院印发的《关于深化泛珠三角区域合作发展的指导意见》、国家发展改革委和粤港澳四方签署的《深化粤港澳合作推进大湾区建设框架协议》及江门市与澳门特区政府签署的《关于推动粤澳共建江门大广海湾经济区的框架协议》等多个文件。大广海湾经济区成为广东首批粤港澳服务贸易自由化重点示范基地之一。

——重大平台谋划加强。江门市主动协调，会同珠海、中山协力推进集聚区谋划工作，委托国家发展改革委宏观经济研究院进行专项研究，初步完成集聚区规划和 5 个专题研究报告的初稿，并牵头起草建设方案初稿，均已提交省大湾区办。启动初步规划范围内的银湖湾滨海新区、广海湾—赤溪片区的规划建设工作，设立江门市银湖湾滨海新区管理委员会、江门市广海湾经济开发区管理委员会，统筹推进规划建设相关事宜。

——产业集聚逐渐加强。银湖湾滨海新区覆盖的粤澳（江门）产业合作示范区、珠西新材料集聚区均已纳入省产业转移园。园区电力、污水处理厂集中供热和固废处理中心等基础设施加速建设。广海湾工业园区土地集约利用评价工作通过省自然资源厅审批，完成《广东广海湾国家级新区总体方案研究》，启动广海湾香港惰性拆建物料综合处置项目前期工作，推进海域使用权证办理。同时密切跟进与深圳盐田港集团的战略合作，拟共同促进广海湾片区产城融合、物流业建设、海洋产业发展。积极推进大广海湾基础设施综合开发项目，已委托第三方咨询单位编制项目实施方案。

（十）肇庆市

1. 概况。

2019 年，肇庆市地区生产总值 2 248. 80 亿元，增长 6. 3%。人均地区生产总值 53 936 元，增长 5. 3%。社会消费品零售总额 1 107. 52 亿元，增长 7. 4%。外贸进出口总额 404. 37 亿元，增长 3. 7%。地方一般公共预算收入 114. 21 亿元，增长 7. 7%。金融机构本外币存款、贷款余额分别为 2 642. 47 亿元、2 156. 79 亿元，分别增长 5. 9%、18. 1%。全体居民人均可支配收入 26 122元，增长 8. 5%。

2. 优化发展情况。

——产业发展转型升级步伐加快。加大传统低效产业退出和整治提升力度，推动 280 家工业企业实施技术改造，完成工业技改投资 129. 70 亿元，增长 12. 0%。数字经济发展加快，京东云华南总部等大数据项目开工，肇庆大数据云服务产业园进入试运行阶段。产业发展集聚增效，成功举办各类重大经贸活动，新引进合同项目 184 个，计划投资总额 1 795. 20 亿元。深入推进产业投资项目“双容双承诺”改革，年度计划新增落地开工项目和竣工投产项目均超额完成。

——发展新动能进一步释放。创新载体建设深入推进，省级西江高新区通过评审，新增高新技术企业 157 家，总数增加到 550 家，发明专利授权量

288 件。新增市级以上新型研发机构 10 家，规模以上工业企业研发机构覆盖率提高到 46%。新引进山鹰国际高端产业基地等超 100 亿元项目 2 个、超 10 亿元项目 14 个。新认定科技型中小企业 105 家，高新技术企业产值占规模以上工业总产值比重超 50%。

——乡村振兴扎实推进。精准脱贫攻坚取得决定性进展，投入扶贫资金 2.4 亿元，105 个省定相对贫困村实现达标出列，8.8 万相对贫困人口实现稳定脱贫退出。夯实“两不愁三保障”脱贫成果，城乡低保标准统一提高至年人均 9 600 元，符合条件的建档立卡贫困人口全部纳入政策性兜底保障。现代特色农业全面推进，新增 4 个省级现代农业产业园，总量居全省第五，德庆、广宁农业科技园被认定为省级农业科技园区。美丽乡村建设全域推进，完成“三清三拆三整治”，四会入选“全国农村人居环境整治成效明显激励县”。

——生态文明建设取得新进展。全面落实中央和省环保督察整改任务，精准管控重点污染源，城区空气质量综合指数持续改善，空气质量在全省排名比上年上升 1 位，改善幅度排名为珠三角地区第一。全面推行河（湖）长制，基本完成河湖“清四乱”和“五清”专项行动任务，水质综合指数排名稳居全省第二位。持续有效打击非法转移、处置、倾倒固体废物行为。肇庆环保能源发电项目顺利点火试运营。超额完成耕地保有量、永久基本农田保护面积的省考核任务。

——社会民生事业全面进步。财政投入民生类支出占地方一般公共预算支出的 70.8%。新增幼儿园公办学位 1 835 个、义务教育学位 1.74 万个，高考本科上线率超省平均水平。顺利通过国家卫生城市复评，市第一人民医院被列为省高水平医院重点建设单位，4 家县级第二人民医院建成开业，新增医疗机构床位 5 600 张。城乡居民基本养老保险、医疗保险参保率分别达 99.9%、99.3%。低保、孤儿养育、“两残”补贴 3 项工作提标水平均高于省标准，特困人员供养标准达到省规定的要求。

3. 推进粤港澳大湾区建设情况。

——建立粤港澳大湾区领导小组工作机制。成立国际科技创新中心建设、基础设施互联互通、构建现代产业体系、生态环境保护、港澳青年创新创业基地建设、宣传学习、金融创新、教育专项、电力营商环境 9 个专项小组，印发肇庆市贯彻落实大湾区规划纲要的系列文件，有序有效推进大湾区建设。

——全力推动重大合作发展平台建设。携手港澳在肇庆新区建设粤港澳大湾区（肇庆）特别合作试验区，推动在试验区以建设肇庆香港城为依托，积极建设港澳“第二居所”，打造粤港澳大湾区高端商住综合体、配套齐全的香港人才社区以及港澳青年创新创业孵化平台。加快推动肇庆（怀集）绿色农副产品集散基地规划和建设。成功举办粤港澳大湾区肇庆（怀集）绿色农副产品集散基地投资环境推介暨农业项目签约系列活动，共有 28 个项目签约落户肇庆，投资总额达 381.4 亿元。

——积极参与粤港澳大湾区国际科技创新中心建设。加速建设重大科技创新平台，岭南现代农业科学与技术广东省实验室肇庆分中心已获省批准授牌建设。全面加速科技成果转化，肇庆高新区与国家发展改革委国际合作中心、深圳国家高技术产业创新中心、中科院创新孵化投资公司签订《四方共建粤港澳大湾区协同创新基地战略合作协议》。推进与港澳产学研交流合作，与广东省生产力促进中心、香港生产力促进局签订合作协议，引导港澳广深等地区科技资源和科技成果到肇庆转移转化。加强创新创业合作，举办肇庆新区港澳青年创新创业基地授牌仪式，成功引育 4 家科技创新平台并实现运营。

——加快构建粤港澳大湾区“1 小时交通圈”。加快高速公路建设，汕湛高速、怀阳高速一期、怀阳高速二期、广佛肇高速二期肇庆段分别完成年度投资计划的 118.2%、84.4%、178.3%、88.3%。推动轨道交通建设，广湛高铁肇庆段项目先行段已开工，开通肇庆东至香港西九龙高铁直通车以及怀集至深圳动车。打造大湾区智慧物流中心，加强与招商局集团合作，做大做强肇庆港；规划建设粤港澳大湾区江海联运枢纽和辐射西南地区的水运集散中心；重点推进肇庆新港物流园、粤港澳大湾区肇庆（四会）国际多式联运物流园等规划建设。

——打造宜居宜业宜游优质生活圈。建设粤港澳大湾区应用型高等教育基地，广东华商学院等 4 所本科院校加快建设。加大引进港澳高校合作办学的力度，香港公开大学与肇庆市签订合作办学协议。推动医疗卫生合作，肇庆市护理学会与香港护理专业人员协会开展医疗合作，联合举办粤港澳大湾区儿科护理培训项目。加强法律服务业的交流合作，肇庆市律师协会与香港律师协会签订合作协议，建立两地法律业务合作拓展、信息资讯互通等交流合作机制。推动粤港澳大湾区健康湾区和休闲湾区重大项目启动建设，谋划推动广宁县绥江文旅项目和高端医疗康养产业园等项目。

4. 县域经济发展情况。

肇庆市下辖端州、鼎湖、高要 3 区，广宁、德庆、封开、怀集 4 县，代管四会 1 个县级市。2019 年，全市县域地区生产总值 1 279. 19 亿元，占全市的 56. 9%。

表 17　2019 年肇庆市县域经济发展情况

地区	地区生产总值（亿元）	社会消费品零售总额（亿元）	地方一般公共预算收入（亿元）	三次产业结构
四会市	587. 98	420. 03	16. 79	10. 1 : 54. 3 : 35. 6
广宁县	159. 94	50. 11	5. 40	28. 5 : 35. 5 : 36. 0
德庆县	150. 17	53. 16	4. 56	22. 9 : 37. 7 : 39. 4
封开县	150. 57	35. 54	5. 31	35. 0 : 34. 5 : 30. 5
怀集县	230. 53	74. 25	6. 29	39. 1 : 21. 7 : 39. 2

——四会市。2019 年，四会市地区生产总值 587. 98 亿元，增长 7. 9%。三次产业结构为 10. 1 : 54. 3 : 35. 6。地方一般公共预算收入 16. 79 亿元，增长 8. 4%。规模以上工业增加值 111. 65 亿元，增长 9. 3%。社会消费品零售总额 420. 03 亿元，增长 5. 1%。城镇居民、农村居民人均可支配收入分别为 36 371元、25 266 元，分别增长 8. 3%、8. 2%。

——广宁县。2019 年，广宁县地区生产总值 159. 94 亿元，增长 6. 4%。三次产业结构为 28. 5 : 35. 5 : 36. 0。人均地区生产总值 35 861 元，增长 5. 8%。地方一般公共预算收入 5. 40 亿元，增长 7. 5%。社会消费品零售总额 50. 11 亿元，增长 5. 9%。城镇居民、农村居民人均可支配收入分别为 26 095

元、16 063 元，分别增长 6.6%、8.5%。

——德庆县。2019 年，德庆县地区生产总值 150.17 亿元，增长 7.4%。三次产业结构为 22.9∶37.7∶39.4。地方一般公共预算收入 4.56 亿元，增长 7.5%。规模以上工业总产值 180.01 亿元，增长 13.3%。社会消费品零售总额 53.16 亿元，增长 3.1%。城镇居民、农村居民人均可支配收入分别为 26 714 元、20 709 元，分别增长 8.5%、8.1%。

——封开县。2019 年，封开县地区生产总值 150.57 亿元，增长 4.6%。三次产业结构为 35.0∶34.5∶30.5。地方一般公共预算收入 5.31 亿元，增长 6.6%。社会消费品零售总额 35.54 亿元，增长 6.0%。城镇居民、农村居民人均可支配收入分别达到 26 218 元、15 704 元，分别增长 8.1%、8.5%。

——怀集县。2019 年，怀集县地区生产总值 230.53 亿元，增长 6.5%。三次产业结构为 39.1∶21.7∶39.2。规模以上工业增加值 14.71 亿元，增长 9.2%。社会消费品零售总额 74.25 亿元，增长 5.0%。地方一般公共预算收入 6.29 亿元，增长 7.9%。城镇居民、农村居民人均可支配收入分别为 30 216 元、16 741 元，分别增长 7.7%、8.6%。

5. 区域发展平台规划建设情况。

——肇庆新区。一是高质量建设城市基础设施及高端配套。建成鼎湖大道、吉庆大道、永利大道等通车道路 24 条，总长 71.5 千米，综合管廊施工里程完成 35.97 千米，中型以上桥梁 16 座。肇庆新区体育中心、商务中心、科创中心、东站综合体、砚阳调洪湖水系工程、长利湖水系综合整治工程（沙滩公园）等相继建成投入使用；广东肇庆工业园区（永安）污水处理厂首期工程正式竣工投产；中山大学附属第三医院肇庆医院完成土建工程。二是引进“造血”项目带动现代产业集聚。引进了肇庆奥士康科技产业园、平谦国际（肇庆）现代产业园（首期和二期）、肇庆香港城、香港城市大学（肇庆）技术转移中心等项目 11 个，投资总额约 456.23 亿元。其中，平谦国际（肇庆）现代产业园、肇庆奥士康科技产业园等项目进入动工阶段。

——粤桂合作特别试验区。一是基础建设稳步推进。基础设施建设项目完成投资 18.91 亿元，累计完成征地面积 6 000 亩，建成通用厂房 66 栋，共

47.77 万平方米。二是招商引资成效显著。试验区加大招商引资力度，积极参与各类招商活动，引进更多优质项目进驻，共引进产业项目 18 个。三是切实推动项目落地。试验区组建企业服务团队，搭建企业负责人和试验区领导直接沟通联系机制，及时解决企业问题。已引进的项目中，8 个项目已投产，6 个项目正在装修，4 个项目已签约，正在审查装修图纸。

——广佛肇（怀集）经济合作区。2019 年，合作区规模以上工业总产值 24.60 亿元，增长 25.3%。规模以上工业增加值 5.20 亿元，增长 28.6%。外贸进出口总额 2.57 亿元，增长 30.0%。合作区起步区已开发建设用地 11 400 多亩，分 A、B 两个功能区建设，并完成“七通一平”工作。重点打造成以食品加工与制造业为主导产业，医药制造、机械装备制造业为辅导产业的产业园区。累计入园项目 136 个，计划总投资约 110 亿元，投产项目 82 个，在建 42 个，筹建 12 个。

二、粤东地区

（一）发展概述

2019 年，粤东地区生产总值 6 957.09 亿元，增长 5.0%。其中，第一产业增加值 558.79 亿元，增长 4.6%；第二产业增加值 3 030.07 亿元，增长 3.3%；第三产业增加值 3 368.22 亿元，增长 7.0%。人均地区生产总值 39 957元，增长 4.7%。社会消费品零售总额 3 565.60 亿元，增长 7.9%。地方一般公共预算收入 301.73 亿元，增长 0.6%。全体居民人均可支配收入 23 484元，增长 7.9%，其中，城镇居民人均可支配收入 28 570 元，增长 7.0%；农村居民人均可支配收入 16 387 元，增长 9.1%。

——产业发展取得新成效。2019 年，粤东地区三次产业结构调整为 8.0∶43.6∶48.4。粤东地区规模以上工业增加值 1 656.07 亿元，增长 2.3%。汕头、潮州、汕尾市规模以上工业增加值分别为 676.71 亿元、269.93 亿元、

184.14亿元，分别增长2.4%、3.4%、8.6%。揭阳市规模以上工业增加值525.30亿元，与上年大致持平。汕头市新增高新技术企业65家、省级新型研发机构1家、省院士专家企业工作站5家、省级工程技术研究中心19家；获批设立跨境电子商务综合试验区，网上零售额增长20.2%。潮州市加快建设新加坡益海嘉里、智能卫浴（潮州）产业园等6个世界500强企业投资项目；产业园区新引进亿元以上项目76个。揭阳市新增注册企业7 367家，新增"四上"企业299家，55家企业通过高新技术企业认定，1家企业在境外上市，新增注册商标2.1万个。汕尾市完成工业技改投资136.50亿元，引进产业项目51个，信利TFT 5代线等一批项目试产投产，园区建设投入21.10亿元。

——交通基础设施建设实现新突破。梅汕客专建成通车，汕汕高铁、汕湛高速、潮汕环线高速公路有序推进。汕头市广澳港区两个10万吨级集装箱泊位和10万吨级航道建成运营，新增国际航线3条。潮州市完成交通重点项目投资51.70亿元，动车运用所投入使用，潮汕站扩容工程动工，凤凰大桥、宁莞高速潮州东联络线开工建设。揭阳潮汕国际机场跑道延长工程建成投入使用，全年旅客吞吐量达到735.40万人次，揭阳站、揭阳机场站同步投入使用。汕尾市广州至汕尾铁路先行段累计完成投资12.50亿元，汕头至汕尾铁路累计完成投资4.50亿元。

——固定资产投资持续增长。2019年，汕头、潮州、揭阳、汕尾市固定资产投资分别增长12.9%、6.2%、13.7%、15.1%。粤东地区省重点项目完成投资835.30亿元，占全省完成投资的10.6%，为年度计划投资的113.0%。提前建成潮州市市区环保发电厂（一期）等项目。汕头市已落实5G产业链重大项目12个，项目投资总金额高达20亿元。潮州市粤东天然气管道工程、中国工艺美术之都博览园项目开工建设。揭阳市加快建设揭阳大桥、进贤门大桥。汕尾市稳步推进陆丰核电前期工作，汕尾电厂一期工程已建成四台机组。

——民生保障水平不断提高。2019年，粤东地区全体居民人均可支配收入23 484元，增长7.9%。其中，汕头、潮州、揭阳、汕尾市全体居民人均可支配收入分别为26 613元、22 542元、21 341元、22 783元，分别增长8.9%、7.9%、6.5%、8.5%。汕头市民生支出占地方一般公共预算支出的75.9%，新增城镇就业4.91万人，劳动力技能晋升培训2.67万人。潮州市民生支出占地方一般公共预算支出的76.4%，新增城镇就业1.50万人，总投资

19.5亿元的15个公办学校项目进展顺利。揭阳市民生支出286.99亿元，增长13.3%，新增城镇就业3.16万人，城镇失业人员再就业超1万人，99%的贫困人口实现脱贫"摘帽"，132个省定贫困村脱贫出列。汕尾市九大民生支出222.40亿元，占地方一般公共预算支出的79.7%，城镇失业率2.3%，社会保险参保达527万人次，新改扩建义务教育学校145所，新增基础教育学位2.4万个。

表18　2019年广东省粤东四市主要经济指标

	地区生产总值		人均地区生产总值		第三产业增加值		地方一般公共预算收入	
	绝对数（亿元）	增长（%）	绝对数（元）	增长（%）	绝对数（亿元）	增长（%）	绝对数（亿元）	增长（%）
粤东	6 957.09	5.0	39 957	4.7	3 368.22	7.0	301.73	0.6
汕头	2 694.08	6.1	47 669	5.6	1 293.50	8.7	138.25	5.1
潮州	1 080.94	5.0	40 664	4.8	453.56	6.0	48.01	1.4
揭阳	2 101.77	3.0	34 471	2.8	1 096.26	5.5	73.02	-8.0
汕尾	1 080.30	6.7	35 958	6.0	524.89	7.0	42.45	1.5

（二）汕头市

1. 概况。

2019年，汕头市地区生产总值2 694.08亿元，增长6.1%。人均地区生产总值47 669元，增长5.6%。社会消费品零售总额1 562.73亿元，增长7.7%。外贸进出口总额600.52亿元，增长8.1%。地方一般公共预算收入138.25亿元，增长5.1%。全体居民人均可支配收入26 613元，增长8.9%。金融机构本外币存款余额3 861.01亿元，增长7.9%；金融机构本外币贷款余额2 168.92亿元，增长10.9%。

2. 振兴发展情况。

——提升沿海经济带东翼中心城市发展能级。创新发展动能加快积聚，实施进一步促进科技创新、加强基础与应用基础研究等政策。全社会研究与试验发展经费28.32亿元，增长21.8%；201家企业通过国家级高新技术企业认定；新增专利授权1.48万件，增长17.1%；专利总授权量突破10万件；万人发明专利拥有量达到4.86件。新平台新载体加快建设，化学与精细化工广东省实验室建设稳步推进，龙湖工业园区获批省级高新技术产业开发区，省智能化超声成像技术装备创新中心挂牌运作，轻工装备工业互联网平台上线运营，新建中国科协海智（汕头）基地工作站3个。大力提升城市品质，打造干净整洁、平安有序的城市环境。打造区域教育医疗文化商贸高地，建成“广东省推进教育现代化先进市”，市中心医院入选省高水平医院建设“登峰计划”。

——建设高水平全国性综合交通枢纽。汕汕高铁全面铺开建设，汕头高铁站枢纽启动建设，汕漳高铁、疏港铁路前期工作加快推进。广澳港区两个10万吨级集装箱泊位和10万吨级航道建成运营，新增国际航线3条。汕湛、潮汕环线高速公路分别完成投资94%、82%；南澳联络线完成工可审查；总投资达440亿元的牛田洋快速通道及金砂路西延、凤东路、中阳大道、海湾隧道、黄河路与泰山路快速化改造、陈沙大道等快速路网全面铺开建设。着力补齐农村交通基础设施短板，推进“四好农村路”建设。

——着力构建现代产业体系。纺织服装、塑料化工、工艺玩具、建筑建材、轻工机械等传统优势产业加快改造提升。新产业新业态蓬勃发展，获批设立跨境电子商务综合试验区，市场采购贸易试点平台加快建设，网上零售额增长20.2%，淘宝镇、淘宝村数量均列全省第五位，快递业务量8.38亿件；光华科技年产1.4万吨锂电池项目全面建成。大力开展招商引资，强化金融集聚效应。引进平安银行、广州银行设立分支机构，新增上市企业2家，创新投融资机制支持中小微企业发展，积极引导扶持“华侨板”挂牌企业孵化转板。加快推进省产业转移园建设，推动高新区和保税区等园区提质增效。加快信息基础设施建设，出台实施《汕头市加快5G产业发展行动计划（2019—2022年）》。发展壮大海洋经济，加快引进上海风电等国内海洋工程装备制造企业，完善上下游产业链配套，带动培育超1 000亿元的风电产业基地。

——加快建设重大功能平台。华侨试验区加快打造总部经济园区，设立华侨大宗商品服务平台。保税区获批综合保税区，获批设立跨境电子商务综合试验区，累计复制落地自贸区政策55项，引进跨境电商、保税仓储等项目14个。临港经济区充分发挥临港产业集聚效应，比亚迪3D玻璃项目建成投产，中海信（汕头）创新产业城二期启动建设，上海电气风电项目试运行，京东冷链、顺丰冷运等21家企业签约入驻区冷链物流生态圈产业园。

——深化体制机制创新，建设活力特区。全力谋划争取省域副中心城市政策落地。下好“湾+带”联动发展先手棋，研究制定《汕头市全面融入粤港澳大湾区实施方案》，提出8个方面共31项重点任务。扎实推进营商环境综合改革，在全省率先开展并圆满完成国家口岸办18项口岸业务改革，实现通关全流程无纸化。强化规划引领，提出构建“一轴两带两走廊，一心五组团”的城市空间结构。

——打好污染防治攻坚持久战。练江流域综合整治取得阶段性成效，累计投入135.56亿元，“2+2+13”环保基础设施建设基本建成。关停取缔“散乱污”企业1 024家，15条重点支流清淤工作全部完成。加快农村人居环境整治，全面铺开自然村雨污分流建设，生活污水“源头截污、雨污分流”工程已动工建设1 095个，动工率94.6%，已竣工342个，竣工率29.6%。全力开展河湖“五清”“四乱”清理整治行动，共清理整治排污口1 080个，清理水面漂浮物26.44万吨，清淤河道313.77千米。

3. 县域经济发展情况。

2019年，南澳县地区生产总值29.33亿元，增长5.8%。三次产业结构为34.5∶10.7∶54.8。人均地区生产总值46 889元，增长5.6%。地方一般公共预算收入2.66亿元，增长1.8%。规模以上工业增加值1.66亿元，增长7.6%。全年接待游客776.60万人次，实现旅游业总收入23.60亿元，分别增长16.0%、14.4%。

（三）潮州市

1. 概况。

2019年，潮州市地区生产总值1 080.94亿元，增长5.0%。三次产业结构为9.2∶48.9∶41.9。人均地区生产总值40 664元，增长4.8%。社会消费品零售总额490.84亿元，增长8.9%。外贸进出口总额215.60亿元，增长4.5%。规模以上工业增加值269.93亿元，增长3.4%。地方一般公共预算收入48.01亿元，增长1.4%。全体居民人均可支配收入22 542元，增长7.9%，其中，城镇居民人均可支配收入25 828元，增长6.9%；农村居民人均可支配收入16 360元，增长9.5%。

2. 振兴发展情况。

——强化基础设施建设。2019年，全市交通重点项目投资51.70亿元，梅汕客专开通运营，动车运用所投入使用，潮汕站扩容工程动工建设。潮汕环线高速、大潮高速等加快建设，凤凰大桥、滨海旅游公路等工作顺利推进。潮州港扩建货运码头通过竣工验收，联合梅州市推进大埔至潮州港疏港铁路前期工作。引韩济饶供水工程建设全线铺开，三江连通工程潮州段、一江两岸四堤碧道等项目加快建设，金山大桥湿地公园改造提升工程完工并投入使用。粤东天然气管道工程动工建设，燃气“一张网”加快推进，纳入运营管网300千米，市区供气环网基本形成。

——推动经济提质升级。立足潮州特色产业基础，实施“1+4+1”工程，着力打造“1”个世界级的陶瓷先进制造业产业集群，建设食品、服装、印刷包装、不锈钢“4”个国内名列前茅的产业集群，以及“1”个国内具有重要影响力的智能卫浴制造基地。实施总投资182.30亿元的35个增资扩产项目，全市工业投资、技改投资分别提高22.2、50.4百分点。产业园区体制机制改革顺利推进，完成征地超1万亩、基础投资21.30亿元，新引进亿元以上项目76个。顺利通过“中国瓷都”“中国婚纱礼服名城”复评，成为全省唯一获评“中国食品名城”的城市。

——加快文旅融合发展。以打造千年潮府文化古城为重点，深入实施一系列“文化+”特色工程，全力擦亮“国家历史文化名城”“中国工艺美术之都”等金字招牌。中国工艺美术之都博览园项目开工建设，世界潮人文旅基地等项目加快推进。“一江两岸”亮灯工程改版升级，双忠宫等“百家修百厝”修缮工程完工，凤城文化广场·唐伯元故居竣工，“左翼文化运动潮州英杰”故居修缮工程顺利推进。古城旅游设施优化提升，北关旅游集散中心建成，潮州旅游数据中心加快建设，“潮州行”App投入试运行。

——深化体制机制改革。全面贯彻落实省“实体经济十条”，出台《关于优化营商环境扶持企业发展若干措施》等系列文件，不断完善“1+N”产业扶持政策体系，持续降低企业生产经营成本，缓解融资难、融资贵等问题。制定发布《潮州市优先发展产业目录》，同步落实国土、税务、财政等配套优惠措施，推动传统产业转型升级。落实领导挂钩联系重点企业制度，深入开展“暖企行动”，帮助企业协调解决困难和问题。深化“放管服”改革，加大简政放权力度，取消涉及民营企业的行政审批事项42项、减少各类证明63项，加快“数字政府”建设，大力推行“一网通办”，实行全流程代办服务。

3. 推进区域合作情况。

——推进汕潮揭同城化。配合编制《汕潮揭都市圈发展规划（2020—2035年）》。在汕头市成功召开汕潮揭同城化第七次联席会议，原则通过《汕潮揭同城化近期重点工作意见》和《汕潮揭同城化近期重点工作计划表》。主动谋划建设大潮高速延长线、饶平海山至汕头南澳第二出海通道。加快潮汕环线高速公路建设，配合汕头市推进南澳联络线高速、潮汕大桥规划建设，启动粤东城际轨道交通潮州市区至潮汕站段前期工作，汕潮揭“一小时交通圈”加快形成。联合印发《汕潮揭三市区域大气污染联防联控工作方案》，强化区域环境保护合作。

——融入粤港澳大湾区。依托潮州作为“中国食品名城”产业基础和品牌优势，成功承办首届粤港澳食品大会。通过《粤港澳食品大会潮州宣言》，推动建立粤港澳地区食品安全领域现代化治理体系，努力构筑粤港澳食品产业融合发展新格局。充分发挥粤港澳大湾区和沿海经济带建设“湾+带”联动优势，推动潮州与大湾区城市旅游合作，先后在东莞市、中山市和广州市举行“千年古文化·活力新潮州”2019潮州文旅大湾区巡回推介会，成功发布“古城文化美食游”“茶乡文化之旅”“乡村休闲游”“红色文化游”等精品旅游线路，并配套推出各项旅游优惠措施，全力促进潮州文旅资源与大湾区“文商旅”产业融合发展。

4. 县域经济发展情况。

2019 年，饶平县地区生产总值 269.41 亿元，增长 5.6%。规模以上工业增加值 65.24 亿元，增长 5.1%。社会消费品零售总额 105.45 亿元，增长 8.8%。地方一般公共预算收入 8.30 亿元，增长 1.9%。外贸进出口总额 8.99 亿美元，增长 3.9%。城镇居民、农村居民人均可支配收入分别为 22 606 元、15 447 元，分别增长 6.3%、7.5%。

5. 潮州新区建设情况。

——大力推进基础设施建设，着力改善新城发展环境。推动宝塔路建成通车，推进北山路、东山路一横建设，规划建设砚峰路、金塘路等市政道路。全力推进市中心医院（新院）、市中心医院韩江新城门诊部、湘桥区阳光实验学校、东莞光正教育学校等一批公共服务设施项目，开工建设潮州卫生健康职业学院，打造设施配置齐备、民生保障健全的教育医疗服务体系。

——稳步推进产业项目建设，有效增强新城内生动力。2019 年，高技术制造业增加值占规模以上工业比重达 75.0%。坚持产城融合发展，三环集团新型陶瓷背板产业化项目和碧桂园智能卫浴项目顺利落户新区。三环集团新型陶瓷背板产业化项目工程主体已建成，碧桂园智能卫浴项目已进入建设阶段。

——深化对外开放交流，促进新城开发建设持续发展。潮州新区深度对接湾区之能、潮州之需，瞄准产业链中高端领域布局发力，参加各类投资推介洽谈会、中博会和潮商会等重要节会，积极推介潮州新区以及韩东新城良好的投资环境，努力承接珠三角地区加工贸易项目梯度转移。

6. 闽粤经济合作区规划建设情况。

——完善提升园区空间规划。按照“规划先行”理念，先后修编完成《潮州港经济区总体规划局部调整方案》《临港产业园规划调整环评报告》《临港产业园控制性详细规划》《潮州港三百门新港区规划初步方案》。

——加快推进基础设施建设。完成临港污水厂主体工程建设并试投产，打造园区生态廊道。完成文胜围片区“六通一平”工程一期初步设计方案和益海嘉里项目至粮油公共码头道路施工图设计，组织实施临港产业园 220 千伏变电站和10千伏开关站工程建设。完成进港公路及园区道路维修、绿化亮化提档升级工程。

——全力推进重大项目建设。建立“服务专班”，集中精力推进5个省市重点项目建设。益海嘉里粮油加工基地项目完成630根桩基础施工；闽粤经济合作区液化天然气储配站完成2个10万立方米储罐主体建设，配套的5万吨级码头改造升级取得岸线使用和环评批复；华瀛液化天然气接收站取得国家发改委项目核准批复，正在开展进场道路建设；潮州港扩建货运码头正在加快推进公用航道疏浚和港区外疏道路建设。

——积极开展招商引资工作。依托深水良港资源和现有产业基础，积极引进临港重大产业项目。以益海嘉里项目为带动，积极跟进正大、新希望、东凌等粮油及饲料生产企业，推动粮油产业一体化融合发展；以华丰中天、华瀛液化天然气项目为依托，开展分布式能源、冷能综合利用等项目前期工作，着力打造粤东清洁能源供应及应用示范基地。

7. 汕潮揭临港空铁经济合作区建设情况。

——推进基础设施建设。基本完成区域内污水处理厂、污水管网施工建设，近期将并网运营。配合广铁集团启动潮汕站南站房扩容升级改造，同步实施站南广场综合开发建设项目，重点新建站南广场及地下停车场和相关配套基础设施。动工建设站南路、站北路、仁砂路等续建、新建工程，加快高铁站区连接东山湖产业园道路规划建设，构成区域大循环的路网系统。

——提升基本公共服务水平。加快凤凰商业中心、华师教育城、碧桂园、中梁地产、太安堂小镇等一批重点项目建设，推动商贸服务、教育文化等配套服务设施有序嵌入。其中，凤凰商业中心一期项目已落成；华师教育城项目计划投资18亿元、用地300亩，实现学前到高中的全程教育，服务半径包括潮州、汕头、揭阳三市。

——加快产业集聚发展。依托东山湖现代产业园区，实施特色产业倍增专项行动计划。入园企业共43家，其中，建成投产企业6家、在建12家，其他企业正在办理动工前期手续，总投资额达到100亿元。2019年，园区产值8.8亿元，税收6 000多万元。

（四）揭阳市

1. 概况。

2019 年，揭阳市地区生产总值 2 101.77 亿元，增长 3.0%。人均地区生产总值 34 471 元，增长 2.8%。三次产业结构为 8.9∶39.0∶52.1。社会消费品零售总额 1 069.76 亿元，增长 7.6%。全年接待过夜游客 2 354.50 万人次，增长 7.5%；实现旅游业总收入 362.75 亿元，增长 9.9%。金融机构本外币存款、贷款余额分别为2 429.00亿元、1 182.07 亿元，分别增长 6.8%、2.4%。全体居民人均可支配收入 21 341 元，增长 6.5%。

2. 振兴发展情况。

——优化沿海经济带空间布局。坚持全市“一盘棋”，规划构建中心城区、普宁、惠来三个城市中心和揭西生态发展区。市区扩容提质步伐加快，“十三路一河一桥”基本建成。惠来加快实施《揭阳滨海新区“一城两园”总体规划》，系统谋划 85 项总投资共 2 650 亿元的重大项目，集中资源推进“一城两园”开发建设。揭西被评为首批广东省全域旅游示范区，建成国家 4A 级景区 2 个、3A 级景区 1 个、国家级森林公园 1 个、省级旅游度假区 1 个，培育樱山花谷和山湖村等一批乡村旅游“打卡地”。

——着力抓好基础设施建设。全力加快交通基础设施建设，高速公路投资 22.8 亿元，农村公路投资 4.7 亿元，国道、省道投资 9 亿元，港口建设投资 2.23 亿元。完成揭阳潮汕国际机场跑道延长及站坪扩建工程，梅汕客专正式开通运营，中心城区揭阳站机场站投入运营，汕汕高铁全面开工，加快建设揭阳大桥、进贤门大桥，着力抓好城区高速连接线工程，全面推进国道、省道、城乡道路改造，空铁港综合枢纽日趋完善。

——推动滨海旅游资源开发建设。一是打造“娱乐海洋”旅游品牌。以打造广东省山海风情休闲城市为目标，利用识别性较高的石笋、风车等景观，发展海洋娱乐。同时，注重策划组织海洋主题活动，做大做精惠来开渔节，示范引领海洋主题节庆活动。二是加大旅游宣传推介。加大惠来靖海湾滨海特色旅游项目宣传推介力度，制作惠来旅游形象片，征集惠来旅游形象原创歌曲，印制旅游画册，推出亲子游、自驾游精品线路，积极赴外地开展旅游宣传推介活动，形成“看海景、洗海浴、吃海鲜、买海货”的滨海旅游品牌。

——加大沿海经济带建设财政支持。一是支持“一城两园”建设。统筹资金超过22亿元，支持揭阳滨海新区开发建设，推动全市全域“融湾建带”。统筹资金1.57亿元保障粤东新城运转和建设，安排拨付大南海工业区省级公共基础设施建设补助资金10亿元。安排土地储备专项债券资金7亿元支持中石油炼化一体化项目征地储备和保障供地需要，打造绿色、智能、效益型世界级石化基地。安排土地储备专项债券资金3亿元支持惠来临港产业园发展和1亿元支持粤东新城抓好园区土地征收和集中管理。二是支持优化提升交通体系。统筹安排16.31亿元支持市区15条重点道路桥梁项目建设，支持加快“四好农村路”建设，通过服务交通一体化建设带动经济一体化发展。

3. 推进汕潮揭同城化情况。

——推进交通网络互联互通。大力推进高速公路建设，汕揭、潮惠、揭惠高速相继建成通车，潮汕环线高速加快建设。大力推进轨道交通建设，《海峡西岸城市群粤东地区城际铁路网规划》获得国家发改委批复，汕汕铁路开工建设，三市路网对接越来越密集，着力打造汕潮揭1小时交通圈。大力推进揭阳机场站站场配套工程及周边道路交通设施工程。

——合作平台搭建不断提升。加快实施《汕潮揭临港空铁经济合作区发展总体规划》，进一步发挥“地（都）、炮（台）、登（岗）”片区“双中心”独特优势，加强园区土地征收整备和基础配套设施建设，提升园区承载能力和服务水平，落实精准招商、精准供地，推动城市品质化、产业高端化，密切与汕头、潮州合作，合力打造汕潮揭临港空铁经济合作区。

——基本公共服务一体化不断完善。医保定点医院异地就医即时结算，组建汕潮揭人力资源市场，广播电视互相落地播出，推行旅游景区通票制度和“一卡通”，采用“资费叠加包”方式实现通信同城化，增进三市民众对同城化的认同。

——合作机制进一步巩固。一是建立健全规划协调机制。推动三市在都市圈建设、产业协作等重大共同事务规划的联合编制，增强汕潮揭同城化发展的协调性和整体性。二是完善专项事务协调机制。在教育、文化、体育等领域，三市对应的职能部门间建立跨市专项事务协调机制，进一步深化同城化合作。三是建立潮汕三市旅游部门创新合作机制。政府主导、市场化运营，积极鼓励民间资本参与，整合潮汕旅游资源，打造潮汕旅游大品牌，共同推动潮汕旅游产业繁荣发展。四是推动三市税务部门展开跨区域合作。联合推出 12 项优化税收营商环境的具体措施，从政策落实一体化、纳税服务一体化、税收执法一体化三个方面出发，进一步优化税收营商环境。

4. 县域经济发展情况。

揭阳市县域包括普宁市、揭西县、惠来县，总面积 4 209 平方千米，占全市的 80.3%。2019 年，全市县域地区生产总值 1 105.32 亿元，占全市的 52.6%。

表 19　2019 年揭阳市县域经济发展情况

地区	地区生产总值（亿元）	社会消费品零售总额（亿元）	地方一般公共预算收入（亿元）	三次产业结构
普宁市	629.29	343.14	21.36	6.2∶37.6∶56.2
揭西县	231.76	91.32	4.70	17.4∶33.2∶49.4
惠来县	244.27	106.06	4.63	22.1∶32.8∶45.1

——普宁市。2019 年，普宁市地区生产总值 629.29 亿元，增长 2.8%。规模以上工业增加值 140.06 亿元，下降 0.9%。社会消费品零售总额 343.14 亿元，增长 7.8%。地方一般公共预算收入 21.36 亿元，下降 9.7%。全年接待游客 1 264.51 万人次，实现旅游业总收入 77.34 亿元。

——揭西县。2019 年，揭西县地区生产总值 231.76 亿元，增长 3.7%。规模以上工业增加值 40.66 亿元，增长 4.6%。地方一般公共预算收入 4.70 亿元，下降 10.6%。城镇居民、农村居民人均可支配收入分别为 21 926 元、12 507 元，分别增长 8.3%、10.4%。全年接待游客 1 341.30 万人次，增长 12.3%；实现旅游业总收入 78.90 亿元，增长 15.0%。

——惠来县。2019 年，惠来县地区生产总值 244.27 亿元，增长 2.1%。规模以上工业增加值 39.85 亿元，下降 3.7%。社会消费品零售总额 106.06 亿元，增长 7.4%。外贸进出口总额 12.21 亿元，增长 9.3%。地方一般公共预算收入 4.63 亿元，下降 4.0%。全年接待游客 656.00 万人次，增长 11.0%；实现旅游业总收入 17.64 亿元，增长 12.0%。

5. 揭阳新区规划建设情况。

揭阳新区规划总面积 595 平方千米，核心区是榕江新城，面积 44.2 平方千米，起步区位于核心区范围内，面积约 19 平方千米，榕江新城开发建设全面加快，新城聚集效应不断凸显。

——交通基础设施建设强劲发力。新城交通基础设施“经脉”基本打通，骨干道路实现联网成环。吉祥路中段、崇学路东段、进贤门大道延伸段、揭阳机场站站场配套工程及周边道路交通设施工程 4 个项目启动建设；空港经济区炮浮公路东段改造工程、新城大道 2 条在建道路建设加速推进。高铁揭阳站运营通车，站前广场及道路配套工程抓紧建设。

——宜居项目建设加快集聚。恒大绿洲、保利锦绣花园等 10 个高端宜居项目稳步推进，广建粤东总部大厦（揭阳）、绿地国际空港城等项目启动建设；滨江大道（环岛路）风光带、塘埔儒家公园等一批旅游休闲项目成为全市“网红”旅游地，榕江新城宜居宜业指数不断提升。

——公共配套设施日臻完善。教育、卫生、体育、休闲等公共服务设施全面布局，揭阳潮汕妇女儿童医院、揭阳粤东肿瘤医院、锦熹医院、炮台镇中心卫生院医技综合大楼、渔湖镇中心卫生院新住院楼等医院项目和恒大绿洲小学、空港第一小学、南方潮汕文化创意产业园建设加快推进。

6. 揭阳滨海新区规划建设情况。

揭阳滨海新区包括揭阳大南海石化工业区和惠来县惠城、隆江、东陇、华湖、神泉、前詹 6 个镇，规划总面积 369 平方千米，其中，核心区粤东新城面积 51.30 平方千米。市人大审议通过《揭阳滨海新区“一城两园”总体规划》，省政府出台《关于支持揭阳滨海新区粤东新城加快开发建设的若干意见》。

——推进粤东新城规划建设。粤东新城管委会正式挂牌成立，编制完成高铁新城等5个组团控制性详细规划以及先行启动区等7个重点地区详细性城市设计和开发建设方案，《揭阳理工学院规划设计方案及首期工程设计概念方案》已通过专家审查并启动建设。

——全力推进中石油广东石化炼化一体化项目建设。中石油广东石化炼化一体化项目全面复工，炼油装置和化工区开工建设，全年完成投资36.53亿元；引进吉林石化ABS、昆仑能源揭阳LNG等配套项目。组建重大石化项目建设指挥部，举全市之力推动中石油广东石化炼化一体化项目及配套设施建设，完成揭阳疏港铁路可研工作。

——加快揭阳海上风电项目建设。临港产业园海上风电项目取得新突破，国电投90万千瓦海上风电项目投资47.62亿元，开工建设GE（中国通用）海上风电机组总装基地、明阳新能源综合基地，塔筒、叶片、海缆等一批重大项目签约落户。

（五）汕尾市

1. 概况。

2019年，汕尾市地区生产总值1 080.30亿元，增长6.7%。人均地区生产总值35 958元，增长6.0%。三次产业结构为14.1∶37.3∶48.6。规模以上工业增加值184.14亿元，增长8.6%。社会消费品零售总额442.26亿元，增长8.6%。地方一般公共预算收入42.45亿元，增长1.5%。金融机构本外币存款余额、贷款余额分别为1 002.60亿元、521.64亿元，分别增长6.6%、22.6%。

2. 振兴发展情况。

——加速推动创新要素集聚发展。加快汕尾海洋渔业科技产业园建设。规划建设全产业链、港园城一体的国家一流大型渔港经济区、海洋经济示范区和海岸带综合示范区，打造“一带一路”建设的重要节点和中国第一个“丝路渔都”。加快推进汕尾高新区创建国家级高新区，加快推进陆河新河工业园申报创建省级高新区。2019年，新增高新技术企业7家，增长20.6%；

新增高新技术企业培育库入库企业10家，增长200%。通过认定省级工程技术研究中心累计15家；新增市级研究开发中心21家。

——大力构建现代化沿海高端产业体系。规划建设海洋工程及装备制造产业基地。重点打造五大产业板块，二期布局海洋电子信息、海洋高端装备、海洋配套服务和其他海洋新兴产业四个板块。择取电子信息、新能源汽车、电力能源及装备制造、生物医药、智能制造、海洋经济、新材料七大产业作为主攻方向，谋划布局23条重点产业链，深化“总部在大湾区、生产基地在汕尾”“前店后厂”等产业协同共建模式，积极承接深圳产业转移，全力打造承接珠江东岸产业转移的核心区。积极融入粤闽海洋经济合作圈，主动对接珠三角地区，全面参与海峡西岸城市群发展建设，重点推进与闽在海洋装备制造、海洋生物医药等领域的合作。

——加快构建现代综合交通运输体系。广州至汕尾铁路先行段累计完成投资12.5亿元。汕头至汕尾铁路累计完成投资4.5亿元。兴宁至汕尾高速公路海丰至红海湾段、五华至陆河段，沈海高速深圳至汕尾段进展顺利，积极争取将深汕第二高速延伸至汕尾市区。争取支持规划建设揭惠高速南延线、陆河水唇（市界）至碣石、紫金至汕尾（平东）高速公路、甬莞与沈海高速公路海丰联络线等高速公路，并争取纳入省高速公路网规划。启动开展汕尾市港口规划修编及汕尾新港区白沙湖作业区、陆丰港区湖东作业区规划建设工作。

——持续优化生态环境。将优化发展环境作为建设宜业宜居宜游滨海城市的切入点，全面整治“城乡、社会、政务、生态”四大环境，环境空气综合质量指数连续5年居全省第一名。全市地表水水质达标率100%，海丰西闸国考断面达标攻坚战取得阶段性成果。中央、省环保督察及“回头看”反馈问题加快整改，大力开展河湖“清四乱”“五清”专项行动，262宗“四乱”问题全部销号，346个入河排污口全面完成整治，建成品清湖“万里碧道”16.8千米。市生活垃圾无害化处理中心二期、陆丰东南生活垃圾焚烧发电厂一期投产运营，完成碳汇造林6.3万亩。

——稳步增进民生福祉。全年九大民生支出222.40亿元，占地方一般公共预算支出的79.7%。争取国家、省各项转移支付资金190亿元，新增政府债券资金71.50亿元。深圳第二轮帮扶累计投入资金42.20亿元，引进产业项目154个，推动驻村贫困户人均纯收入增长258%。底线民生保障制度惠及低保对象、特困人员等困难群体17万人次。医疗救助8.8万人次，降低大病保险起付线至1万元。“省推进教育现代化先进县（市、区）”实现全覆盖。深汕中心医院完成主体建设，深汕中医医院完成前期工作，9家县级公立医院主体工程实现封顶。

3. 推进区域合作情况。

一是围绕争当融入粤港澳大湾区先行市、打造沿海经济带靓丽明珠的目标定位，制定《汕尾市深度融入粤港澳大湾区建设打造沿海经济带靓丽明珠三年行动计划（2019—2021年）》等文件，成立融入粤港澳大湾区建设领导小组，设置专项小组，组织召开全市“融湾强带”现场会。二是组织各地各部门认真落实“3+2”第十一次联席会议议定涉及汕尾的重点合作事项，加强并拓宽各领域务实合作，积极配合编制深圳都市圈发展规划。三是促进交通基础设施互联互通。广汕铁路、汕汕铁路加快建设，做好龙汕铁路前期规划研究，谋划建设深汕梅铁路、陆丰港湖东作业区疏港铁路项目。深汕西改扩建工程加快建设，香港—深圳—惠州—汕尾海上旅游航线加快谋划，与大湾区“半小时、一小时”交通圈建设全面铺开。

4. 县域经济发展情况。

2019年，汕尾市县域地区生产总值771.11亿元，占全市的71.4%。社会消费品零售总额336.25亿元，占全市的76.0%。地方一般公共预算收入21.23亿元，占全市的50.0%。

表20　2019年汕尾市县域经济发展情况

地区	地区生产总值（亿元）	社会消费品零售总额（亿元）	地方一般公共预算收入（亿元）	三次产业结构
海丰县	338.32	145.62	9.64	10.7∶42.8∶46.5
陆丰市	347.12	154.49	8.03	20.2∶34.1∶45.7
陆河县	85.67	36.14	3.56	16.8∶30.2∶53.0

——海丰县。2019 年，海丰县地区生产总值 338. 32 亿元，增长 7. 0%。三次产业结构为 10. 7 ：42. 8 ：46. 5。人均地区生产总值 44 494 元，增长 6. 3%。规模以上工业增加值 71. 40 亿元，增长 9. 4%。社会消费品零售总额 145. 62 亿元，增长 9. 4%。地方一般公共预算收入 9. 64 亿，增长 12. 6%。城镇居民、农村居民人均可支配收入分别为 31 310 元、17 457 元，分别增长 9. 3%、10. 4%。

——陆丰市。2019 年，陆丰市地区生产总值 347. 12 亿元，增长 7. 0%。三次产业结构为 20. 2 ：34. 1 ：45. 7。人均地区生产总值 24 170 元，增长 6. 4%。社会消费品零售总额 154. 49 亿元，增长 8. 9%。地方一般公共预算收入 8. 03 亿元，增长 8. 1%。城镇居民、农村居民人均可支配收入分别为25 592 元、16 218 元，分别增长 9. 1%、9. 4%。

——陆河县。2019 年，陆河县地区生产总值 85. 67 亿元，增长 3. 2%。三次产业结构为 16. 8：30. 2：53. 0。人均地区生产总值 29 153 元，增长 2. 5%。地方一般公共预算收入 3. 56 亿元，增长 3. 4%。社会消费品零售总额36. 14亿元，增长 8. 9%。城镇居民、农村居民人均可支配收入分别为 22 577 元、12 681元，分别增长 7. 2%、10. 0%。

5. 汕尾新区规划建设情况。

2019 年，汕尾新区地区生产总值 309. 19 亿元，增长 32. 5%。规模以上工业增加值 90. 39 亿元，增长 19. 2%。地方一般公共预算收入 21. 13 亿元，增长 10. 0%。汕尾新区起步区（包含核心区）范围共 13 平方千米，分别为中央商务区（汕尾火车站片区）6 平方千米、金町湾滨海旅游度假区 3 平方千米、红草产业园区 4 平方千米。

——红草产业园区建设加快推进。红草产业园区累计投入开发资金约 37. 5 亿元，完成道路建设 12. 73 千米，初步形成满足企业入园需求的骨干路网。110 千伏红草输变电站建成运营，初步保障了园区企业用电需求，220 千伏琉璃（富莲）输变电站已完成选址。综合污水处理厂首期项目已建成使用，初步满足入驻企业的排污需求。公共交通枢纽及公交站台已建设完成，产品质量检测中心、食品药品检测中心已完工，富力商住项目已建成，商务中心配套项目正在加快建设。园区累计引进58个产业项目，计划总投资约310亿元；累计完成固定资产投资146.4亿元，工业固定资产投资106.11亿元；新开工工业项目8个，新投产工业项目7个。

——中央商务区建设进展顺利。中央商务区涵盖商业贸易、商务办公、电子商务、旅游、物流配送、会展、居住配套等服务功能。依托振兴发展基金，振兴公司累计投入10.95亿元，推进中央商务区土地整治、火车站前广场及道路等基础设施建设。中央商务区保利大都汇、碧桂园时代城、金融中心、万升广场、星河湾酒店、碧桂园商务中心、万象天地等一批商务产业项目建成落地，逐步形成集商业贸易、商务办公、电子商务、旅游、会展、居住配套等服务功能于一体的商贸流通与现代服务业集聚发展区。

——金町湾滨海旅游度假区初具规模。度假区主要规划建设以滨海度假、沙滩浴场、滨海娱乐为特色的滨海旅游度假新城，总投资约200亿元，总占地面积4 500亩，建筑规模近150万平方米。全年接待游客约60万人次。规划打造滨水文化创意街区、渔人码头、Club Med酒店+“三馆一中心”、时光里、高级健康养生中心、西岸SOHO、艺术家部落等一系列文旅配套设施。

三、粤西地区

（一）发展概述

2019年，粤西地区生产总值7 609.24亿元，增长4.9%。其中，第一产业增加值1 413.88亿元，增长3.6%；第二产业增加值2 625.95亿元，增长3.6%；第三产业增加值3 569.41亿元，增长6.4%。人均地区生产总值46 764元，增长4.0%。社会消费品零售总额3 660.20亿元，增长8.8%。外贸进出口总额762.04亿元，增长14.0%，其中，出口总额497.05亿元，增长12.7%。地方一般公共预算收入335.46亿元，增长4.6%。

——产业发展水平持续提升。2019 年，粤西地区三次产业结构调整为 18.6：34.5：46.9。粤西地区规模以上工业增加值 1 437.10 亿元，增长 2.9%，占全省规模以上工业增加值的 4.4%。湛江市规模以上工业增加值为 636.54 亿元，下降 0.3%。茂名、阳江市规模以上工业增加值分别为 502.47 亿元、298.09 亿元，分别增长 0.5%、17.0%。湛江市建成 4 个百亿元级工业园区，200 多家企业开展技改，新增规模以上工业企业 60 家。茂名市引进超千万元项目 282 个，已开工 186 个；新增“小升规”企业超 40 家，6 个省级产业园规模以上工业增加值 125 亿元，增长 11.3%。阳江市强力新材料等 3 个项目动工建设，万洋众创城时尚产业基地落户，新增 30 家高新技术企业、8 家省级工程技术研究中心和 2 家院士专家（企业）工作站。

——交通基础设施日益完善。湛江市交通建设投资 189.80 亿元，增长 13.9%；湛江机场新开 11 条航线，通达国内外 38 个城市，机场客流量突破 300万人次，增长 17.2%。茂名市交通建设投资 81.80 亿元，增长 14.3%，博贺湾大桥正式通车，云茂高速茂名段、沈海高速改扩建工程持续推进，新开通 11 条城际公交线路。阳江市完成广东滨海旅游公路阳江先行段、沈海高速公路阳江段改扩建工程等 10 个重点交通项目年度建设任务，金平公路一期、新江台大道等 17 条市政道路建成通车。

——重点项目建设稳步推进。2019 年，粤西地区固定资产投资下降 1.3%，阳江市增长 15.3%，湛江、茂名市分别下降 2.3%、7.1%。粤西地区省重点项目完成投资 749.1 亿元，占全省完成投资的 9.6%，为年度计划投资的 120%。新开工建设湛江机场迁建工程、湛江巴斯夫新型一体化基地等项目。

——民生事业取得新成效。2019 年，粤西地区全体居民人均可支配收入 23 551 元，增长 8.6%。其中，湛江、茂名、阳江市全体居民人均可支配收入分别为 23 320 元、23 179 元、25 131 元，分别增长 8.8%、8.6%、7.9%。湛江市民生支出 413.77 亿元，占地方一般公共预算支出的 82.2%，职业技能培训 2.13 万人，新增城镇就业 7.38 万人、失业再就业 3.7 万人，新增市区义务教育学位 1 万个。茂名市民生支出 379.72 亿元，增长 6.6%，占地方一般公共预算支出的82.9%，新增城镇就业6.01万人。阳江市民生支出182.00亿元，占地方一般公共预算支出的75.1%，新建和改扩建义务教育学校23所、新开办幼儿园48所，新增城镇就业3.31万人。

表21　2019年广东省粤西三市主要经济指标

	地区生产总值		人均地区生产总值		第三产业增加值		地方一般公共预算收入	
	绝对数（亿元）	增长（%）	绝对数（元）	增长（%）	绝对数（亿元）	增长（%）	绝对数（亿元）	增长（%）
粤西	7 609.24	4.9	46 764	4.0	3 569.41	6.4	335.46	4.6
湛江	3 064.72	4.0	41 720	3.6	1 424.49	8.0	131.27	7.7
茂名	3 252.34	4.3	51 119	2.6	1 545.86	5.9	139.89	2.8
阳江	1 292.18	8.2	50 412	7.6	599.07	4.2	64.30	2.7

（二）湛江市

1. 概况。

2019年，湛江市地区生产总值3 064.72亿元，增长4.0%。人均地区生产总值41 720元，增长3.6%。三次产业结构为19.1∶34.4∶46.5。社会消费品零售总额1 717.27亿元，增长9.0%。外贸进出口总额413.90亿元，增长9.2%。地方一般公共预算收入131.27亿元，增长7.7%。全体居民人均可支配收入23 320元，增长8.8%。居民消费价格指数上涨3.4%。

2. 振兴发展情况。

——创新驱动发展成效明显。深入实施高新技术产业培育计划，加大人才引进力度，推动创新创业资源集聚。引进2个“扬帆计划”创新创业团队，新增省级新型研发机构和省级重点实验室4家、省级博士工作站13个，2名专家新入选国家重点人才计划。袁隆平院士受聘为广东海洋大学特聘院士。

与深圳鹏城实验室合作推进人工智能应用研究。吴有生等 12 位院士参加湛江湾实验室建设，首批 9 个科研项目已批准立项。高新技术企业超过 230 家、产值超过 780 亿元，实现了年度预期目标。湛江港集团研发项目获国家海洋科学技术一等奖。4 家企业成为国家知识产权优势企业。全市有效发明专利量 1 144 件，增长 14%。成果转化增势喜人，实现技术合同登记额 9 844 万元，增长 141%。湛江高新区科技创新创业服务中心被认定为国家级孵化器，廉江入选国家首批创新型县（市）。

——现代化立体交通体系加快构建。2019 年，全市交通运输基础设施投资增长 8.8%。《湛江铁路枢纽总图规划（2016—2030）》正式获批，广湛高铁先行工程动工建设，合湛、湛海、张海高铁前期工作加快推进。湛徐高速徐闻港支线、徐闻港进港公路改扩建工程竣工通车，调顺跨海大桥、玉湛高速、东雷高速等项目加快建设。成功列入《西部陆海新通道总体规划》，正式加入西部陆海新通道省际协商合作机制。湛江机场新开 11 条航线，通达国内外 38 个城市；机场客流量突破 300 万人次，增长 17.2%。湛江港新加增 5 条航线、2 条海铁联运专线。30 万吨级航道改扩建工程开工建设，大唐国际雷州电厂配套码头建成，中科炼化一体化项目配套码头完工，徐闻港区南山作业区客货滚装码头主体工程基本完成。湛江机场迁建工程全面开工建设。

——现代服务业提挡加速。全年接待过夜游客 2 845.43 万人次，实现旅游业总收入 601.22 亿元，分别增长 7.8%、17.7%。成功举办 2019 湛江湾文化旅游节，全省最大滨海水上乐园——吴川鼎龙德萨斯水上世界二期建成营业，霞山特呈岛村获评全国首批乡村旅游重点村。华侨城集团湛江全域旅游开发项目进展顺利。北部湾跨境电商园区和吴川跨境电商园区共验放跨境电商直购进口商品清单 12.5 万份，货值6 068万元。徐闻、吴川成为广东省电子商务进村综合示范县。建成 5G 基站 373 个，成为全国首批“双千兆”建设示范城市。电信业务总量增长 75%，光纤接入用户占比高达 96.9%。

——重点项目建设亮点纷呈。2019 年，全市重点项目完成投资 460 亿元，其中，省重点项目完成投资约 373 亿元，分别完成年度计划的 102%、110%，省重点项目完成投资额居粤东西北地区首位。中科炼化一体化项目连续两年完成100亿元年度投资。徐闻海上风电场项目、湛江市引调水工程等41个项目顺利开工建设，大唐国际雷州电厂、湛江市供水一期工程等18个项目顺利竣工。宝钢湛江钢铁成功入选首批“5G+工业互联网应用示范园区”，成为行业绿色发展的典范。宝钢湛江钢铁基地1、2号高炉达产达效，3号高炉系统项目全面开工建设。巴斯夫（广东）一体化基地项目正式启动。廉江清洁能源项目前期工作顺利推进。乌石油田群开发项目取得项目环评批复。

——合作开放不断扩大。抢抓“双区驱动”机遇，加强与深圳、珠海等省内发达城市的合作，积极引资引智。推动与深圳南山区共建高新产业园。引进珠海华发集团建设创新产业新城，湛珠联动发展进入新阶段。加强对粤港澳大湾区产业服务保障，成功复制并应用中国（广东）自由贸易试验区改革创新经验80项。综合保税区、跨境电商综合试验区申报工作同步推进。坚持与海南相向而行，开通湛海内外贸同船运输航线3条。湛江港开通首条南亚直航冷链班轮线，外贸航线增加至16条。加强与“一带一路”沿线国家贸易合作，对“一带一路”沿线国家进出口增长超过30%。水产企业在沙特、埃及合作共建渔业产业园，实现从产品输出到技术标准输出的历史性跨越。成功举办东盟农产品交易博览会、国际水产博览会暨中国海鲜食材采购大会。

——民生保障不断完善。全市财政民生类支出413.77亿元，占地方一般公共预算支出的82.2%。实施职业技能提升行动，出台促进家政服务业发展政策30条，“粤菜师傅”“南粤家政”“广东技工”多渠道发力，职业技能培训2.13万人，城镇新增就业7.38万人、失业再就业3.7万人。教育综合改革深入推进，出台学前教育、义务教育优质均衡发展，职业教育改革发展，城区学位建设等实施方案。新建、改扩建幼儿园101所、市区义务教育学校11所，10个县（市、区）获评“广东省推进教育现代化先进县（市、区）”。入选国家首批医保基金监管方式创新试点，启动中医药综合改革，廉江市、吴川市、遂溪县入选国家县域医共体试点。湛江中心人民医院入围广东省高水平医院，基本医疗保险、大病保险、医疗救助省内“一站式”即时结算服务上线。实现城乡居民养老保险制度全覆盖，30%的生活不能自理特困人员实现集中供养，82.4%的残疾人享受基本康复服务。

3. 县域经济发展情况。

湛江市下辖吴川市、雷州市、廉江市（3 个县级市）和徐闻县、遂溪县（2 个县），5 个县（市）土地面积为 1.16 万平方千米，占全市的 87.9%。2019 年，湛江市县域地区生产总值 1 655.28 亿元，占全市的 54.0%。

表 22　2019 年湛江市县域经济发展情况

地区	地区生产总值（亿元）	社会消费品零售总额（亿元）	地方一般公共预算收入（亿元）	三次产业结构
雷州市	324.13	173.08	5.87	40.0：10.3：49.7
廉江市	493.55	286.59	12.82	25.8：35.9：38.3
吴川市	272.08	157.34	10.08	12.6：31.3：56.1
遂溪县	375.59	134.97	8.02	33.6：15.7：50.7
徐闻县	189.93	70.75	5.40	50.5：8.2：41.3

——雷州市。2019 年，雷州市地区生产总值 324.13 亿元，增长 3.0%。三次产业结构为 40.0：10.3：49.7。地方一般公共预算收入 5.87 亿元，增长 6.5%。社会消费品零售总额 173.08 亿元，增长 9.5%。城镇居民、农村居民人均可支配收入分别为 22 839 元、14 042 元，分别增长 7.9%、8.0%。

——廉江市。2019 年，廉江市地区生产总值 493.55 亿元，增长 2.1%。三次产业结构为 25.8：35.9：38.3。地方一般公共预算收入 12.82 亿元，增长 6.1%。社会消费品零售总额 286.59 亿元，增长 10.2%。城镇居民、农村居民人均可支配收入分别为 26 550 元、18 804 元，分别增长 10.7%、11.9%。

——吴川市。2019 年，吴川市地区生产总值 272.08 亿元，增长 5.0%。三次产业结构为 12.6：31.3：56.1。地方一般公共预算收入 10.08 亿元，增长 19.4%。社会消费品零售总额 157.34 亿元，增长 10.7%。城镇居民、农村居民人均可支配收入分别为 26 356 元、21 032 元，分别增长 9.9%、6.5%。

——遂溪县。2019 年，遂溪县地区生产总值 375.59 亿元，增长 6.3%。三次产业结构为 33.6：15.7：50.7。地方一般公共预算收入 8.02 亿元，增长 8.3%。社会消费品零售总额 134.97 亿元，增长 10.4%。城镇居民、农村居民人均可支配收入分别为23 955元、17 831元，分别增长8.7%、8.8%。

——徐闻县。2019年，徐闻县地区生产总值189.93亿元，增长5.6%。三次产业结构为50.5∶8.2∶41.3。地方一般公共预算收入5.40亿元，增长9.0%。社会消费品零售总额70.75亿元，增长8.7%。城镇居民、农村居民人均可支配收入分别为25 518元、18 073元，分别增长7.0%、10.0%。

4. 海东新区规划建设情况。

——扩容提质持续推进，人气聚集态势逐步提升。广湛高铁坡头段已开展地质钻探工作，调顺跨海大桥、汕湛高速公路吴川支线坡头段、湛江环城高速南三岛大桥段、军港大道二期、东盛大道南、海盛路一期等交通基础设施加快推进，坡头交通大格局全面拉开。碧海金岸、中科苑、港城壹号等项目建设加快，商住小区将进一步扩容。华发创新产业新城、怡海公园、南调河综合整治工程、民航湛江空管站、湛江市久和医院、坡头区文化活动中心等一批城市及生活配套工程项目顺利推进，坡头区妇幼保健院异地迁建、湛江市第三十一中学、坡头（海东高新区）供水等项目启动实施，城市人居环境将进一步优化。

——国家高新区海东园区建设有序。湛江国家高新区正式移交海东新区管理，高新区海东园区正式启动建设，园区总体规划方案和前期控规经市委、市政府批准实施，启动近5 000亩土地和海滩涂征收工作，加快2个核心项目落地建设。加快推进湛江湾实验室项目，项目选址落户海洋科技园莫村西鹰嘴地块，已成立的理事会、学术委员会、主任委员会等机构开始运作；加快广东医科大学海东校区项目，项目选址落户生物医药产业园麻俸村地块，项目可研审批、规划设计等前期工作已开展。海东园区基础设施加快建设。启动园区首期片区西区12条市政公路项目，已进行基础设施施工设计。

（三）茂名市

1. 概况。

2019年，茂名市地区生产总值3 252.34亿元，增长4.3%。三次产业结构为17.9∶34.6∶47.5。人均地区生产总值51 119元，增长2.6%。社会消费品零售总额1 440.68亿元，增长8.8%。外贸进出口总额196.36亿元，增长29.4%。地方一般公共预算收入139.89亿元，增长2.8%。全体居民人均可支配收入23 179元，增长8.6%。金融机构本外币存款余额、贷款余额分别为3 012.91亿元、1 582.35亿元，分别增长10.6%、19.3%。

2. 振兴发展情况。

——狠抓重点项目建设。省重点项目完成投资157.20亿元，完成投资计划的133.9%。茂名博贺新港区开港，广州港通用码头、粤电煤炭码头建成投用，茂名港口岸扩大开放水东港区和博贺新港区。广湛高铁先开段、茂名东站至博贺港区铁路、广东滨海旅游公路茂名先行段开工建设。完成茂名综合客运枢纽一期工程建设，茂名站南站房建成投用。云茂高速茂名段、沈海高速茂名段加快推进，博贺湾大桥建成通车。粤西天然气主干管网茂名至湛江段建成投用。500千伏博贺电厂送出工程建成投产。滨海新区供水工程（一期）正式通水，引罗供水工程全面完成。

——树立大抓产业鲜明导向。全市工业六大主导产业增加值占规模以上工业增加值的93.4%。5万吨/年聚醚、3万吨/年醇类衍生物装置和系统配套技术改造、罗非鱼切片等项目建成投产；益海嘉里粮油和食品加工、日本阪田环保油墨等项目加快推进。茂名石化实华、新华粤上榜广东企业500强。化州跨境电商产业园开工建设。高州市获批国家级电子商务进农村综合示范县。交通银行茂名市分行开业，省股权交易中心在茂名设立运营中心，高州、化州、茂名农商行挂牌开业，完成组建农商行任务。全年接待过夜游客1 551.29万人次，增长10.9%；实现旅游业总收入476.09亿元，增长11.8%。南越1959文化创意街成功创建3A级景区。投资400亿元的烷烃资源综合利用项目正式签约，云兴科技大数据中心（一期）建成，粤西数据湖产业园开工建设。

——城乡一体化加快推进。中心城区路网日臻完善，建成金城路、站南路等；公园数量品质提升，建成红旗湖公园、石达小区等；市区黑臭水体整治完成率达91%，达到省下发要求。全市村庄规划编制全面开展，《茂名市乡村振兴战略规划（2018—2022 年）》发布实施。全市农业产业化经营组织达16 680个，农民专业合作社 5 108 家，均居全省前三位。“茂名罗非鱼”“化州橘红”入选国家级区域公用品牌。专业镇入围数量居全省第一位。3 个村入选全国乡村治理示范村。高州市创建广东首个国家级“美丽乡村建设”标准化试点。

——坚定践行绿色发展理念。市区空气质量达标率为 92. 6%，地表水7 个考核断面全部达标。化州市绿能环保发电项目建成投产，纳入中央环保督察整改的 18 个镇级垃圾填埋场完成整治。完成 10 个城镇生活污水处理设施项目建设，完成造林更新作业面积 1. 1 万公顷、森林抚育面积 2. 1 万公顷、乡村绿化美化示范点 144 个，公园绿地面积增加 234. 5 公顷，建成森林文化广场、湿地科普馆、森林博物馆。创文创卫深入推进，实施“八大提升行动”，改造市区 14 座垃圾压缩站，城市生活垃圾无害化处理率达 100%。全力创建平安茂名，深化扫黑除恶专项斗争，“平安创建”群众知晓率全省排名靠前。

——民生福祉不断增进。全年民生支出 379. 72 亿元，占地方一般公共预算支出的 82. 9%。全年新增就业 6. 01 万人，城镇登记失业率为 2. 4%。成功创建广东省推进教育现代化先进市，特殊教育学校实现县区全覆盖。卫生强市稳步推进，建成中心卫生院升级和乡镇卫生院标准化建设、县级公立医院升级项目，基本实现“大病不出县”和“基层首诊”的目标。高州市公立医院综合改革工作荣获国务院相关激励支持。高州宝光塔入选全国重点文物保护单位。露天矿博物馆开馆。“好心书屋”正式投用。

3. 推进区域合作情况。

——融入大湾区发展情况。加强融湾工作谋划研究，配合深圳市政府办公厅开展“深圳与珠江西岸城市合作研究”，提出《茂名市与深圳市合作需求清单》。加强政府层面对接，举办粤港澳大湾区与粤西发展机遇对接会。加强产业对接，支持企业申报粤港澳大湾区“菜篮子”生产基地、加工企业和销售点以及农产品出口示范基地，成立 3 个粤港澳大湾区“菜篮子”生产基地。加强社会交流合作，茂名职业技术学院与香港螺丝业协会签订了校企合作框架协议。以“南粤家政”促进高质量就业，全省首家家庭服务业创业孵化基地和人力资源产业园联动，积极对接港澳地区家政服务市场需求。

——建设湛茂阳都市区情况。深茂铁路茂名段、茂湛铁路电气化开通运营，正式融入珠三角2小时经济生活圈。云茂高速茂名段、沈海高速茂名段推进建设。积极配合湛江（粤西）国际机场建设，加快推进相关工作，完善机场连接路网。开工建设粤西天然气主干管网茂名至阳江干线项目。与湛江开展环保交叉执法检查，签订两市跨界流域水污染联防联治合作框架协议。

——与北部湾经济区合作情况。与海口旅游部门签署合作备忘录，深化梧茂、玉茂战略合作，与南宁、来宾开展“携手奔小康”扶贫协作工作。参加西江经济带城市共同体及市长联席会议第四次会议暨西江经济发展论坛，筹备2020年北部湾经合组织第11次成员大会。

4. 县域经济发展情况。

2019年，茂名市县域地区生产总值1 666.62亿元，占全市的51.2%。社会消费品零售总额673.05亿元，占全市的46.7%。地方一般公共预算收入41.81亿元，占全市的29.9%。

表23　2019年茂名市县域经济发展情况

地区	地区生产总值（亿元）	社会消费品零售总额（亿元）	地方一般公共预算收入（亿元）	三次产业结构
信宜市	482.97	231.69	11.09	25.0：20.5：54.5
高州市	631.89	237.53	17.77	24.8：27.9：47.3
化州市	551.76	203.83	12.95	23.2：24.6：52.2

——信宜市。2019年，信宜市地区生产总值482.97亿元，增长5.1%。三次产业结构为25.0：20.5：54.5。人均地区生产总值47 385元，增长3.7%。社会消费品零售总额231.69亿元，增长9.8%。地方一般公共预算收入11.09亿元，增长3.4%。城镇居民、农村居民人均可支配收入分别为27 243元、18 385元，分别增长8.6%、10.6%。

——高州市。2019年，高州市地区生产总值631.89亿元，增长4.8%。三次产业结构为24.8：27.9：47.3。人均地区生产总值44 449元，增长

3.2%。社会消费品零售总额237.53亿元，增长9.5%。地方一般公共预算收入17.77亿元，增长1.1%。城镇居民、农村居民人均可支配收入分别为28 302元、18 423元，分别增长8.4%、8.6%。

——化州市。2019年，化州市地区生产总值551.76亿元，增长4.3%。三次产业结构为23.2∶24.6∶52.2。人均地区生产总值42 158元，增长2.7%。社会消费品零售总额203.83亿元，增长9.4%。地方一般公共预算收入12.95亿元，增长7.3%。城镇居民、农村居民人均可支配收入分别为27 661元、18 598元，分别增长7.6%、9.7%。

5. 茂名滨海新区规划建设情况。

2019年，茂名滨海新区建成区面积100平方千米，地区生产总值691.61亿元，增长5.0%。规模以上工业增加值95.49亿元，增长5.0%。外贸进出口总额90.40亿元，增长23.9%。地方一般公共预算收入12.66亿元，增长12.6%。

——东组团规划建设情况。昌利油品码头已获得国家交通部批复岸线。加快丙烷脱氢项目一期前期工作，加快打造一个以丙烷脱氢为龙头的世界级绿色化工和氢能产业园。省道S291线红花至博贺段路面改造工程已全部完成。博贺湾新城公租房配套基础设施已建成投入使用。益海嘉里粮油和食品加工项目正紧锣密鼓施工中。浪漫海岸海昌公园项目、粤西液化天然气项目造陆工程和东区油品码头已开工建设。成功举办第三届南海（博贺）开渔节，山兜村获得“广东省文化和旅游特色村”称号。

——中组团（茂名国家高新技术产业开发区）规划建设情况。编制《100万吨/年乙烯扩能项目建设条件研究报告》《关于年产30万吨环氧丙烷项目相关情况的汇报》等系列文稿及《茂名国家高新区钛锆新材料产业发展规划》《茂名市氢能源技术产业发展规划》。众和化塑碳四烯烃综合利用项目、华大基因、北科细胞公共技术服务平台项目等13个项目签约，投资额89.98亿元。佳化10万吨/年环氧乙烷深加工技改扩产项目、奥克年产15万吨环氧乙（丙）氧基化系列产品及5万吨减水剂母液系列产品扩能增效技术改造项目顺利建成。亚洲最大的醇醚企业江苏德纳入驻并开工建设。高新区牵头成立粤西大数据产业创新联盟。

——南组团（茂名水东湾新城）规划建设情况。动感沙滩、明月海湾、歌美小镇三项招商策划及《茂名水东湾环湾地区交通组织研究》《茂名市水东湾新城高地片区控制性详细规划》经市政府批复同意。高地片区“两纵三横”路网已具规模，歌美海景区西岸路网与主次干道连通。水质净化厂一期工程建设完成，“整沙滩、整绿道、整绿化、整环境”海岸线生态整治加快实施，环岛绿廊碧道规划建设稳步推进。歌美海景区西岸公园及道路工程已完工，东岸公园及道路工程顺利推进。中国第一滩景区与华侨城集团成立的合资公司进入注册流程。

（四）阳江市

1. 概况。

2019 年，阳江市地区生产总值 1 292.18 亿元，增长 8.2%。三次产业结构为 19.1∶34.5∶46.4。人均地区生产总值 50 412 元，增长 7.6%。规模以上工业增加值 298.09 亿元，增长 17.0%。社会消费品零售总额 502.25 亿元，增长 8.3%。外贸进出口总额 151.78 亿元，增长 10.1%。地方一般公共预算收入 64.30 亿元，增长 2.7%。全体居民人均可支配收入 25 131 元，增长 7.9%。全年接待过夜游客 1 630.69 万人次，增长 10.3%；实现旅游业总收入 349.39 亿元，增长 13.5%。

2. 振兴发展情况。

——主导产业培育壮大。合金材料产业集群成链发展依托广青、世纪青山、翌川三大镍合金企业，基本实现从冶炼、炼钢、热轧、冷轧、深加工全覆盖的产业链格局。世界级风电产业基地加速成型，浅水区首期 4 个风电场建设加快推进，明阳阳江智能制造中心投产，首台海上风电 8 兆瓦级整机下线，龙马铸造、金风科技等 12 个项目加快建设。五金刀剪产业优势地位巩固提升，中国刀剪专业委员会落户阳江，张小泉阳江刀剪智能制造中心全面动工。“中国调味品之都”发展壮大，卡夫亨氏、加美味等 6 个项目投产，巨树腐乳等知名企业及一批配套项目签约落户。服装鞋帽业振兴发展，万洋众创城时尚产业基地落户。滨海旅游业蓬勃发展，加快推进创建国家全域旅游示范区、省级旅游示范区，海陵岛入选 2019 年中国最受欢迎景区，新增阳江漆艺院国家 3A 级景区，阳西县沙扒镇被评为省级旅游风情小镇。

——发展条件不断改善。着力构筑立体交通网络，广州至湛江高铁阳江段前期工作有序推进，怀阳高速海陵岛大桥、中阳高速阳春段、沈海高速改扩建工程阳江段等项目加快建设，广东滨海旅游公路阳江段、中茂高速阳春至高州段（粤桂界）等项目前期工作稳步推进。阳江港 25 个在建及筹建码头泊位加快规划，阳江港 10 万吨进港航道改造工程加快推进。阳江机场前期工作有序推进。科技创新平台建设实现新突破，阳江高新区创建国家高新区推进顺利。高新技术企业达 89 家，新增 30 家高新技术企业、8 家省级工程技术研究中心和 2 家院士专家（企业）工作站，广青科研项目荣获国家科技进步奖二等奖。

——营商环境持续优化。市县两级机构改革全面完成，机构职能配置更加优化。“放管服”改革持续深化，政府互联网服务能力在全国 333 个地级行政区中获评第一，市级政务服务基本实现办事“只进一扇门”，一窗受理率超过 80%，工程建设项目全流程审批时间压缩至 90 个工作日内，开办企业在全省率先实现半天内办结，服务效能跑出便民利企“加速度”。“数字政府”加快建设，“粤省事”阳江专版上线，512 项政务服务开通“指尖办事”。出台优化口岸营商环境措施，口岸整体通关时间压缩幅度超过 75%。

——生态文明建设持续推进。156 宗中央、省环保督察交办案件全部办结，国家海洋督察反馈问题年度整改任务基本完成。抓好海岸带环境保护，定期对沿海污染排放口排查整治，加快污水处理设施建设，减少生活污染直排入海量，力争船舶油类污染物达到“零排放”。16 个中小河流治理项目基本完工，399 个入河排污口完成整治，万里碧道阳江示范工程建成 25 千米。5 座污水处理厂实现提标，5 个片区截污及排水管网改造工程加快推进，3 条黑臭水体整治初见成效。印发实施《漠阳江饮用水水源地整治工作方案》，加强饮用水水源保护，全市县级及以上饮用水水源地水质达标率 100%。抓好固废污染防治，加强固废产生重点企业监管，阳西生活垃圾填埋场二期等项目建成。

——民生事业取得新成效。全年投入民生资金 182 亿元，占地方一般公共预算支出的 75.1%。教育事业提质发展，荣获“广东省推进教育现代化先进市”称号，新建和改扩建义务教育学校 23 所、新开办幼儿园 48 所，新增义务教育和学前教育学位超过 2.7 万个，资助学生 8.69 万人，发放补助 1.66 亿元。加快建设“健康阳江”，2 家中心卫生院完成升级改造，252 间村卫生站规范化建设全部动工，市人民医院成为粤西首家互联网医院。文化体育事业成果丰硕，省水下文化遗产保护中心选址海陵岛，“七馆合一”项目、文化艺术中心等重大文化设施前期工作稳步推进。就业保持稳定，城镇新增就业 3.31 万人，城镇登记失业率控制在 2.4%。城镇、农村低保标准继续提标，基本医疗保险覆盖范围巩固扩大。

3. 推进区域合作情况。

主动融入大湾区建设。鼓励企业与大湾区高校、科研院所和行业龙头合作，联合开展产业重大共性科技攻关，共建协同创新平台，推动粤港澳大湾区优秀科技成果再转化和推广应用。设立对接融入粤港澳大湾区建设项目和粤港澳大湾区重大科技创新合作专项，并予以倾斜性扶持。合作开展阳江地方特色产业防伪溯源区块链创新服务平台，为五金刀剪产业提供产品信息溯源和商品真伪查询。合金材料实验室、海上风电实验室两大省级实验室正式挂牌并启动建设。对企业引进粤港澳大湾区创新团队予以倾斜性支持。开拓国际贸易市场，组织参加进博会、广交会等 30 场展会。2019 年，建设省级“菜篮子”生产基地 20 个，其中顺欣海洋渔业、广三保畜牧等 13 个基地入选粤港澳大湾区“菜篮子”生产基地。与珠海、中山、江门、茂名市签订《珠中江阳茂五市公安机关打击走私警务合作协议》。开展旅游资源共享、线路互推等区域旅游合作，参与澳门国际旅游（产业）博览会、香港国际旅游展等活动，召开珠中江阳区域旅游合作联盟会议，发布推广一程多站旅游线路。加强交流互动，深化北部湾城市在文化旅游、体育、公积金等领域交流与合作。以“海丝”文化为引领，以旅游景点为支撑，共同推动北部湾“美丽蓝色海湾”旅游品牌建设。

4. 县域经济发展情况。

阳江市县域共2个县（市），包括阳春市（县级市）、阳西县，土地面积合计5 506平方千米，占全市的69.2%。2019年，全市县域地区生产总值514.24亿元，占全市的39.8%。

表24　2019年阳江市县域经济发展情况

地区	地区生产总值（亿元）	社会消费品零售总额（亿元）	地方一般公共预算收入（亿元）	三次产业结构
阳春市	326.10	151.02	13.94	22.1：27.0：50.9
阳西县	188.14	56.39	7.91	33.3：24.8：41.9

——阳春市。2019年，阳春市地区生产总值326.10亿元，增长7.0%。三次产业结构为22.1：27.0：50.9。人均地区生产总值36 456元，增长6.4%。规模以上工业增加值60.01亿元，增长12.1%。社会消费品零售总额151.02亿元，增长13.4%。地方一般公共预算收入13.94亿元，增长13.4%。

——阳西县。2019年，阳西县地区生产总值188.14亿元，增长3.0%。三次产业结构为33.3：24.8：41.9。人均地区生产总值39 541元，增长2.4%。规模以上工业增加值36.67亿元，增长0.2%。社会消费品零售总额56.39亿元，增长4.7%。地方一般公共预算收入7.91亿元，增长6.3%。

5. 阳江滨海新区规划建设情况。

2019年，阳江滨海新区地区生产总值272.18亿元，增长14.4%。规模以上工业增加值129.78亿元，增长42.2%。社会消费品零售总额147.11亿元，增长7.7%。

——项目建设进展顺利。新区列入市重点项目有阳江滨海中央商务区、金平路一期、新阳路地下综合管廊及同步建设工程，2019年，计划投资16.30亿元，完成投资26.80亿元，占年度计划的164.4%。其中，金平路一期、新阳路地下综合管廊投入使用，阳江滨海中央商务区项目的二、三、四、六、七、八地块开展主体建设，连围河景观带建成，项目整体建设有序推进。

——城市建设逐步完善。阳江职业技术学院附属城南幼儿园、邦正肉菜市场建成投入使用，城南中学、城南二小等文化教育项目开工建设。市档案馆、党史馆等项目抓紧推进。“两江四岸”景观带、金平路道路景观工程等城市配套工程加快建设。

——产城融合加快推进。陆续建成的商住小区及不断完善的公共配套设施有力地促进了核心区人气的聚集。核心区已建成的有保利·罗兰香谷、富鑫华府等商住地产项目，在建的有泓景苑、缔景湾、玥珑湾、文华新天地等商住小区项目。阳江国际金融中心建成，全面开展招商活动，多家金融机构签约入驻。滨海中央商务区建设稳步推进，商务区内的产业招商中心、康养酒店等商业设施建成投入使用。

四、粤北地区

（一）发展概述

2019 年，粤北地区生产总值 6 205. 69 亿元，增长 5. 5%。三次产业结构为 15. 3∶32. 8∶51. 9。其中，第一产业增加值 950. 91 亿元，增长 4. 7%；第二产业增加值 2 036. 78 亿元，增长 4. 8%；第三产业增加值 3 218. 00 亿元，增长 6. 2%。人均地区生产总值 36 697 元，增长 5. 1%。社会消费品零售总额 2 488. 35 亿元，增长 8. 0%。地方一般公共预算收入 449. 14 亿元，增长 2. 5%。全体居民人均可支配收入 23 120 元，增长 8. 6%。

——产业发展势头良好。2019 年，粤北地区规模以上工业增加值 1 438. 37亿元，增长 5. 1%。其中，韶关、河源、梅州、清远、云浮市规模以上工业增加值分别为 313. 85 亿元、279. 92 亿元、229. 76 亿元、482. 07 亿元、132. 77 亿元，增速分别为 4. 7%、6. 1%、1. 7%、6. 1%、6. 1%。韶关市 2019 年入选全国第二批产业转型升级示范区，并获得国务院 2019 年度督查激励表彰；莞韶对口帮扶共建产业园投试产项目突破100个，工业增加值增长6.4%。河源市投入35亿元完善园区基础设施，工业园区新签约项目110个、新开工项目90个。梅州市穗梅产业共建结出硕果，广梅园等园区引进亿元以上项目47个，广州万宝等一批项目投产，5个县（市）获评国家级电子商务进农村综合示范县。清远市高新技术企业突破300家，民营经济主体突破20万户，新签约工业项目178个，总投资755亿元。云浮市发展新动能不断增强，广东金属智造科技产业园、省市共建信息技术应用创新产业园获批建设，新培育规模以上工业企业48家，新增高新技术企业22家。

——交通基础设施建设取得新成效。韶关市北江航道实现千吨级船舶通达港澳，韶关港乌石综合交通枢纽启动建设，韶关机场航站楼主体工程基本完成。河源市完成交通设施投资142亿元，新增高速公路里程152千米，河惠莞高速龙紫段建成通车，梅龙铁路动工建设，赣深高铁河源段加快建设。梅州市梅汕客专开通运营，梅龙高铁兴宁梅兴亭隧道先行段动工建设，梅平高速公路建成通车，市区到县城全部通达高速，累计通车里程达603千米，梅畲快线建成通车，机场吞吐量达67.30万人次，增长31.3%。清远市完成交通基础设施投资142亿元，完成年度计划的129%，汕湛高速清云段建成通车，广清城轨一期清远段工程完成，广清重高铁开展规划方案研究。云浮市完成交通基础设施投资52.3亿元，汕湛高速清云段、高恩高速云浮段建成通车，全市高速公路通车总里程达376千米。

——重点项目扎实推进。2019年，粤北地区固定资产投资增长10.2%，韶关、河源、梅州、清远、云浮市分别增长3.6%、19.3%、4.0%、12.4%、11.4%。粤北地区完成省重点项目投资833.1亿元，占全省完成投资的10.6%，为年度计划投资的118%。韶关张九龄纪念公园、韶州历史文化博物馆、韶州中学新建和北江中学扩建等项目有序推进，500千伏韶关北输变电工程、韶州人民医院动工建设。梅州（五华）抽水蓄能电站、韩江高陂水利枢纽等重大工程全面提速，帅乡变电站等12项输变电工程建成投产。

——民生保障水平稳步提升。2019年，粤北地区全体居民人均可支配收入23 120元，增长8.6%。其中，韶关、河源、梅州、清远、云浮市全体居民人均可支配收入分别为 25 806 元、21 052 元、22 904 元、24 362 元、20 938 元，分别增长 9.0%、8.5%、8.0%、8.9%、8.8%。韶关市 3.25 万户、8.33 万人实现脱贫，脱贫率达 98.7%，278 个省定贫困村 100%脱贫出列。河源市新建公办幼儿园 5 所、新增学位 1 390 个，新增城区义务教育学位 21 208 个；新建 5 个县级公共文化场馆、4 个“源·悦”自助图书馆。梅州市 5 家中心卫生院完成升级并开始运营，22 家县级公立医院改造项目完成年度任务。清远市民生支出 308 亿元，增长 15.4%，占地方一般公共预算支出的 77.9%，新增学位 1.78 万个；完成 1 005 个村卫生站“公建民营”规范化建设。云浮市民生支出 180.65 亿元，占地方一般公共预算支出的 74.3%，金凤凰等一批社区文体公园建成开放，市光明外国语学校等一批中小学正式招生。

表 25　2019 年广东省粤北五市主要经济指标

	地区生产总值		人均地区生产总值		第三产业增加值		地方一般公共预算收入	
	绝对数（亿元）	增长（%）	绝对数（元）	增长（%）	绝对数（亿元）	增长（%）	绝对数（亿元）	增长（%）
粤北	6 205.69	5.5	36 697	5.1	3 218.00	6.2	449.14	2.5
韶关	1 318.41	6.0	43 743	5.1	700.59	7.1	101.05	6.7
河源	1 080.03	5.5	34 842	5.3	587.04	5.4	77.48	0.7
梅州	1 187.06	3.4	27 096	3.3	597.14	3.4	91.59	-5.7
清远	1 698.22	6.3	43 770	5.9	869.85	7.8	118.54	5.9
云浮	921.96	6.1	36 354	5.3	463.38	6.1	60.48	4.9

（二）韶关市

1. 概况。

2019 年，韶关市地区生产总值 1 318.41 亿元，增长 6.0%。三次产业结构为 13.2∶33.6∶53.2，其中，第一产业增加值 174.41 亿元，增长 5.1%；第二产业增加值 443.41 亿元，增长 4.5%；第三产业增加值 700.59 亿元，增长7.1%。人均地区生产总值43 743元，增长5.1%。规模以上工业增加值313.85亿元，增长4.7%。社会消费品零售总额477.55亿元，增长8.6%。外贸进出口总额182.27亿元，增长16.8%。地方一般公共预算收入101.05亿元，增长6.7%。全体居民人均可支配收入25 806元，增长9.0%。

2. 振兴发展情况。

——资源枯竭城市转型升级加速。能源结构优化加快，全市电力装机容量达936.1万千瓦。先进装备制造产业发展壮大，珠江西岸先进装备制造产业带韶关配套区建设不断加快。旅游产业蓬勃发展，大丹霞等景区建设加快，建成阅丹公路54千米。全年接待过夜游客2 004.62万人次，实现旅游业总收入512.09亿元，分别增长9.4%、13.0%。大数据产业加快发展，华韶数据谷等项目落地建设。商贸物流业规模不断扩大，华南农产品交易中心、鑫金汇商贸物联网小镇（一期）等项目投产。农业产业发展迅猛，省级农业产业园实现全覆盖，形成了“6+6”发展格局。科技创新能力稳步提升，全市高新技术企业保有量达236家。

——重点项目建设有序推进。2019年，共安排185个市重点建设项目，全年完成投资379亿元，完成计划的117.8%。高速公路“133”工程进展顺利，韶新高速完成投资28亿元，韶州互通、马坝互通、黄浪水互通前期工作扎实开展，韶州大道等重要交通项目进展顺利，500千伏韶关北输变电工程动工建设。韶州中学新建等项目顺利推进，谋划推进“3本3专”或“1本5专”高等教育新格局。谋划推动形成“1331”三甲医院集群发展格局。

——交通基础设施加快推进。基本形成以“八高四铁两航”为主骨架的综合立体交通网络，实现了县县通高速公路。雄信高速、韶连高速、韶柳铁路、赣韶铁路复线、厦昆高铁韶关段、武广高铁第二通道、韶关港乌石综合交通枢纽等重大项目有序推进。韶关丹霞机场、韶新高速、北江（韶关至乌石）航道扩能升级工程开工建设。北江航道濛浬枢纽二线船闸竣工通航。

——产业园区建设步伐加快。韶关高新区“国家专用工程机械及关键零部件高新技术产业化基地”获科技部认定；韶关新区铜鼓大道建成通车，天麓山小学等16个项目建成，金融集聚区首批5个项目动工建设，智慧化园区初具规模；华南先进装备制造产业园园区道路及基础设施建设全面启动。稳步建设重点园区，始兴产业园建成中国（始兴）制笔研发制造基地、万达合金车模生产基地；乳源、新丰产业园污水处理厂已建成使用。

——城乡面貌更加靓丽。实施“东进、南拓、西融、北优”城市发展战略。在全省率先实施县城品质提升“439”和乡镇提升“139”行动，推进首批 20 个试点镇开展垃圾、污水及“六乱”“三项整治”项目建设。“四好农村路”建设整治 1 904 千米，乐昌成为全国“四好农村路”示范县。打造干净整洁村 643 个、美丽宜居村 144 个、特色精品村 34 个。

——生态屏障持续筑牢。市区空气质量指数优良达标率为 92.6%，PM2.5 年均浓度下降 12.1%，PM10 下降 4.4%，空气质量改善幅度全省最大。主要江河断面和县级及以上集中式饮用水水源地水质 100%达标。推进山水、林田、湖草生态保护修复试点工作，完成治理复绿面积 45 公顷。森林覆盖率、活立木蓄积量、有林地面积三大森林资源核心指标数据稳居全省第一。全市创建国家森林城市已完成国家林草局双备案，成为全省首个实现全域创森备案的地级市。荣获“全国绿化模范城市”称号。

3. 推进区域合作情况。

融入“双区”进展顺利。先后在广州、深圳、佛山等地开展城市推介，成功举办首届韶商大会。“深韶对接”有序开展，深圳华为数据中心、深圳宝能旅游物流等大型龙头项目落户韶关。中科院广州化学所、华南理工大学等 4 所科研机构、高校在韶关设立了新型研发机构。与广州签订《广州市人民政府韶关市人民政府战略合作框架协议》，纳入广州都市圈范围，配合起草编制广州都市圈相关发展规划，编制完成《广佛肇清云韶经济圈发展规划（2019—2025 年）》。韶关市 22 家企业认定为粤港澳大湾区“菜篮子”生产基地。莞韶共建产业园新落地亿元以上工业项目 46 个，位列全省第一。

4. 县域经济发展情况。

2019 年，韶关市县域地区生产总值 665.14 亿元，占全市的 50.5%。地方一般公共预算收入 41.34 亿元，占全市的 40.9%。

表 26　2019 年韶关市县域经济发展情况

地区	地区生产总值（亿元）	社会消费品零售总额（亿元）	地方一般公共预算收入（亿元）	三次产业结构
乐昌市	116.95	54.60	7.13	21.8∶16.2∶62.0
南雄市	113.84	45.41	5.63	27.9∶20.2∶51.9
仁化县	94.34	25.10	6.56	21.8∶37.2∶41.0
始兴县	77.51	27.82	4.79	27.6∶25.4∶47.0
翁源县	98.79	40.15	6.08	25.5∶17.2∶57.3
新丰县	68.98	26.24	4.24	18.4∶25.4∶56.2
乳源县	94.73	22.58	6.91	7.9∶43.0∶49.1

——乐昌市。2019 年，乐昌市地区生产总值 116.95 亿元，增长 7.1%。三次产业结构为 21.8∶16.2∶62.0。规模以上工业增加值 10.50 亿元，增长 4.8%。社会消费品零售总额 54.60 亿元，增长 8.8%。地方一般公共预算收入 7.13 亿元，增长 10.7%。城镇居民、农村居民人均可支配收入分别为 28 019 元、16 204 元，分别增长 8.2%、9.4%。全年接待游客 569.43 万人次，实现旅游业总收入 38.49 亿元，分别增长 10.1%、12.1%。

——南雄市。2019 年，南雄市地区生产总值 113.84 亿元，增长 7.5%。三次产业结构为 27.9∶20.2∶51.9。人均地区生产总值 33 641 元，增长 6.9%。规模以上工业增加值 10.39 亿元，增长 25.3%。社会消费品零售总额 45.41 亿元，增长 8.8%。地方一般公共预算收入 5.63 亿元，增长 10.5%。外贸进出口总额 8 498.80 万美元，增长 3.0%。城镇居民、农村居民人均可支配收入分别为 28 383 元、16 420 元，分别增长 6.0%、9.7%。

——仁化县。2019 年，仁化县地区生产总值 94.34 亿元，增长 3.3%。三次产业结构为 21.8∶37.2∶41.0。人均地区生产总值 44 045 元，增长 1.9%。规模以上工业增加值 31.90 亿元，下降 3.0%。社会消费品零售总额 25.10 亿元，增长 8.3%。地方一般公共预算收入 6.56 亿元，增长 10.3%。城镇居民、农村居民人均可支配收入分别为 29 494 元、18 556 元，分别增长

7.1%、9.6%。

——始兴县。2019年，始兴县地区生产总值77.51亿元，增长5.5%。三次产业结构为27.6：25.4：47.0。人均地区生产总值35 409元，增长4.7%。规模以上工业增加值15.82亿元，增长6.2%。社会消费品零售总额27.82亿元，增长8.8%。地方一般公共预算收入4.79亿元，增长9.4%。城镇居民、农村居民人均可支配收入分别为27 776元、17 010元，分别增长7.6%、8.9%。

——翁源县。2019年，翁源县地区生产总值98.79亿元，增长6.5%。三次产业结构为25.5：17.2：57.3。人均地区生产总值27 615元，增长4.2%。规模以上工业增加值13.61亿元，增长6.7%。社会消费品零售总额40.15亿元，增长9.0%。地方一般公共预算收入6.08亿元，增长19.4%。城镇居民、农村居民人均可支配收入分别为27 663元、16 028元，分别增长8.0%、11.2%。

——新丰县。2019年，新丰县地区生产总值68.98亿元，增长8.5%。三次产业结构为18.4：25.4：56.2。人均地区生产总值31 518元，增长8.2%。规模以上工业增加值12.18亿元，增长12%。社会消费品零售总额26.24亿元，增长8.7%。地方一般公共预算收入4.24亿元，增长15.8%。城镇居民、农村居民人均可支配收入分别为27 497元、15 555元，分别增长8.6%、10.6%。

——乳源县。2019年，乳源县地区生产总值94.73亿元，增长6.5%。三次产业结构为7.9：43.0：49.1。人均地区生产总值49 858元，增长5.6%。地方一般公共预算收入6.91亿元，增长10.3%。城镇居民、农村居民人均可支配收入分别为27 925元、15 817元，分别增长8.1%、10.3%。

5. 韶关新区规划建设情况。

2019年，韶关新区总面积70.25平方千米，常住人口4.24万人，地区生产总值58.30亿元，规模以上工业增加值19.48亿元。

——城市建设逐步成型。新建的红色教育基地、韶关实验学校、东岗岭太阳城小学、芙蓉第一小学已建成开学，盆景山公园已基本建成并对外开放，市妇幼保健计划生育服务中心将于2020年建成投入使用。韶州中学、市第一人民医院迁建等一批重大项目启动建设，进驻新区的市（区）级行政服务机构达到21个，公共服务水平稳步提升。客运枢纽（一期）、城投商务中心、中国移动生产调度中心、联通生产调度中心已建成投入使用，金融集聚区、保利商业综合体、恒大酒店等一批产业项目陆续启动实施，城市产业特色正逐渐形成。

——产业发展态势良好。建成华科城莞韶双创装备中心、黄沙坪创新园等孵化平台，获评国家创新型产业集群试点、国家高新技术产业化基地。拥有中广测金属材料实验室、矿机装备研发中心新型检测研发中心。有“四上”企业86家，其中规模以上工业企业52家。宏大齿轮、东南轴承、韶关液压等45家企业为国家高新技术企业。明德电器、萱嘉医品等一批产业项目已动工建设。

——技术创新能力不断增强。建有省、市工程技术研究中心35家，国家高新技术企业45家，孵化平台（众创空间）7家，51家企业共229件产品被省科技厅认定为高新技术产品，专利授权量232项，制定《韶关高新技术产业开发区园区检验检测服务平台建设扶持办法（试行）》，共为52家园区企业奖励778.21万元。新区企业孵化平台7个，孵化面积2万多平方米。

——大力推进产业转型升级。2019年，博雅生物制药顺利复产，萱嘉医品等10个工业项目动工建设，环智实业、汇明特种玻璃等8家工业企业新上规模。金融集聚区首批5个项目动工建设，恒大商业综合体等14个商业配套项目加快推进。全年签订招商引资项目9个，投资总额78亿元。合同吸收外资2 885万美元，实际利用外资1 628万美元。

（三）河源市

1. 概况。

2019年，河源市地区生产总值1 080.03亿元，增长5.5%。人均地区生产总值34 842元，增长5.3%。规模以上工业增加值279.92亿元，增长6.1%。社会消费品零售总额386.83亿元，增长8.4%。外贸进出口总额

302.97 亿元，增长 11.9%。全体居民人均可支配收入 21 052 元，增长 8.5%，其中，城镇居民人均可支配收入 27 129 元，增长 6.4%；农村居民人均可支配收入 16 030 元，增长 9.6%。

2. 振兴发展情况。

——持续培育内生发展动力。着力打造产业载体，编制中心城区“一区四园”产业发展规划，推进一体化发展。实施新一轮工业转型升级三年行动计划，落实技术改造设备更新普惠性奖励资金近 1.6 亿元。推进节能减排降碳行动，江东新区产业园纳入省循环化改造试点园区，实现全市省级产业园区全覆盖。高技术制造业增加值、先进制造业增加值占规模以上工业比重分别达 35.4%、52.1%。生态旅游加快发展，推进省级全域旅游示范区创建，全年接待过夜游客 1 940.82 万人次，实现旅游业总收入 357.66 亿元，分别增长 12.3%、12.9%。现代服务业加快发展，实施限额以上企业“倍增计划”，新增限额以上企业 59 家。建成县级电子商务公共服务中心 2 个，设立镇村级电子商务服务站 385 个。

——加快基础设施建设。137 个省市重点项目完成投资 310.2 亿元。交通设施建设加速，完成交通设施投资 142 亿元，新增高速公路里程 152 千米。河惠莞高速龙紫段建成通车，梅龙铁路动工建设，赣深高铁河源段加快建设。水利能源设施不断完善，东江流域水安全保障提升工程和水利系统治理有序推进，城南应急水厂和西环路应急水厂实现供水，完成水源工程一期建设和水产业园原水管网铺设，治理中小河流河长 128.5 千米。完成电网投资 15.3 亿元，建成主网工程 7 项。

——大力促进城乡协调发展。全力打好脱贫攻坚战，在全省首创扶贫亮灯、驻村干部（第一书记）召回制度，实施脱贫攻坚“八项工程”等行动，全市建档立卡贫困人口 38 568 户、107 372 人全部达省定脱贫标准，扶贫保障政策全部落实。全域开展农村人居环境综合整治，实施“百村示范、千村整治”工程，8 573 个自然村基本完成“三清三拆三整治”任务；开展农村“厕所革命”，实现贫困村户厕改造全覆盖。不断优化城乡教育办学条件，统筹学前教育发展规划，全面实施改薄工作和普通高中提升计划。建立健全市、县、镇、村四级医疗卫生保障体系，基本实现基层人力资源社会保障公共服务平台市、县、镇、村“四级联网”。

——大力推进生态保护与建设。在全省环境保护责任暨污染防治攻坚战考核中获评优秀。落实河（湖）长制并获评省级优秀，地表水省考断面综合指数排名全省第一，集中式饮用水水源地水质达标率100%，地表水水质优良率100%。实施大气环境综合整治，治理“散乱污”企业355家，环境空气质量优良率排名全省第二。整治面源污染，医疗废物、危险废物处置率分别达到95%、100%。开展大气环境综合整治专项行动和秋冬季大气污染防治攻坚战，化学需氧量、氨氮、二氧化硫、氮氧化物四项污染物比2015年分别下降10.7%、14.6%、13.1%、7.7%。深入推进生态建设，积极创建国家生态文明示范市、国家森林城市。积极推进生态资源价值化与区际生态补偿，以万绿湖景区、深圳南山（龙川）产业转移工业园区为试点，创建河源特色的碳普惠激励机制。

——着力增进民生福祉。城镇新增就业3.6万人，城镇登记失业率控制在2.3%以内。实现广东省推进教育现代化先进县（区）全覆盖，龙川县成功创建国家级农村职业教育和成人教育示范县，广东技术师范大学河源校区加快建设。深河人民医院主体结构全面封顶，13间县级公立医院升级改造基本完成，市县镇医疗机构远程医疗会诊系统实现互联互通，68%的二级以上医院实现看病就医“一键诊疗”，实现医疗救助与基本医疗、大病保险“一站式”结算。深化“平安河源”建设，开展社会矛盾问题专项治理，抓好信访服务保障，推进扫黑除恶专项斗争和“飓风2019”专项打击。

3. 推进区域合作情况。

加快推动与“双区”互联互通。一是聚焦交通基础设施互联互通，扎实推进综合交通运输网络规划建设。着力构建与大湾区“水陆空铁”一体化综合交通体系，进一步完善市域公路网络建设。赣深高铁河源段加快建设，河惠莞高速龙紫段建成通车，2018—2019年完成交通基础设施投资251.3亿元，新增高速公路里程169.3千米。东江航道河源段分段恢复通航，支线运输机场、通用机场、广河城际铁路、河惠汕高速等一批项目有序推进，无水港和区域物流分拨中心等建设项目取得新进展，连接粤港澳大湾区与长江经济带的“黄金通道”正在形成。二是大力推动体制机制“软联通”。持续深化“放管服”改革，积极营造与大湾区同等水平的营商环境，商事登记便利度在全省排名靠前。大力推进政务服务标准化、便利化，构建“审批事项少、办事效率高、投资环境优”的投资项目审批管理体系。优化开业办证程序，实现商事登记全程电子化，投资企业开办时间压缩至3个工作日内。加快推进“数字政府”改革创新，率先在粤东西北地区完成“数字政府”政务云平台一期建设任务。

4. 县域经济发展情况。

河源市县域包括东源县、龙川县、和平县、连平县、紫金县，总面积15 292平方千米，占全市的97.7%。2019年，全市县域地区生产总值650.69亿元，占全市的60.2%。

表27　2019年河源市县域经济发展情况

地区	地区生产总值（亿元）	社会消费品零售总额（亿元）	地方一般公共预算收入（亿元）	三次产业结构
东源县	132.56	43.25	10.22	14.9：32.9：52.2
龙川县	162.16	59.99	7.84	18.4：23.4：58.2
和平县	126.65	40.42	6.76	16.5：32.3：51.2
连平县	83.48	35.93	6.94	20.3：24.7：55.0
紫金县	145.84	55.10	7.90	20.8：21.6：57.6

——东源县。2019年，东源县地区生产总值132.56亿元，增长5.8%。三次产业结构为14.9：32.9：52.2。规模以上工业增加值42.40亿元，增长8.6%。地方一般公共预算收入10.22亿元，增长6.8%。社会消费品零售总额43.25亿元，增长8.4%。外贸进出口总额47.90亿元，增长8.9%。城镇居民、农村居民人均可支配收入分别为26 523元、16 609元，分别增长9.7%、11.0%。

——龙川县。2019 年，龙川县地区生产总值 162. 16 亿元，增长 6. 5%。三次产业结构为 18. 4 ∶ 23. 4 ∶ 58. 2。人均地区生产总值 23 027 元，增长 8. 9%。地方一般公共预算收入 7. 84 亿元，增长 8. 0%。社会消费品零售总额 59. 99 亿元，增长 8. 4%。城镇居民、农村居民人均可支配收入分别为 24 274 元、16 307 元，分别增长 7. 5%、10. 4%。

——和平县。2019 年，和平县地区生产总值 126. 65 亿元，增长 5. 0%。三次产业结构为 16. 5 ∶ 32. 3 ∶ 51. 2。规模以上工业增加值 23. 2 亿元，增长 8%。地方一般公共预算收入 6. 76 亿元，增长 8. 7%。社会消费品零售总额 40. 42 亿元，增长 8. 4%。城镇居民、农村居民人均可支配收入 25 586 元、15 273元，分别增长 10. 1%、8. 7%。

——连平县。2019 年，连平县地区生产总值 83. 48 亿元，增长 7. 4%。三次产业结构为 20. 3 ∶ 24. 7 ∶ 55. 0。规模以上工业增加值 11. 24 亿元，增长 8. 8%。地方一般公共预算收入 6. 94 亿元，增长 3. 3%。社会消费品零售总额 35. 93 亿元，增长 8. 4%。外贸进出口总额 5. 80 亿元，增长 53. 5%。城镇居民、农村居民人均可支配收入分别为 24 555 元、15 436 元，分别增长 2. 6%、8. 5%。

——紫金县。2019 年，紫金县地区生产总值 145. 84 亿元，增长 4. 1%。三次产业结构为 20. 8 ∶ 21. 6 ∶ 57. 6。人均地区生产总值 20 935 元，增长 2. 4%。地方一般公共预算收入 7. 90 亿元，增长 5. 5%。社会消费品零售总额 55. 10 亿元，增长 8. 4%。外贸进出口总额 1. 90 亿元，增长 66. 1%。

5. 河源江东新区规划建设情况。

河源江东新区位于东江东岸，规划面积 434 平方千米，常住人口 15 万，其中，核心区规划面积 50 平方千米，起步区分为城市建设起步区和产业发展起步区。2019 年，外贸进出口总额 13. 10 亿元，增长 13. 4%。高技术企业 11 个，高技术制造业增加值占规模以上工业比重 16. 8%。地方一般公共预算收入 3. 07 亿元，增长 34. 8%。

——“融湾”工作扎实推进。编制印发江东新区“融湾”第一个五年规划（2019—2023 年）。启动 G205 国道改线工程前期等工作。积极对接谋划

“深河特别合作区”建设。“数字政府”建设加快推进，政务服务事项初步实现“一网通办”。“放管服”改革进一步深化，推行工程建设领域行政审批容缺承诺制改革，落实减税降费等惠企政策，商事制度改革向纵深推进，市场主体注册增长27%。生态“融湾”工作有效开展，污染防治攻坚战取得关键进展。

——“四组团”开发建设齐头并进。土地房屋征收、招商引资、项目建设“三大攻坚”行动成效显著，共征土地3 984亩，成功举办“5·20”“10·18”等经贸活动，接待客商超过1 000人，签约、奠基、动工、投产项目90个，投资总额达1 258亿元。城市起步区组团方面，房屋征收量比2018年翻一番。高铁新城组团方面，高铁新城核心区控制性详细规划落地，高铁河源东站综合交通枢纽工程、二片区工程项目启动建设，高望片区自来水升级改造工程完成。产业起步区组团方面，完成土地平整2.67平方千米，13条共计11.2千米的市政道路建成通车。完成编制并逐步实施《大数据产业园产业规划》。

——民生社会事业加快发展。教育推现工作通过验收，义务教育标准化学校建设全面实施，公办及普惠性幼儿园学位超过80%。国家基本公共卫生服务项目考核连续三年全市排名第一，深河人民医院项目主体封顶，“一村一站”实现全覆盖。城镇新增就业1 432人，登记失业率控制在2.3%以内，劳动者权益得到有力保障。

（四）梅州市

1. 概况。

2019年，梅州市地区生产总值1 187.06亿元，增长3.4%。人均地区生产总值27 096元，增长3.3%。三次产业结构为18.5∶31.2∶50.3。规模以上工业增加值229.76亿元，增长1.7%。社会消费品零售总额689.33亿元，增长7.3%。全体居民人均可支配收入22 904元，增长8.0%。金融机构本外币存款余额、贷款余额分别为2 251.36亿元、1 352.38亿元，分别增长5.6%、15.4%。

2. 振兴发展情况。

——创新动能稳步培育增强。“三院一基地”建设进展顺利，粤科新材料与绿色制造研究院、功能微生物与大健康（蕉岭）研究院等创新研发平台项目落地实施。组建金雁工业、嘉城建设、嘉应控股和客都文旅“3+1”国企集团并挂牌运营。新认定高新技术企业50家，总量达229家，其中科创板上市2家，新认定国家企业技术中心1家、国家级科技企业孵化器1家和省级新型研发机构3家，新建院士工作站4家，省级以上研发平台增加至110家，规模以上工业企业设立研发机构比例提升至35.0%。

——产业结构加快转型升级。出台实施《梅州市人民政府关于加快推动绿色产业发展的意见》，编制印发《梅州市绿色产业招商图谱》，着力构建“5311”绿色产业体系。规模以上工业企业达462家，3家企业入选2019广东企业500强榜单。五大支柱产业规模以上工业增加值178.32亿元，增长3.6%。梅兴华丰产业集聚带加快建设，产业园区（集聚地）工业增加值83.80亿元，增长2.1%。互联网等特色新兴产业加快发展，村之翼互联网产业园、“客都人家”文旅综合体等一批互联网、文化旅游重点项目建成或动工。特色现代农业蓬勃发展，成功创建1个国家级和12个省级现代农业产业园，省级现代农业产业园、省农业龙头企业数量居全省第一。

——基础设施条件不断夯实改善。梅汕客专开通运营，梅州迈入高铁时代。梅平高速建成通车，市区到县城全部通达高速，4条在建高速如期推进，梅畲快线建成通车。梅州机场全年旅客吞吐量达67.30万人次，增长31.3%。水利、能源、信息等基础设施加快建设，梅州（五华）抽水蓄能电站、韩江高陂水利枢纽等重大工程建设全面提速。帅乡变电站等12项输变电工程建成投产，农村电网加快改造，西气东输三线工程梅州段试投产，粤东天然气主干管网梅州段超额完成年度投资计划，超额完成5G基站年度建设任务，全市光纤入户率达94%。

——城乡品质不断提升优化。乡村振兴战略深入实施，新增1个国家级和7个省级现代农业产业园，新增3家国家级和30家省级农林业龙头企业。脱贫攻坚成效显著，省定相对贫困村退出332个，退出率达95.1%，贫困人口脱贫率预计达99.7%。实施“百村示范、千村整治”工程，村庄规划实现全覆盖，农村“三清三拆三整治”基本完成，60%以上村庄建成干净整洁村，132个省定相对贫困村基本建成新农村示范村。各县县城、中心镇及特色小镇建设扎实推进，“美丽梅州·美好家园”行动深入开展，城乡人居环境明显改善，“五星争辉”发展格局加快构建。

——生态优势持续巩固加强。在粤北山区率先成功创建国家森林城市，全市林地面积1 788万亩，森林覆盖率达74.4%。环保基础设施加快建设，74座镇级垃圾填埋场完成整治验收，新建镇村级污水处理厂143座，新增镇村级污水管网449千米。河（湖）长制全面落实，“五清”“清四乱”专项行动成效显著，全市城市黑臭水体基本消除，饮用水水源地水质达标率为100%。城区空气质量优良率达98.9%。生活垃圾分类工作有序推进。

——民生福祉持续增进。成功创建“广东省推进教育现代化先进市”，完成中小学教师“县管校聘”。加快创建卫生强市，5家中心卫生院完成升级并开始运营，22家县级公立医院改造完成年度任务，4个县成功创建国家卫生县城。城镇新增就业2.21万人，城镇登记失业率2.3%，基本养老保险参保率97.5%，城乡基本医疗保险参保率100%。全市群众安全感和政法工作满意度均居全省首位，荣膺“2019社会治理创新典范城市”。

3. 推进区域合作情况。

——积极融入粤港澳大湾区。制定出台《梅州市服务融入粤港澳大湾区建设的意见》《梅州市支持深圳建设中国特色社会主义先行示范区的行动方案》，推动生态发展区、红色苏区与大湾区协同联动发展。与大湾区9市签订《区域旅游合作备忘录》。推动广东115科技、深圳怡亚通等合作项目落地，粤港澳大湾区“菜篮子”梅州配送中心挂牌运营。与澳门科技大学达成深度合作意向，与粤澳合作中医药科技产业园实现平台对接。加强与景田（深圳）公司合作，推动五华、丰顺景田矿泉水项目落地建设，打造“寿乡水”优质区域品牌。与深圳前海、广州南沙、珠海横琴自贸片区签订改革创新协同发展合作框架协议，自贸区改革创新61项复制推广经验在梅州试行。

——穗梅对口帮扶取得积极成效。完善广州对口帮扶梅州工作机制，积极争取资金、干部人才支持，广州市、区两级安排年度精准扶贫资金1.36亿元，对口帮扶产业共建专项资金约3.15亿元。产业共建结出硕果，广梅产业园等共建园区进一步提质增效，新开工亿元以上工业项目47个。广州市属国企帮扶有力，广州万宝等一批项目建成投产。广州番禺职业技术学院积极帮扶筹建梅州市职业技术学院，中山大学附属第三医院全面接管运营广梅开发区医院。出台《梅州市支持广州市推动“四个出新出彩”的若干措施》。

4. 县域经济发展情况。

梅州市下辖兴宁市、平远县、蕉岭县、大埔县、丰顺县、五华县6个县（市）。2019年，全市县域地区生产总值700.47亿元，占全市的59.0%。

表28　2019年梅州市县域经济发展情况

地区	地区生产总值（亿元）	社会消费品零售总额（亿元）	地方一般公共预算收入（亿元）	三次产业结构
兴宁市	174.88	107.99	10.22	27.3：17.4：55.3
五华县	155.67	88.91	10.04	22.0：22.6：55.4
平远县	77.92	35.11	6.00	16.9：27.2：55.9
蕉岭县	94.76	38.76	6.02	15.1：44.8：40.1
丰顺县	108.08	60.01	7.06	22.8：36.2：41.0
大埔县	89.16	51.20	7.04	26.8：19.3：53.9

——兴宁市。2019年，兴宁市地区生产总值174.88亿元，增长3.2%。三次产业结构为27.3：17.4：55.3。规模以上工业增加值23.93亿元，增长3.6%。地方一般公共预算收入10.22亿元，增长1.1%。社会消费品零售总额107.99亿元，增长10.0%。城镇居民、农村居民人均可支配收入分别为27 670元、18 662元，分别增长4.9%、7.0%。

——五华县。2019年，五华县地区生产总值155.67亿元，增长3.4%。人均地区生产总值14 253元，增长3.3%。规模以上工业增加值5.29亿元，增长4.1%。地方一般公共预算收入10.04亿元，增长11.3%。社会消费品零售总额88.91亿元，增长10.4%。城镇居民、农村居民人均可支配收入分别为 22 534 元、13 619 元，分别增长 5.3%、5.4%。

——平远县。2019 年，平远县地区生产总值 77.92 亿元，增长 1.3%。规模以上工业增加值 10.38 亿元，下降 2.2%。地方一般公共预算收入 6.00 亿元，下降 21.0%。社会消费品零售总额 35.11 亿元，增长 14.7%。外贸进出口总额 1.43 亿美元，实际利用外商直接投资 1 260.00 万美元。城镇居民、农村居民人均可支配收入分别为 25 896 元、17 987 元，分别增长 6.8%、9.1%。

——蕉岭县。2019 年，蕉岭县地区生产总值 94.76 亿元，增长 4.1%。人均地区生产总值 44 814 元，增长 4.0%。规模以上工业增加值 22.17 亿元，增长 12.2%。地方一般公共预算收入 6.02 亿元，下降 27.9%。社会消费品零售总额 38.76 亿元，增长 10.3%。城镇居民、农村居民人均可支配收入分别为 27 547 元、17 468 元，分别增长 7.8%、9.2%。

——丰顺县。2019 年，丰顺县地区生产总值 108.08 亿元，增长 1.8%。人均地区生产总值 21 830 元，增长 1.7%。规模以上工业增加值 13.35 亿元，下降 0.7%。地方一般公共预算收入 7.06 亿元，下降 14.2%。社会消费品零售总额 60.01 亿元，增长 12.2%。城镇居民、农村居民人均可支配收入分别为 25 894 元、14 536 元，分别增长 8.3%、9.5%。

——大埔县。2019 年，大埔县地区生产总值 89.16 亿元，增长 5.1%。规模以上工业增加值 10.74 亿元，增长 15.3%。地方一般公共预算收入 7.04 亿元，下降 14.9%。社会消费品零售总额 51.20 亿元，增长 10.5%。外贸出口总额 2.42 亿美元，增长 3.8%。城镇居民、农村居民人均可支配收入分别为 25 256 元、14 884 元，分别增长 6.7%、8.3%。

5. 重大区域发展平台规划建设情况。

——梅州嘉应新区。新区起步区安置房、主要道路管廊建设基本完成，环境及配套设施不断完善，“五年成规模”目标基本实现。地区生产总值 180.29 亿元，增长 4.0%。规模以上工业增加值 51.85 亿元，增长 0.4%。安置区和路网加快建设，17.8 平方千米的起步区已建成 14 平方千米，完成固定资产投资 157.60 亿元。江南新城建成道路 25 千米、管廊 15 千米，主要道路全面开通。公共服务设施加快完善，江南新城“四园两馆两场两中心一轴”

以及3家医院、2所中学、3所小学、3所幼儿园等项目全面推进。4个公园已建成并对外开放，城市馆、青少年科技馆及地下公共停车场基本完工，市中医医院、妇幼保健院、游客服务中心等项目正在加快推进。高铁梅州西站建成使用，梅县新城地下管廊、棚户区等项目有序推进。产城融合加快推进，新区起步区全年新签约项目6个，计划总投资28.98亿元，产业项目完成投资67亿元，累计完成投资308亿元，占总投资额的88%。

——广东梅兴华丰产业集聚带。借力广州对口帮扶，狠抓招商引资和项目建设，产业集聚带发展条件不断完善。产业集聚带产业园（集聚地）入园企业612家，其中规模以上工业企业171家；工业总产值272.81亿元，增长4.8%；规模以上工业增加值57.4亿元，增长0.3%；完成工业固定资产投资35.54亿元。产业加快集聚发展，全年共落地亿元以上产业共建项目30个，新动工项目69个，新投产项目30个。基础设施建设加快推进，核心区6座污水处理厂3座已动工，3座正在开展前期工作。平台升级取得新突破，梅州综合保税区申报取得突破，梅州高新区积极落实“以升促建”方案，全力争取列为国家级高新区考察审批对象。梅州经济开发区申报国家级经济开发区并纳入国家“6+1”激励计划。

（五）清远市

1. 概况。

2019年，清远市地区生产总值1 698.22亿元，增长6.3%。规模以上工业增加值482.07亿元，增长6.1%。社会消费品零售总额573.94亿元，增长8.3%。地方一般公共预算收入118.54亿元，增长5.9%。全体居民人均可支配收入24 362元，增长8.9%。全年接待过夜游客1 391.41万人次，实现旅游业总收入377.36亿元，分别增长7.6%、9.0%。金融机构本外币存款余额、贷款余额分别为2 564.42亿元、1 886.24亿元，分别增长9.8%、20.9%。

2. 振兴发展情况。

——发展质量效益稳步提升。大力推动创新驱动发展，高新技术企业突破300家，天安智谷、华南863进驻企业超过640家，全省制造业500强企业、国家级科技企业孵化器、省级新型研发机构的数量均居粤东西北地区前列。引进首个国外国家医学院院士项目和4个入选国家人才计划专家项目，累计入选省“扬帆计划”人才项目17个、团队项目9个。每万人发明专利拥有量增长30.7%，成为国家知识产权试点市。出台支持实体经济、民营经济发展系列措施，设立小微企业转贷基金，为企业减税降费48.9亿元，民营经济主体突破20万户。完善招商体制机制，新签约工业项目178个，总投资755亿元，其中亿元以上项目69个。

——重大项目加快建设。全力推进项目建设，加大对项目用工组织、物流调配、安全管理的支持，攻克前期审批、用地规划及指标等制约因素，强化管理协调服务。谋划储备重大项目，支持既促消费、惠民生又调结构、增后劲的“两新一重”项目。围绕科技创新、交通运输、生态建设做好项目储备。优化稳投资机制，统筹做好要素保障、建设推进和检查督导工作，将要素保障指标优先配置到重点项目。扩大重点领域有效投资，以拓展5G应用、发展信息网络、建设数据中心等新基建项目为助力，推动产业升级，激发消费需求和投资活力。

——乡村振兴扎实推进。以建设“广清结合片区”国家城乡融合发展试验区为重点，通过强化基层党组织战斗堡垒作用，加速城乡要素流动与农村土地整合以及推动产业生态化、生态产业化等途径坚定不移地实施乡村振兴战略，破解城乡二元结构。农村综合改革稳步推进，农村金融改革步伐加快，土地承包经营权完成确权登记颁证，农村集体产权制度改革稳步推进。新增省级现代农业产业园5个、省级农业公园3个、“省特色农产品优势区”5个，验收美丽乡村3 653个。产业扶贫项目8.8万个，4.4万无劳动能力贫困人口全部纳入政策保障，2.1万名贫困学生教育补助全部落实。

——生态环境持续优化。大力治理扬尘、工业企业废气、机动车尾气等大气污染，169条陶瓷生产线“煤改气”全部完成，整治“散乱污”企业1 875家，空气优良率90.7%，空气质量综合指数改善率居全省第二。开展“五清”“清四乱”专项行动，整治销号河湖“四乱”问题599宗。11个县级以上集中式饮用水水源地水质100%达标，河流综合污染指数改善18.1%，水环境质量全省排名上升4位。顺利通过国家园林城市复查，完成造林和生态修复43万亩、森林碳汇工程10.6万亩，新增省级绿色矿山4家。大力推动北部绿色发展，华润连州福山风电、阳山生物质发电项目实现并网发电；连山获评“中国天然氧吧”；连南创建成为“全国森林旅游示范县”。

3. 融入粤港澳大湾区发展情况。

——以广清一体化积极融入粤港澳大湾区。聚力推进产业一体化，启动《广清一体化产业专项规划》编制工作，出台《清远产业共建政策汇编》《清远市产业共建申报指南》等。制定《清远市创建破解城乡二元结构促进城乡融合发展国家级试验区工作方案（试行）》《清远市关于鼓励工业园区建设和使用标准厂房的指导意见（试行）》《清远市工业园区建设和使用标准厂房奖补实施细则》。出台《清远招商引资投资指南》，深化招商协作，广清两市建立并不断完善产业转移项目数据库。全力融入营商环境一体化，积极推进《清远市优化营商环境综合改革行动方案（试行）》各项制度落实，推广“一门式、一网式”基层政务服务改革。

——以职业教育服务大湾区。建立健全教育共建机制，成立广清职业教育校企合作联盟，推动两地职业教育深度合作。印发《清远市现代学徒制试点工作方案》，成立现代学徒制运行管理中心和现代学徒制研究中心。制定《清远市贯彻落实〈广东省职业教育“扩容、提质、强服务”三年行动计划（2019—2021年）〉实施方案》，大力发展职业教育。

——以生态旅游参与大湾区。开展《清远市旅游发展空间规划（2019—2035）》《清远市旅游资源普查》等编制工作。清远市与广州市花都区共同签订《共同推进粤港澳大湾区旅游生态合作试验区建设框架协议》，共建粤港澳大湾区旅游生态合作试验区。高质量推进英德锦潭小镇等省级特色小镇培育创建，形成一批产业“特而强”、功能“聚而合”、形态“小而美”、机制“新而活”的特色小镇。

4. 县域经济发展情况。

清远市县域共计6个县（市），包括2个县级市、4个县，县域面积达

1.53 万平方千米，占全市的 80.7%。2019 年，全市县域地区生产总值 812.22 亿元，占全市的 47.8%。

表 29　2019 年清远市县域经济发展情况

地区	地区生产总值（亿元）	社会消费品零售总额（亿元）	地方一般公共预算收入（亿元）	三次产业结构
英德市	326.83	96.56	20.72	19.6：36.6：43.8
连州市	155.48	39.26	7.18	27.0：27.7：45.3
佛冈县	126.96	37.00	9.96	13.3：42.3：44.4
连山县	34.19	5.33	1.19	26.3：18.7：55.0
连南县	53.46	10.64	1.55	19.7：22.6：57.7
阳山县	115.30	34.40	4.80	35.9：14.4：49.7

——英德市。2019 年，英德市地区生产总值 326.83 亿元，增长 6.0%。三次产业结构为 19.6：36.6：43.8。规模以上工业增加值 102.00 亿元，增长 6.7%。社会消费品零售总额 96.56 亿元，增长 10.0%。外贸进出口总额 59.40 亿元，增长 1.6%。地方一般公共预算收入 20.72 亿元，增长 14.6%。城镇居民、农村居民人均可支配收入分别为 29 190 元、16 880 元，分别增长 7.3%、9.1%。

——连州市。2019 年，连州市地区生产总值 155.48 亿元，增长 6.0%。三次产业结构为 27.0：27.7：45.3。人均地区生产总值为 40 357 元，增长 5.6%。社会消费品零售总额 39.26 亿元，增长 10.8%。地方一般公共预算收入 7.18 亿元，增长 6.1%。城镇居民、农村居民人均可支配收入分别为 29 770 元、14 427 元，分别增长 8.2%、9.9%。全年接待游客 1 057.84 万人次，增长 5.2%。

——佛冈县。2019 年，佛冈县地区生产总值 126.96 亿元，增长 6.1%。三次产业结构为 13.3：42.3：44.4。规模以上工业总产值 228.50 亿元，增长 3.8%。社会消费品零售总额 37.00 亿元，增长 10.4%。地方一般公共预算收入 9.96 亿元，增长 4.5%。城镇居民、农村居民人均可支配收入分别为 29 470

元、16 227 元，分别增长 7.4%、9.0%。

——连山县。2019 年，连山县地区生产总值 34.19 亿元，增长 7.3%。三次产业结构为 26.3：18.7：55.0。人均地区生产总值 36 008 元，增长 7.0%。社会消费品零售总额 5.33 亿元，增长 8.3%。地方一般公共预算收入 1.19 亿元，增长 12.3%。城镇居民、农村居民人均可支配收入分别为 24 889 元、13 888元，分别增长 7.7%、9.8%。

——连南县。2019 年，连南县地区生产总值 53.46 亿元，增长 3.0%。三次产业结构为 19.7：22.6：57.7。规模以上工业增加值 1.28 亿元，增长 32.2%。地方一般公共预算收入 1.55 亿元，增长 20.1%。城镇居民、农村居民人均可支配收入分别为 26 074 元、14 257 元，分别增长 8.0%、9.5%。全年接待游客 350.10 万人次，实现旅游业总收入 13.60 亿元，分别增长 13.2%、14.5%。

——阳山县。2019 年，阳山县地区生产总值 115.30 亿元，增长 5.1%。三大产业结构为 35.9：14.4：49.7。地方一般公共预算收入 4.80 亿元，增长 2.5%。社会消费品零售总额 34.40 亿元，增长 10.7%。城镇居民、农村居民人均可支配收入分别为 28 724 元、15 549 元，分别增长 7.4%、9.7%。全年接待游客 741.51 万人次，实现旅游业总收入 39.67 亿元，分别增长 15.8%、5.4%。

5. 清远燕湖新区建设情况。

——经济建设进展良好。2019 年，燕湖新区工业投资 53.44 亿元，工业增加值 234.22 亿元，规模以上工业增加值 216.12 亿元。重点项目 59 项，总投资额 899.80 亿元，年度计划投资额 140.70 亿元，实际完成投资 145.10 亿元。从产业分布情况看，67 个招商引资项目中，第二产业项目有 26 个，累计实际到位资金额 35.90 亿元；第三产业项目 41 个，累计实际到位资金额 181.80 亿元。从建设进度情况看，建成投产项目 7 个，累计实际投入 31.20 亿元；在建项目 36 个，累计实际投入 163.40 亿元；开展前期工作项目 11 个，累计实际投入 19.00 亿元；签订合同项目 13 个，计划投资 177.90 亿元。

——产业建设全面推进。燕湖新区范围内布局有国家级高新区、长隆国际森林主题公园等重要产业发展平台，长隆集团累计投入约44亿元，园区内华南虎繁育及野化训练基地扩建、种源基地犀牛笼舍等已投入使用，长颈鹿城堡和酒店群正在进行地下建筑、桩基等前期施工。高新区天安智谷、华南863、华大电商、清农电商等一批“双创”平台加快建设。南部物流园及华南声谷互联网+创新产业园等项目有序推进。省职业教育城投资13.17亿元，首期5所学校已建成开学，并启动二期建设。新区产业结构转型升级调整继续深化，持续推动陶瓷、再生金属等产业转型提升，新材料等新的主导产业加快形成，旅游、物流等服务业增长明显，房地产业平稳发展。燕湖新区已成为对接广州产业转移及一体化合作的重要平台。

6. 广清经济特别合作区建设进展情况。

广清经济特别合作区下设“三园一城”。广清产业园工业总产值80.76亿元，增长28.7%。地方一般公共预算收入11.55亿元，增长204.4%。园区规划开发面积13.6平方千米，已完成征地11 072亩。累计签约工业项目131个，总投资约323亿元；已供地工业项目85个，正在供地项目14个；累计出让工业用地面积4 100亩，形成现代智能家居、汽车零配件（含装备制造）、新材料、精细化工、高新现代农业生物技术5个产业集群。广德（英德）产业园收储土地面积1 020.38亩，新增签约项目75个，累计签约项目共115个，计划总投资363.2亿元，其中，工业项目107个，综合配套项目8个。广佛（佛冈）产业园配套基础设施、招商选资等各项开发建设工作已全面展开。广清空港现代物流产业新城在建项目3个，其中，中国南部物流枢纽二期，占地面积约251亩，项目总投资约6亿元；广东锦邦冷链仓储物流园项目，占地面积约323亩，项目总投资约10亿元；城际清远源潭综合物流产业园一期，占地面积约264亩，项目总投资约6亿元。中国南部物流枢纽一期正式投产，占地约204亩，项目总投资约4亿元。

（六）云浮市

1. 概况。

2019 年，云浮市地区生产总值 921.96 亿元，增长 6.1%。人均地区生产总值 36 354 元，增长 5.3%。三次产业结构为 18.7：31.0：50.3。地方一般公共预算收入 60.48 亿元，增长 4.9%。社会消费品零售总额 360.69 亿元，增长 7.7%。外贸进出口总额 109.96 亿元，增长 1.9%。全体居民人均可支配收入 20 938 元，增长 8.8%。居民消费价格指数上涨 2.7%。

2. 振兴发展情况。

——高质量发展新动能持续增强。清洁能源产业蓬勃发展，全市电力装机总容量达 159.46 万千瓦。云河发电公司天然气热电联产等重大能源项目建设有序推进，粤西天然气管网肇庆—云浮支干线项目建设综合进度达 91.6%。产业发展载体不断完善，产业园区新投入基础设施建设资金 11.19 亿元，规模以上工业增加值 66.39 亿元，增长 9.2%。高新技术企业规模不断壮大，新增高新技术企业 22 家，总量达 79 家。

——特色产业建设加快推进。金属智造产业发展势头良好，广东金属智造科技产业园获批建设，投资 150 亿元年产 800 万吨金晟兰短流程优特钢项目、投资 120 亿元年产 720 万吨南方东海精品钢项目动工建设，投资 40 亿元新兴凤铝东成项目落户。信息技术应用创新产业形成先发优势，省市共建信息技术应用创新产业园建设加快推进。氢能产业加快创新发展，累计引进氢燃料电池上下游企业 24 家、总投资达 56 亿元，佛山、云浮两市共投入 86 辆氢能源公交车商业化运营，合计建成 6 座加氢站。生物医药产业加快集聚，全市建成南药种植示范基地 60 个，在产生物医药企业 66 家，在建生物医药项目 21 个；全市医药制造业实现规模以上工业增加值 6.20 亿元，增长 15.0%。

——交通基础设施日臻完善。交通基础设施投资 52.3 亿元，全市高速公路通车里程达 376.7 千米。汕湛高速公路清云段、高恩高速公路云浮段建成通车；怀阳高速怀集至郁南段二期云浮段、罗信高速云浮段、东部快线加快建设；广佛肇云高速、广梧高速云浮东出入口扩建、广梧高速增设云浮西出入口等项目前期工作加快推进；云浮（罗定）机场、罗岑铁路等前期工作有序推进。

——营商环境综合改革不断创新。全面落实市场准入负面清单制度。印发实施《与广州进行营商环境改革对接工作方案》《关于进一步压缩企业投资项目备案事项办理时限的通知》，探索推动与大湾区核心城市在商事登记制度、工程建设项目审批等 9 大领域全面接轨，进一步优化营商环境。全面促进民营经济发展，全年累计通过广东省投资项目在线审批监管平台向民间资本推介 7 个项目，总投资 38.17 亿元。

——乡村振兴迈出重要步伐。乡村产业加快发展，新增国家现代农业产业园 1 个，新增省级现代农业产业园 4 个。粤港澳大湾区“菜篮子”产品云浮配送中心上线运营，中澳农牧物流基地、云安区肉牛产业园等项目加快建设。农村生产生活条件持续改善，完成村道硬底化 550 千米，拓宽改造 315 千米。乡村旅游发展稳步推进，建成省级休闲农业与乡村旅游示范镇（点）29 个，4A 级广东农业公园 1 个。脱贫攻坚成果进一步巩固，建档立卡贫困人口脱贫 111 254 人，脱贫率达 98%。

——生态优势不断彰显。坚持生态优先，全力抓好生态环境建设，全年空气优良率达 96.4%，PM2.5 浓度日均值为每立方米 29 微克，空气质量持续向好。持续打好碧水攻坚战，5 个县级及以上集中式饮用水水源地水质全部达标，5 个地表水省考断面水质综合指数排全省第四位。统筹打好净土防御战，开展重点行业企业用地土壤环境详查，尾矿库土壤环境治理修复工程稳步推进。大力发展循环经济，完成 62 家企业清洁生产审核。国家森林城市创建工作扎实推进，创建国家森林乡村 28 个、省级森林小镇 1 个、省级绿美古树乡村 7 个。

——民生福祉稳步增进。市财政用于民生类支出达 180.65 亿元，占地方一般公共预算支出的 74.3%。贯通浩林西路、东方路等一批“瓶颈路”，完成育华路、锦绣路等 20 条市政道路的升级改造，兴云西路、城南路等样板示范街加快建设，金凤凰等一批社区文体公园建成开放。成功创建“广东省推进教育现代化先进市”，市光明外国语学校等一批中小学正式招生。城乡居民基本医疗保险连续8年实现参保人群全覆盖，困难群众医疗救助比例达80%以上。

3. 推进区域合作情况。

——全域融入“三区”建设。抢抓粤港澳大湾区、深圳先行示范区、珠三角核心区建设和广州市推动老城区“出新出彩”等一系列叠加机遇，先后出台《云浮市贯彻落实关于构建“一核一带一区”区域发展新格局促进全省区域协调发展的意见的实施方案》《云浮市全域融入粤港澳大湾区发展行动方案》《云浮市关于加快融湾发展推进“六地”建设的工作方案》《关于加快推动云浮全域融湾高质量发展的实施方案》等一系列指导文件，全力推动与核心城市实现交通网络、营商环境一体化和产业协同共建。

——协同推进经济圈建设。以《珠江—西江经济带发展规划》为引领，切实抓好《粤桂黔高铁经济带合作试验区广东园云浮分园发展总体规划（2017—2030年）》的实施。积极参与广州都市圈相关发展规划的编制工作，就都市圈未来布局形态、共融共生等方面作出前瞻性谋划建议，推动都市圈内产业共建、交通互联、政策共融、市场共享，加快补齐短板步伐，增强都市圈内生发展潜力，拓展发展空间，提升都市圈内部经济社会发展一体化水平。

4. 县域经济发展情况。

云浮市辖云城、云安两个区，罗定市、新兴县、郁南县三县（市）。罗定市、新兴县、郁南县三县（市）土地总面积分别是2 327.50平方千米、1 521.68平方千米、1 966.20平方千米，合计5 815.38平方千米，占全市的74.7%。2019年，全市县域地区生产总值614.54亿元，占全市的66.7%。

表30　2019年云浮市县域经济发展情况

地区	地区生产总值（亿元）	社会消费品零售总额（亿元）	地方一般公共预算收入（亿元）	三次产业结构
罗定市	260.18	129.84	13.41	19.7：28.7：51.6
新兴县	237.17	55.05	18.46	26.3：29.5：44.2
郁南县	117.19	43.40	4.75	24.8：22.7：52.5

——罗定市。2019 年，罗定市地区生产总值 260. 18 亿元，增长 6. 2%。三次产业结构为 19. 7 ：28. 7 ：51. 6。地方一般公共预算收入 13. 41 亿元，增长 7. 1%。社会消费品零售总额 129. 84 亿元，增长 8. 2%。外贸进出口总额 38. 29 亿元，增长 17. 9%。全市金融机构本外币存款余额 370. 76 亿元，增长 13. 5%；金融机构本外币贷款余额 249. 43 亿元，增长 11. 0%。

——新兴县。2019 年，新兴县地区生产总值 237. 17 亿元，增长 6. 6%。三次产业结构为 26. 3 ：29. 5 ：44. 2。规模以上工业企业增加值 27. 73 亿元，增长 6. 4%。地方一般公共预算收入 18. 46 亿元，增长 4. 8%。社会消费品零售总额 55. 05 亿元，增长 7. 6%。外贸进出口总额 35. 13 亿元，下降 12. 1%。

——郁南县。2019 年，郁南县地区生产总值 117. 19 亿元，增长 5. 2%。三次产业结构为 24. 8 ：22. 7 ：52. 5。人均地区生产总值 28 072 元，增长 4. 4%。规模以上工业增加值 8. 82 亿元，增长 5. 0%。地方一般公共预算收入 4. 75 亿元，增长 6. 5%。社会消费品零售总额 43. 40 亿元，增长 7. 7%。外贸进出口总额 3. 38 亿元，增长 25. 3%。

5. 云浮新区规划建设情况。

——西江新城起步区建设情况。园区内共有 153 个建设项目，总投资约 554. 96 亿元，投入建设资金约 263. 53 亿元。基础设施基本完善，已建成道路 32 条，总长约 115. 97 千米。新城范围内供水主干管全线贯通，第一污水处理厂日处理污水能力达 1 万吨。不断推进产业高质量发展，着力推进产业创新，全年认定高新技术企业 7 家，认定高新技术产品 15 个。省市共建信息技术应用创新产业园获批建设，已引进华为、龙芯中科等一批信息技术应用企业和机构落户。引进高丘六和、爱德克斯、广东溢康通等汽车零部件项目，生产总值达 16. 9 亿元，初步形成汽车零配件产业集群。积极引进广东仁创砂产业基地等多个高端制造项目，着力打造智能制造集聚区。将“药谷”打造成为粤西地区集医药健康产业人才培养、科学研究、成果转化和产业开发于一体的创新高地，同时引进一批医药企业，推动雷允上药业增资扩产，打造生物医药产业研究与开发基地，建立产学研合作平台。

——佛山（云浮）产业转移工业园（南园）起步区建设情况。2019年，园区内列入市重点建设项目9项，完成投资4.64亿元，累计洽谈引进金属智造、新材料、新能源、氢气康养、现代农牧等领域项目29个，计划投资超135亿元。新引进项目稳步推进，中澳农牧物流基地项目完成投资2 452.53万元；锡富龙环保智能家居休闲用品项目完成投资4 320万元，生产车间进行试投产；装配式建筑项目完成投资3 525万元。强化科创平台项目建设，广东省氢能技术重点实验室、先进能源科学与技术广东省实验室云浮分中心正式挂牌成立，云浮（佛山）氢能标准化创新研发中心获评“2019年中国科技创新先进单位”。氢能产业优势巩固，搭载鸿途55A燃料电池系统、负载49吨的飞驰氢燃料电池重卡车和牵引车完成样车生产，氢燃料电池冷链物流车和干货物流车完成组装调试。已有近300辆飞驰氢燃料电池公交车在佛山投入运营，首批40辆新一代12米低入口氢燃料电池公交车下线并准备投入商业化运营。建成稳力高速离心式空压机和广东重塑氢燃料电池系统零部件集成生产线，空压机和DC/DC产品实现量产。

专项篇

一、重大区域发展平台建设

（一）综述

截至2019年年底，全省经省政府同意设立的省级及以上重大区域发展平台与合作区共38个，其中，国家级重大区域发展平台6个、省级重大区域发展平台25个、合作区7个。在区域分布上，珠三角地区合计15个，粤东西北地区合计23个。重大区域发展平台已成为广东省促进产业聚集发展、推动改革创新发展和区域经济协调发展的重要载体。

——经济发展势头良好。广州南沙新区、深圳前海深港现代服务业合作区、珠海横琴新区等国家级区域平台发展成效显著，2019年，南沙新区地区生产总值1 683.23亿元，增长10.5%；前海深港现代服务业合作区税收收入525.11亿元，增长18.8%；横琴新区地区生产总值401.24亿元，增长8.9%。省级区域平台发展各具特色，东莞粤海银瓶合作创新区规模以上工业增加值50.10亿元，增长8.7%；江门大广海湾经济区地方一般公共预算收入44.20亿元，增长13.7%；汕尾新区地区生产总值309.19亿元，增长32.5%；茂名滨海新区建成区地方一般公共预算收入12.66亿元，增长12.6%；阳江滨海新区规模以上工业增加值129.78亿元，增长42.2%；河源江东新区外贸进出口总额13.10亿元，增长13.4%。

——基础设施建设提速。中山翠亨新区起步区共完成基础设施建设29.17亿元，6个项目已完工交付使用。汕头华侨经济文化合作试验区完成包括25千米百年一遇防洪标准的海堤、20平方千米围海造地、13千米主内河涌和7座大型闸站等水利工程建设。揭阳新区新城交通基础设施“经脉”基本打通，骨干道路实现联网成环。茂名滨海新区水东湾新城高地片区“两纵三横”路网已具规模，歌美海景区西岸路网与主次干道连通。梅州嘉应新区江南新城建成道路25千米、管廊15千米，主要道路全面开通。云浮新区西江新城起步区已建成道路32条，总长约115.97千米，新城范围内供水主干管全线贯通。

——产业进一步聚集发展。深汕特别合作区69个重点建设项目集中开工启动，投资535亿元。惠州环大亚湾新区加快推进万亿级产业集群建设，中海油/壳牌三期项目已编制完成预可研报告，被列为国家第二重大外资项目。东莞滨海湾新区成功引进紫光芯云产业城、OPPO智能制造中心等一批重大产业项目，投资金额1 365亿元。汕头华侨经济文化合作试验区加快打造总部经济园区，设立华侨大宗商品服务平台，“华侨板”挂牌企业达623家。潮州新区高技术制造业增加值占规模以上工业比重达75.0%。揭阳滨海新区全力推进中石油广东石化炼化一体化项目建设。梅州梅兴华丰产业集聚带借力广州对口帮扶，全年共落地亿元以上产业共建项目30个，新动工项目69个、新投产项目30个。清远广清经济特别合作区广清产业园形成现代智能家居、汽车零配件（含装备制造）、新材料、精细化工、高新现代农业生物技术五大产业集群。

——产城融合积极推进。珠海西部生态新区金湾片区公共文化中心建成投入使用，产业服务中心、斗门区档案馆基本建成。中山翠亨国家湿地公园通过国家林业和草原局验收并对公众开放。肇庆新区体育中心、商务中心、科创中心、东站综合体等相继建成投入使用。揭阳新区滨江大道风光带、塘埔儒家公园等一批旅游休闲项目成为“网红”旅游地。湛江海东新区久和医院、坡头区文化活动中心等一批城市及生活配套工程项目顺利推进。韶关新区韶关实验学校、东岗岭太阳城小学、芙蓉第一小学已建成开学，盆景山公园已基本建成并对外开放。清远燕湖新区省职城投资13.17亿元，首期五所学校已建成开学，并启动二期建设。

（二）广州南沙新区

2019年，广州南沙新区地区生产总值1 683.23亿元，增长10.5%。地方一般公共预算收入 84.00 亿元，增长 11.7%。第三产业增加值首次超过第二产业，占全区地区生产总值比重超过五成。201 个重点建设项目完成投资 1 056.90亿元，完成年度计划的 111.2%。全年新设企业 4.6 万家，增长 22.3%。实际利用外资 18.60 亿美元，增长 91.0%。新引进 37 个世界 500 强企业投资项目，市场活力不断增强。

——先进制造业提质发展。2019 年，汽车制造业产值为 1 155.08 亿元，增长 12.0%。新能源汽车产业集群加快形成，广汽丰田三条生产线年产能已达 60 万辆整车，第四生产线已动工建设，第五生产线已落户。恒大纯电动汽车、电装二期、芯聚能等项目动工建设，广汽蔚来新能源汽车发布首款量产车型，第三代半导体创新中心挂牌。船舶及其他运输设备制造业完成产值 60.12 亿元，增长 237.6%。北京精雕高端数控机床研发生产基地等一批智能制造项目正在加快建设。核电、轨道交通等先进装备制造业进一步做大做强。

——战略性新兴产业集聚成效明显。规划建设南沙科学城，中科院明珠科学园首批 5 个项目已动工。冷泉生态系统大科学装置、动态宽域飞行器试验装置等重大科技基础设施和华南唯一的国际 IPv6 根服务器已落户。深海科技创新中心基地、中科院南海生态环境工程创新研究院、南方海洋科学与工程省实验室等重大科创平台启动并加快建设。全年新增高新技术企业 117 家，增长 24.7%。新增省级新型研发机构 4 家，占全市的 22.0%。集聚人工智能企业 180 多家，新增健康产业项目 76 个。广东医谷产业园区已入驻 152 家生物科技领域企业，华南技术转移中心入驻近 300 家科技服务机构。研究与试验发展经费占地区生产总值比重提升至 3.46%，居全市第二。南砂晶圆第三代半导体（碳化硅）项目投产，将带动高功率半导体产业快速集聚。

——创新金融蓬勃发展。新增金融和类金融机构 179 家。开展全国首单二手飞机混合资产包跨境交易、粤港澳大湾区首单双 SPV 飞机跨境转租赁业务，累计完成 134 架飞机和 64 艘船舶租赁业务。落地全国首例中资银行境外分行不动产抵押项下跨境融资业务。国际金融论坛（IFF）永久会址开工建设。广州期货交易所、粤港澳大湾区国际商业银行筹建工作加快推进。

——航运物流及国际贸易加速发展。南沙港集装箱吞吐量 1 678 万标箱，增长7.1%。水上运输业货运周转量占全国18.0%，居全国第二。新增航运物流企业1 952家，上线运行全国首个线上航运保险要素交易平台，落地全国首单二手车出口业务，开工建设华南唯一的国家级船员评估中心。广州航运交易所完成706艘船舶交易，交易额26.75亿元。商品车吞吐量113万辆，增长12.7%。平行进口汽车实现整车进口超1万辆，居全国第二。保税物流进出口552.90亿元，增长25.6%。跨境电商网购保税进口144.30亿元，增长46.2%。邮轮出入境旅客44.20万人次，居全国第三。

——城市副中心功能品质不断提升。重点片区组团加快建设，蕉门河中心区“城市客厅”功能不断完善，明珠湾起步区灵山岛尖基础建设项目已收尾，共落户29个总部及以金融为主体的项目，涉及总投资约823亿元。庆盛区块综合开发建设全面启动，万顷沙保税港加工制造业区块项目进入全面施工阶段，大岗区块园区管理服务中心建成。区域交通枢纽功能不断完善，统筹推进总投资约1 713亿元，共113个重大交通基础设施项目，南沙港铁路龙穴南水道特大桥合龙，地铁18号线土建工程完成46%，深中通道、广中江高速（南沙段）等项目加速推进，南中高速、深茂铁路江门至深圳段准备开工，明珠湾大桥、灵新大道等市政路桥项目加快推进。

——自贸区改革创新深入推进。出台全国首个制度创新促进办法，新增92项制度创新成果，5项入选全国最新18项复制推广经验，14项入选全省第五批20项复制推广经验，“智能化地方金融风险监测防控平台”入选商务部“最佳实践案例”。全国首创商事登记确认制，企业开办和获得电力便利度全球领先。全球溯源体系在13个APEC成员贸易体系内推广，全球优品分拨中心累计进出口货值达20亿元，全球报关服务系统开展实单运营，推出智能审证、七天常态化通关等举措，贸易便利化改革走在前列。“放管服”改革深入推进，政府投资、社会投资工程项目审批时限分别压缩到70个、15个工作日内，“带设计方案”项目实现“交地即开工”。全域综合行政执法改革走在前列，全国首推5G政务应用，推出“南沙政务全球通办”，70%政务服务事项实现“零跑动”，“微警认证”应用到粤省事、粤商通等省数字政府平台，率先全面推行区块链电子发票，实现出口退税3日内办结。成为全省唯一入围首批全国法治政府示范区候选的区（县）级单位，大湾区暨“一带一路”法律服务集聚区入驻30家法律服务机构，在全国率先试点聘任港澳籍劳动人事争议仲裁员，自贸区法院获评全国优秀法院，工商联获评全国“五好”工商联，区属国企整合重组为5家集团公司。

（三）深圳前海深港现代服务业合作区

2019年，深圳前海深港现代服务业合作区注册企业增加值2 566.35亿元，增长12.6%。税收收入525.11亿元，增长18.8%。实际利用外资41.62亿美元，增长11.0%。外贸进出口总额8 721.91亿元，增长29.1%。

——深港合作持续加深。制定贯彻落实《粤港澳大湾区发展规划纲要》工作方案、三年行动计划和2019年工作要点，滚动建立重大议题库、重大活动库、重点项目库，并在香港成功举办政策推介会。成立前海推进粤港澳大湾区建设工作领导小组，推进重大项目任务。前海粤港澳大湾区研究院揭牌，着力打造粤港澳三地新型合作平台。中央广播电视总台粤港澳大湾区中心落户前海，成功举办前海合作论坛。前海深港基金小镇投入使用，前海深港设计创意产业一期开业运营，首批50家香港文化创意企业入驻园区。积极参加香港贸发局组织的“一带一路”国际合作高峰论坛、亚洲金融论坛等活动，加快推进组建大湾区共同家园发展基金。实施“深港通注册易”“深澳通注册易”，实现港澳企业注册“零跑动”。港企作为片区经济支柱的作用日益显现。全年新增港资企业1 336家；新增注册资本880亿元；实际利用港资39.49亿美元，占比88.1%。

——制度创新加快推进。研究上报《新时代全面深化前海深港现代服务业合作区改革开放方案》，积极推动前海总体发展规划修编等重点工作。制定实施对标香港、新加坡推进集成式改革创新的若干举措，在投资贸易自由便利、服务贸易自由化等5个方面，推进20项集成式改革措施。深入推进建设项目审批制度改革，社会投资项目审批时间控制在33个工作日内，全部123项审批事项中，有52项支持容缺受理，占比达42.3%。率先试点开展企业登记

"秒批"，将企业设立审批时限由1天大幅压缩至几十秒内。开通企业开办"一窗通"服务，外资企业设立办理时间进一步压缩至1个工作日，商事制度改革走在全国前列。加强跨境协作打造粤港澳大湾区"新物流"，建设离港空运服务中心，深化深港陆空联运改革、海运国际中转分拨集拼中心、全球中心仓等贸易便利化措施，推动华为等龙头企业在区内业务增长60%以上。

——产业集聚效应凸显。完善"2+3+6+N"产业政策体系，出台招商稳商系列"政策包"，推出82项具体措施。坚持招大商、招好商、招优商，推动恒大博瑞动力等33个注册资本超10亿项目落户，培育联易融、平安壹账通科技成长为新晋"独角兽"企业。加快推进产业链招商，吸引来画视频"归巢"，带动抖音、快手等短视频行业巨头向前海集聚，引入平安智慧城市板块、商汤科技、华为等行业巨头，迅速形成产业链集聚势能。全年片区新增世界500强投资企业25家，累计达348家；新增内地上市公司投资企业29家，累计达950家。

——新城建设取得新进展。坚持规划引领，加快推进20余项单元规划修编及专项规划编制，基本完成桂湾、前湾、妈湾3个片区单元规划修编。加快实施重大项目建设，前海国际会议中心顺利实现封顶，哈罗公学主体结构封顶，中国国家博物馆·深圳馆、前海城市新中心地标、前海国际金融交流中心、前海新中心城市客厅、伯克利未来音乐中心等一大批重点公共建筑加快推进。2019年，共举行4批重大项目开工仪式，集中开工38个项目，投资达506亿元。加快完善基础设施建设，沿江高速前海段下沉改造、妈湾跨海通道、月亮湾快速化改造、桂庙路二期、新城立交等"一高、三快、一立交"重点工程加快推进，临海大道、听海大道（前湾段和妈湾段）、桂湾一路、滨海大道等29条（段）约10.4千米市政主次干道和3座景观桥开通，前海累计建成59条（段）市政道路，累计通车里程约36.7千米。持续实施城市功能与环境"双提升"工程，重点打造桂湾公、紫荆二期以及前海大道、滨海大道等主干道路景观提升工程，累计覆绿面积约150万平方米。

（四）珠海横琴新区

2019 年，珠海横琴新区地区生产总值 401.24 亿元，增长 8.9%。实际利用外资 15.33 亿美元，增长 45.1%。外贸进出口总额 242.52 亿元，增长 193.0%。地方一般公共预算收入 63.95 亿元，增长 9.4%。社会消费品零售总额 19.89 亿元，增长 6.2%。

——产业合作态势良好。注册的澳门企业达到 2 232 家，澳资企业累计投资总额 188.33 亿美元。粤澳合作中医药科技产业园累计注册企业 167 家，新引进广药集团等 43 家企业入驻，实际签约入驻企业 66 家，涉及中医药、保健品等领域。粤澳合作产业园共有 28 个项目签订合作协议，24 个项目开工建设，项目投资总额约 792.7 亿元，大昌行物流中心正式开业运营。国内首创澳门企业跨境办公，拓展澳门中小企业发展空间，累计 42 家澳门企业入驻横琴，实现跨境办公。

——打造跨境科技创新平台。支持澳门大学、澳门科技大学在横琴设立产学研示范基地，引进澳门 4 所国家重点实验室在横琴设立分部。全区有高新技术企业 319 家，省级创新平台 22 个，科技企业孵化器 6 家。2019 年，全区发明专利授权量 302 件，发明专利申请量 1 509 件，PCT 专利申请量 56 件。出台进一步支持澳门青年在横琴创新创业的办法，设立澳门青年创业服务中心，横琴澳门青年创业谷累计孵化澳门创业项目 229 个，获评“国家级科技企业孵化器”。

——支持特色金融业发展。粤澳跨境金融合作（珠海）示范区挂牌成立，14 家符合条件的澳门金融企业入驻。促进澳门金融机构开展跨境金融合作，首个符合合格境外有限合伙人（QFLP）政策试点的澳门企业礼达联马股权投资基金落户横琴。获批开展 FT 自由贸易账户试点。粤澳合作发展基金完成 15 个项目投资，累计投放 141.89 亿元。横琴人寿发布首款跨境医疗保险产品，中国银行首发粤澳共享贷。

——建设世界旅游休闲中心。《横琴国际休闲旅游岛建设方案》获得国务院批复，旅游业纳入 15%企业所得税优惠目录。与澳门特别行政区旅游局签订合作备忘录，澳门旅游学院粤港澳大湾区旅游教育培训基地落户横琴。创新方狮门娱乐天地和国家地理探险家中心、新长隆剧院等一批文旅项目建成运营，大型澳资商业综合体励骏庞都广场开业，横琴游客服务中心和全域旅游地图投入使用。

——便利澳门居民内地发展有新举措。推动口岸通关便利化，新横琴口岸建设提速，在新口岸划定澳门管辖区并获得全国人大常委会法律授权，将实施“合作查验、一次放行”通关新模式。推动澳门专业人士跨境便利执业，运用特区立法权，出台《珠海经济特区横琴新区港澳建筑及相关工程咨询企业资质和专业人士执业资格认可规定》。便利澳门居民在横琴居住生活，开展常住横琴的澳门居民参加珠海基本医疗保险试点，横琴中小学与澳门学校建立友好学校、缔结姐妹学校。加强文化交流促进民心相通，携手澳门旅游局、澳门文化局成功举办庆祝澳门回归祖国 20 周年珠澳联合烟花会演。

——自贸试验区制度创新取得新成效。推进商事制度、跨境金融、知识产权等改革创新，新落地 57 项制度创新成果，“供电改革新模式”获评全国自贸试验区最佳实践案例，“跨境对澳合作模式”等 5 项创新获评广东自贸试验区四周年最佳创新案例，“零跑动政务服务模式”等 9 项改革创新经验在全省复制推广。横琴依托 V-Tax 远程可视自助办税平台实现全国直办“零跑动”。

——人才高地建设取得新突破。出台《横琴新区引进人才租房和生活补贴暂行办法》，修订《横琴新区博士后管理办法》，推进粤港澳人才合作示范区和全国人才管理改革试验区建设。新入选市高层次人才 20 名，其中含顶尖人才 1 名、市青年优秀人才 14 名，获得 2019 年省“众创杯”科技海归领航赛企业组金奖 1 家、铜奖 2 家，大学生“先落户、后就业”政策引进 3 866人。

——对外经贸合作取得新进展。全面实行准入前国民待遇加负面清单管理制度，全面落实外资准入“一口办理”模式。落实国家、省、市和区稳外贸政策。粤港澳物流园引进海仓科技、易享科技、港珠澳供应链管理公司等跨境电商企业，打造区域性国际贸易分拨中心。加强与“一带一路”沿线国家开放合作，扎实开展中拉经贸交流合作，中拉经贸合作园新引进企业17家。成功举办“2019智利企业家中国横琴行”活动，探索建立与拉美国家经贸合作平台。

（五）汕头华侨经济文化合作试验区

——基础设施建设日趋完善。完成围填海工程项目，东海岸新城项目采取一体化投资建设、土地收益共享的模式，由中国交建负责投资建设新津、新溪、塔岗围3个片区的海堤、吹填造陆等水利工程和市政干道、桥梁及地下管网配套建设，累计已投入约167亿元。共完成包括25千米百年一遇海堤、20平方千米围海造地、13千米主内河涌和7座大型闸站等水利工程建设。完成新津片区8条市政道路建设，总长约15千米。东海岸大道贯穿新津、新溪、塔岗围3个片区，总投资约44亿元，全长16千米。试验区正推进汕头大学东校区暨亚青会场馆项目、地下综合管廊、5G通信基站等重点项目建设。同时，强化规划引领管控作用，科学推进东海岸新城新溪、塔岗围片区控规修编，同步开展城市设计。

——改革创新措施逐步深化。加紧推进试验区政策争取工作。《广东省人民政府关于支持华侨经济文化合作试验区高质量发展的若干意见（建议稿）》已经省政府常务会议审议并原则同意。完善招商引资服务管理机制，着力提升项目管理服务水平以及健全督查机制，印发实施《招商引资管理办法（试行）》，制定《汕头市总部经济园区建设方案》。优化产业发展扶持政策，积极实施《关于促进华侨试验区产业发展若干措施》及实施细则，吸引、鼓励更多优秀企业和高端专业人才落户试验区，累计兑现奖励金额433万元。

——招商引资工作有序推进。2019年，试验区直管区在建固定资产投资项目42个，年计划总投资94.35亿元，实际完成投资103.15亿元。直管区存量登记注册企业599家，总注册资本426.71亿元。以靶向招商、精准招商为导向，积极开展招商引资工作。主动拜访国内知名企业和海外华侨华人及潮商协会等，组团参加第五届华人华侨产业交易会，多方位宣传推介试验区的投资环境。一批企业相继落户，全年新增注册登记企业 75 家，其中注册资本超过 5 000 万元的企业 10 家。同时，全力对接重大项目，共有约 16 个产业项目在跟踪对接，投资方向为会展中心、歌剧院等。

——特色金融发展取得明显成效。着力推进特色金融服务实体经济，加强华侨母基金规范运作，启动科创子基金项目投资，支持科创企业发展。“助企贷”融资政策有力推进，累计帮助“华侨板”59 家企业取得 2. 37 亿元贷款，合作银行推荐 48 家企业到“华侨板”挂牌。筹划开发建设“华侨试验区金融服务智库系统”，探索“互联网+大数据+金融服务”的模式。“华侨板”合计注册、挂牌企业 605 家，9 家挂牌企业实现股改和转板到“新三板”，累计实现融资超 2 亿元。已有注册基金公司和互联网小贷公司共 20 家，新引入融资租赁企业 1 家。在全市率先打造供应链管理服务平台，成功引进2 家粤港澳大湾区供应链服务企业，取得良好效应。

——聚侨引智和对外交流合作不断扩大。完善国家双创示范基地、“侨梦苑”、新侨创新创业基地等优质平台建设。谋划推进汕头华侨大数据中心建设，委托国家信息中心编制完成华侨大数据中心专项规划。扎实推进中欧区域政策合作，加强与欧盟结对地区的交流与合作。多措并举优化人才服务环境，发挥试验区人才大厦示范引领作用，加大人才驿站柔性引才力度，积极举办形式多样的创新沙龙和人才招聘培训活动。出台实施 3 项引才聚才优惠措施，吸引港澳台、海外华侨华人和海内外高层次人才创新技术和创业项目落地试验区。

二、海洋经济综合试验区建设

广东省按照党中央、国务院加快建设海洋强国的战略部署，根据 2011 年国务院批复《广东海洋经济综合试验区发展规划》要求，将海洋作为高质量发展的战略要地，大力发展海洋经济，扎实推动海洋强省建设，海洋经济综合试验区建设取得显著成效。2019 年，广东省海洋生产总值超 2.1 万亿元，增长 9.0%，连续 25 年居全国首位。全省海洋生产总值占地区生产总值的比重为 19.6%，占全国海洋生产总值的比重为 23.6%。

——海洋产业竞争力显著增强。海洋经济空间布局不断优化，依托广州南沙、深圳前海、珠海横琴三大平台建设，有序推进湛江、深圳海洋经济创新发展示范市建设，加快汕头华侨试验区、中山翠亨新区等重点区域建设，打造广州南沙科技兴海产业示范基地、珠海高栏港经济区、深汕特别合作区等省级现代海洋产业集聚区。传统优势产业得到夯实提升，以广州、深圳、珠海、湛江等主要港口为依托，向世界级港口群和国际物流中心的目标迈进；海洋渔业加快转型升级，深海网箱养殖与远洋渔业成为新增长点；海洋船舶工业产品结构优化升级，广船龙穴造船基地已形成百亿以上海洋产业集群；临海产业集聚集约发展，推进德国巴斯夫、埃克森美孚、中委广东石化炼油项目建设。滨海高端旅游新业态持续发展。海洋新兴产业加速发展，省海洋经济发展专项资金重点支持海洋电子信息、海上风电、海工装备、海洋生物等产业关键领域和技术，169 个项目稳步推进。天然气水合物勘查开采技术攻关持续推进，在南海北部新区实现重大突破，钻获实物样品。海洋高端装备制造、海上风电等千亿级海洋新兴产业集群初具雏形。

——海洋科技创新能力不断增强。广东省共建成涉海涉渔科研机构 24 个，广州、珠海、湛江三地启动南方海洋科学与工程广东省实验室建设，形成以企业为主体，产学研紧密结合的海洋科技创新体系。广州、湛江加快推进国家海洋高技术产业基地试点，深圳、湛江国家级海洋经济示范区建设稳步推进。依托广东海洋创新联盟，搭建了 50 多家联盟成员单位，共享 150 多项涉及软件平台、科考船、实验室等科研资源库，建立广东海洋创新联盟专家智库，启动首次海上联合科学考察。国家支持广东海洋经济创新发展区域示范专项，带动超过 40 亿元社会资本投入海洋科技创新领域，有 52 项创新成果得到转化应用。海洋新型酶类和新型生物功能制品等一大批海洋高技术领域填补了新产品、新技术、新工艺等国内空白，海工装备领域超深水半潜式钻井平台等创新实用型产品问世。

——海洋生态文明建设加速推进。广东省建成国家海洋生态文明建设示范区 5 个、国家级海洋公园 6 个、海洋类型保护区 50 个，面积 3 389 平方千米，保护区数量、面积居全国前列。出台《广东省加强滨海湿地保护严格管控围填海实施方案》，严控新增围填海行为。历史遗留围填海处置取得突破性进展，已完成处置图斑总面积 5 600 公顷，完成总任务量的 56%，处置率全国第一。加大海洋生态修复力度，组织编制《广东省美丽海湾建设总体规划（2019—2035 年）》《粤港澳大湾区海洋生态修复项目库》，省财政连续 3 年每年投入 2. 5 亿元开展海岸线生态修复与重点海湾整治，美丽海湾建设、“蓝色海湾”行动全面实施并取得实效，修复红树林 1. 79 万亩，不断提升海洋综合承载力和整体功能。

——现代海洋综合管理体系基本形成。在全国率先出台《广东省海岸带综合保护与利用总体规划》，推动《广东省沿海经济带综合发展规划（2017—2030 年）》落实落细。出台《广东省自然资源厅关于无居民海岛使用权市场化出让办法（试行）》，在全国率先推进无居民海岛使用权市场化出让。实施海岸线占补平衡制度，探索推动海岸线使用指标交易试点。制定《广东省海域使用金征收使用管理办法》和《广东省海域使用金征收标准》，加强海域使用金征收使用管理。加强海洋经济发展重大项目建设服务保障，积极盘活用好存量建设用地用海，统筹用地用海用林规模和指标，有力支持湛江巴斯夫、揭阳中委广东石化炼化、惠州埃克森美孚等一批重大项目的建设。积极探索海砂采矿权和海域使用权“两权合一”出让，保障深圳、香港机场三跑道、深中通道等重大项目的用砂需求。省财政连续 3 年每年下达 2 亿元的海岸带保护与利用综合示范区建设专项资金，加快湛江海东新区、东莞滨海湾新区、汕头华侨试验区 3 个第一批示范区建设，启动深圳等 8 个第二、三批示范区。强化海洋防灾减灾能力建设，率先在全国打造了“海陆空”三位一体的海洋观测网，累计建成各类地方海洋观测站点 27 个，海洋卫星数据应用中心1 个，布设 35 个警戒潮位标志物，沿海城市海洋灾害观测体系逐步健全。

三、县域经济发展

（一）总体情况

2019年，广东省有57个县（市），分布在15个地级市，其中珠三角地区的惠州、江门、肇庆3市有12个，粤东西北12市有45个（粤东地区8个、粤西地区10个、粤北地区27个）。全省县域面积13.22万平方千米，占全省的73.6%。

——经济实力。2019年，广东省县域地区生产总值13 489.70亿元，占全省的12.5%；人均地区生产总值35 388元，仅相当于全省平均水平的37.6%。具体来看，地区生产总值超过500亿元的县（市）有6个，分别为惠东县、博罗县、高州市、化州市、四会市、普宁市，其中最高的县（市）为高州市，达631.89亿元；地区生产总值增速高于全省平均水平的县（市）有19个，最快的是新丰县，达8.5%。人均地区生产总值超过50 000元的县（市）有7个，分别为惠东县、博罗县、龙门县、开平市、鹤山市、四会市、新兴县，其中最高的是四会市，达98 423元；人均地区生产总值增速高于全省平均水平的县（市）有32个，最快的是东源县，达12.0%。

——产业发展。2019年，广东省县域三次产业结构为20.4∶31.9∶47.7。具体来看，第一产业占比高于全省县域平均水平的县（市）有32个，其中占比最高的县（市）为徐闻县，达50.5%；第二产业占比高于全省县域平均水平的县（市）有25个，其中占比最高的县（市）为四会市，达54.3%；第三产业占比高于全省县域平均水平的县（市）有31个，其中占比最高的县（市）为乐昌市，达62.0%。

——财政收支。2019年，全省57个县地方一般公共预算收入611.47亿元，增长4.2%，占全省的4.8%；地方一般公共预算支出2 888.79亿元，增长10.0%，占全省的16.7%。具体来看，地方一般公共预算收入最高的县（市）为博罗县，达46.72亿元；地方一般公共预算收入增速最快的县（市）为连南县，达20.1%。地方一般公共预算支出最高的县（市）为博罗县，达94.55亿元；地方一般公共预算支出增速最快的县（市）为连山县，达31.2%。

表31　2019年广东省各县（市）主要经济指标

县（市）	地区生产总值		人均地区生产总值		地方一般公共预算收入		地方一般公共预算支出	
	绝对数（亿元）	增长（%）	绝对数（元）	增长（%）	绝对数（万元）	增长（%）	绝对数（万元）	增长（%）
南澳县	29.33	5.8	46 889	5.6	26 626	1.8	145 260	15.3
乐昌市	116.95	7.1	27 796	6.5	71 338	10.7	430 454	18.4
南雄市	113.84	7.5	33 641	6.9	56 319	10.5	383 842	2.7
仁化县	94.34	3.3	44 045	1.9	65 559	10.3	283 245	12.7
始兴县	77.51	5.5	35 409	4.7	47 940	9.4	246 478	9.1
翁源县	98.79	6.5	27 615	4.2	60 827	19.4	341 253	6.1
新丰县	68.98	8.5	31 518	8.2	42 385	15.8	280 451	18.7
乳源县	94.73	6.5	49 858	5.6	69 132	10.3	309 095	10.7
东源县	132.56	5.8	33 462	12.0	102 210	6.8	503 912	4.9
和平县	126.65	5.0	30 793	2.7	67 578	8.7	490 340	10.5
龙川县	162.16	6.5	23 027	8.9	78 429	8.0	727 616	14.5
紫金县	145.84	4.1	20 935	2.4	78 965	5.5	487 536	11.3
连平县	83.48	7.4	23 014	5.7	69 435	3.3	432 564	23.7

（续上表）

县（市）	地区生产总值		人均地区生产总值		地方一般公共预算收入		地方一般公共预算支出	
	绝对数（亿元）	增长（%）	绝对数（元）	增长（%）	绝对数（万元）	增长（%）	绝对数（万元）	增长（%）
兴宁市	174.88	3.2	17 604	3.1	102 161	1.1	689 216	11.1
平远县	77.92	1.3	33 128	1.3	60 038	-21.0	285 572	-16.4
蕉岭县	94.76	4.1	44 814	4.0	60 200	-27.9	286 872	-8.7
大埔县	89.16	5.1	23 098	4.8	70 422	-14.9	459 528	12.4
丰顺县	108.08	1.8	21 830	1.7	70 560	-14.2	519 867	-6.7
五华县	155.67	3.4	14 253	3.3	100 393	11.3	802 939	6.0
惠东县	626.28	7.0	66 615	6.5	317 644	-8.6	931 369	29.3
博罗县	579.86	4.8	54 021	4.6	467 219	4.3	945 530	11.2
龙门县	166.41	3.0	52 693	2.8	126 033	16.3	426 371	21.7
陆丰市	347.12	7.0	24 170	6.4	80 255	8.1	881 565	8.8
海丰县	338.32	7.0	44 494	6.3	96 412	12.6	694 935	12.2
陆河县	85.67	3.2	29 153	2.5	35 568	3.4	348 741	20.5
台山市	452.24	5.0	47 422	4.9	316 522	8.2	697 277	11.9
开平市	382.48	0.5	53 375	0.0	279 547	6.7	514 066	30.5
鹤山市	361.94	6.5	70 416	5.6	321 696	6.8	428 352	3.0
恩平市	186.91	4.9	36 761	4.4	120 947	6.1	364 558	20.8
阳春市	326.10	7.0	36 456	6.4	139 408	13.4	694 292	12.7
阳西县	188.14	3.0	39 541	2.4	79 105	6.3	373 538	12.9
雷州市	324.13	3.0	21 644	2.6	58 747	6.5	709 138	-0.7
廉江市	493.55	2.1	32 636	1.7	128 233	6.1	893 025	14.8
吴川市	272.08	5.0	27 927	4.6	100 838	19.4	508 736	5.7
遂溪县	375.59	6.3	40 349	5.9	80 205	8.3	499 561	6.7

（续上表）

县（市）	地区生产总值		人均地区生产总值		地方一般公共预算收入		地方一般公共预算支出	
	绝对数（亿元）	增长（%）	绝对数（元）	增长（%）	绝对数（万元）	增长（%）	绝对数（万元）	增长（%）
徐闻县	189.93	5.6	25 971	5.2	53 984	9.0	407 188	3.0
信宜市	482.97	5.1	47 385	3.7	110 890	3.4	697 783	10.3
高州市	631.89	4.8	44 449	3.2	177 734	1.1	800 429	10.1
化州市	551.76	4.3	42 158	2.7	129 536	7.3	765 594	9.9
四会市	587.98	7.9	98 423	6.5	167 919	8.4	336 737	-6.5
广宁县	159.94	6.4	35 861	5.8	53 992	7.5	314 105	1.5
德庆县	150.17	7.4	41 736	6.7	45 647	7.5	289 369	2.3
封开县	150.57	4.6	36 008	4.0	53 066	6.6	355 899	23.8
怀集县	230.53	6.5	26 939	5.8	62 875	7.9	512 681	7.3
英德市	326.83	6.0	33 077	5.6	207 245	14.6	740 993	3.8
连州市	155.48	6.0	40 357	5.6	71 753	6.1	403 119	1.9
佛冈县	126.96	6.1	39 963	5.8	99 597	4.5	358 316	22.2
阳山县	115.30	5.1	30 826	4.6	47 965	2.5	330 955	12.0
连山县	34.19	7.3	36 008	7.0	11 921	12.3	176 338	31.2
连南县	53.46	3.0	39 496	2.6	15 542	20.1	180 667	9.0
饶平县	269.41	5.6	30 686	5.3	83 001	1.9	613 484	11.1
普宁市	629.29	2.8	29 674	2.6	213 610	-9.7	935 319	15.1
揭西县	231.76	3.7	27 031	3.7	47 043	-10.6	497 382	3.2
惠来县	244.27	2.1	21 400	2.0	46 279	-4.0	592 369	12.9
罗定市	260.18	6.2	26 351	5.4	134 069	7.1	700 199	15.5
新兴县	237.17	6.6	51 568	5.9	184 585	4.8	545 841	3.8
郁南县	117.19	5.2	28 072	4.4	47 509	6.5	316 087	8.8

（二）省级财政促进县域经济社会发展情况

2019 年，省财政厅严格落实省委、省政府“1+1+9”工作部署以及关于构建“一核一带一区”区域发展新格局的决策部署，从体制机制入手，深化预算改革，积极完善省以下财政体制和基本公共服务均等化推进机制，实施差异化的财政支持政策，确保县域财政运行总体平稳。2019 年，广东省对县级税收返还和转移支付共计 3 637 亿元，其中，对 57 个县（市）补助 2 024 亿元，占地方一般公共预算支出比重达 70.1%。全省县域财力水平稳步提升，区域财力差距有效缩小。2019 年全省 57 个县（市）人均财力增长 10.3%，高于全省平均增幅 5.3 百分点；57 个县（市）人均地方一般公共预算支出增长 10.0%，高于全省平均增幅 1.6 百分点。

——完善省级转移支付体制，县级保基本能力显著增强。出台均衡性转移支付制度，缩小全省县级财力差距。政策范围扩大至86 个县（市、区），突破性地将欠发达地区 22 个市辖区及珠三角地区 6 个困难县区纳入保障。2019 年，安排资金 442 亿元，增长 15.7%。完善县级基本财力保障机制，兜牢困难县区“三保”底线。支持县级提高“三保”保障水平，奖励地级市改善县级财力均衡度。完善生态保护区财政补偿转移支付制度，增强生态区县级财力水平。2019 年，财政补偿转移支付安排 67 亿元，增长 20%。制定老区苏区和民族地区财政支持政策，有效提升老少地区县级财力水平。将重点老区苏区和民族县专项财力补助提升至每年每县 4 000 万元，新增安排其他老区专项财力补助每年每县 1 000 万元。完善县级“三保”机制，兜牢县级“三保”底线。健全完善县级“三保”预算编制审核、执行监控、应急处置和库款保障“四大”机制，实现“三保”全流程管理。

——完善基本公共服务均等化推进机制，县级社会事业发展水平不断提升。一是深化省以下财政事权和支出责任划分改革，减轻县级支出负担。将城乡居民基本医疗保险等 7 项财政事权调整为统一分类分档，对第一档“老少边穷”和第二档北部生态发展区、东西两翼沿海经济带的县级补助比例分别提高至 100%、85%，增加约 10%，切实减轻欠发达地区县级负担。二是大力推动基本公共服务各领域财政改革，补齐县级社会事业短板。促进教育优先发展和质量提升，省财政投入 264.7 亿元；强化社会保障体系建设，安排底线民生保障资金 264.45 亿元；加强医疗卫生体系建设，投入 78.27 亿元，推进 47 家中心卫生院和 190 家县级公立医院升级建设。三是统一基本公共服务保障标准，确保县级财力可承受。出台《广东省完善基本公共服务均等化推进机制的实施方案》，提出推进基本公共服务标准化、实施基本公共服务均等化重点工程等具体要求。四是强力保障支出需求，提升县级公共服务水平。2019 年，全省民生类支出 12 074 亿元，其中，投入公共安全、公共教育、公共卫生等 10 个基本公共服务领域的支出达到 9 829 亿元，增长 9.4%。

——加强对重点和薄弱环节的支持，县域内生发展动力稳步增强。一是全力支持大湾区县级高质量发展。用好用足财政部推进粤港澳大湾区建设若干财政政策，出台广东省贯彻实施财政政策，对大湾区的所有县（市）实现全覆盖。二是推动产业共建，增强县级产业发展动力。2018—2020 年省财政安排资金 20.68 亿元支持产业共建，对转移落户省产业转移工业园的优质企业项目给予奖补，促进珠三角产业向东西两翼沿海经济带和北部生态发展区高质量转移。三是有效发挥债券资金作用，保障县级重点项目建设需求。2019 年，安排 57 个县（市）新增债券额度 310 亿元，有效保障县级项目建设需求。四是坚持打好三大攻坚战，支持县级完成重点工作任务。大力支持脱贫攻坚，省财政统筹 76 亿元支持实施增收脱贫工程及兜底保障工程，全省累计近 160 万相对贫困人口实现脱贫。积极支持污染防治，省财政落实打好污染防治攻坚战相关资金 298 亿元，推动广东省重点流域整治等工作全面提速。五是坚持实施乡村振兴战略，筑牢县级发展基础。大力支持乡村振兴建设，推进“一村一品、一镇一业”项目建设，2019 年起连续 3 年共支持欠发达地区 3 000 个示范村发展特色效益产业、200 个镇打造农业特色专业镇。

——深化财政管理改革，县级财政管理水平有效提升。一是推动预算执行监督管理改革在县级全面铺开，有效调动县级理财积极性。聚焦优化部门职责配置，精简财政审批事项，转变财政管理重心，提高资金使用效益等，“一盘棋”推动预算编制执行监督管理改革在市县全面铺开，提升县级各方管财理财的积极性、科学性和规范性。二是建立厅长联系基层工作制度，密切与县级财政联系。建立厅长直接与部分县（市、区）财政部门对口联系的工作制度，精挑细选首批21个联系点，“小切口”打造与基层联系“直通车”。三是完善县级财政管理绩效综合评价制度，有效提高县级财政管理水平。建立省市县齐抓共管工作机制，落实市县财政“一把手”负责制，健全广东省县级财政管理绩效评价办法，实施转移支付资金与财政管理水平挂钩，推动财政管理水平再上新台阶。

四、产业园区扩能增效

2019年，广东省按照省委、省政府关于构建“一核一带一区”区域发展新格局的战略部署，加快推动省产业转移工业园提质增效，取得积极成效。2019年，93个省产业转移工业园产值、规模以上工业增加值分别增长9.0%、9.1%；园区规模以上工业增加值占粤东西北地区比重达33.7%，比上年提高2.5%。

——园区布局和规划建设不断完善。调整新增广州增城（梅江）产业转移工业园、恩平产业转移工业园、台山产业转移工业园等园区，省产业转移工业园数量达到93个，除受条件限制明确不建园区的清远连山、连南、阳山和汕头南澳4个县外，实现全省县域全覆盖。其中，粤东粤西园区多靠近港口，向海发展特征较为明显，可为沿海经济带建设提供有力支撑。粤北园区选址基本可以避开环境敏感区域，处于环境容量较大、适宜发展工业的地区，可作为生态发展区“点上开发”的主要平台。统筹各方资源力量加快园区基础配套建设，园内道路、水电、信息化、环保等基础设施不断完善，企业孵化、金融物流、检验检测以及教育、医疗、文化娱乐等平台建设加快推进，整体具备大规模承接企业入驻的条件。

——园区产业发展水平逐步上升。粤东西北地区产业进园逐步形成共识。截至2019年年底，省产业转移工业园入园企业7 000多家，其中，投产企业5 000多家，规模以上工业企业3 000多家，年产值超10亿元企业139家。2019年，形成年产值500亿元以上园区5个，100亿元以上园区27个。随着园区产业集聚度不断提高，已形成年产值100亿元以上产业集群15个，50亿~100亿元产业集群19个。其中，湛江产业转移工业园依托宝钢湛江基地、中科炼化、巴斯夫等重大龙头项目带动发展千亿级钢铁石化产业集群；深圳（河源）产业转移工业园依托中兴、西可、美晨、中光电等电子信息龙头企业带动发展千亿级电子信息产业集群；佛山（云浮）产业转移工业园依托国鸿氢能、飞驰客车等龙头企业带动发展氢能源汽车产业，初步形成国内氢能源汽车生产基地。

——园区产业转移和共建取得阶段成效。珠三角帮扶市在管理、人才、资金、项目等方面不断加大帮扶力度，会同被帮扶双方推动亿元以上工业项目落地建设，超额完成160个亿元以上项目落户共建园区的年度目标任务。落实省产业共建财政扶持政策，安排省财政资金奖补落户园区的优质产业共建企业项目，支持园区招商引资。随着产业转移和产业共建工作的持续深化，珠三角产业向外围地区转移拓展已然成势，并成为省产业转移工业园企业的重要来源。截至2019年年底，入园企业中来源于珠三角核心六市的企业占比约为40%。其中，河源、肇庆、惠州三市园区中来自珠三角企业数量占比均超过60%。以省产业转移工业园为承接载体，部分珠三角产业加快向外转移扩张，先发地区与后发地区的产业互动不断增强。河源、梅州、汕尾等地融入珠江东岸电子信息产业带，阳江、清远、韶关、云浮等地融入珠江西岸先进装备制造产业带，环珠三角区域逐步嵌入珠三角产业分工体系，珠三角与粤东西北产业一体化水平显著提升。

五、扶贫开发工作

2019年，广东各级党委、政府认真落实党中央、国务院脱贫攻坚决策部署，把脱贫攻坚作为重大政治任务和第一民生工程，聚焦总攻目标和现行标准，聚焦重点贫困地区和特殊困难群体，聚焦“两不愁三保障”突出问题，聚焦稳定脱贫和防止返贫，进一步加大责任落实、政策落实和工作落实力度，强化精准施策，创新帮扶举措，深化改革探索。截至2019年年底，全省有劳动能力相对贫困户年人均可支配收入达到14 331元，累计近160万相对贫困人口实现脱贫，94%的相对贫困村达到出列标准，东西部扶贫协作累计协助被帮扶四省（区）近379.2万人脱贫。

——开发式扶贫取得显著成效。完善产业扶贫带贫益贫机制，把建设现代农业产业园、“一村一品、一镇一业”作为广东省发展富民兴村产业、打赢脱贫攻坚战的重要抓手，连片打造特色优势扶贫产业，提升区域产业辐射带动力和可持续发展能力。2019年，全省实施产业扶贫项目29.5万个，产业项目收益10.8亿元，带动在家有劳动能力相对贫困户16.9万户、62.8万人，培育创业致富带头人5 042名，带动贫困户约3万户增收脱贫。提升就业扶贫稳定性，深入实施人力资源社会保障精准扶贫“1+4”行动，制定完善就业补贴公益性岗位管理办法、提高省就业扶贫组织化程度等一系列惠民配套政策。2019年，全省有劳动能力建档立卡贫困人口总计51.4万人，实际转移就业40.14万人，稳定就业6个月以上23.4万人，稳定率为58.3%。扎实开展消费扶贫，建立广东东西部扶贫协作产品交易市场，打造东西部扶贫协作“升级版”和消费扶贫“快车道”。认定粤港澳大湾区“菜篮子”生产基地517个，通过龙头企业带销、电子商务营销、展会活动展销等方式，广泛动员社会力量参与消费扶贫，全年采购销售省内及对口扶贫地区产品984亿元。

——加快补齐“三保障”短板。组织开展“三保障”落实情况“回头看”，将建档立卡本科生和研究生纳入补助范围，补助建档立卡学生共 29.5 万人，发放免学费和生活费补助资金 10.8 亿元，选派 400 多名优秀教师赴边远贫困地区、民族地区和革命老区支教。贫困户基本医疗保险提高到 220 元，基本医疗救助比例提高到 80%以上，大病专项救治工作扎实推进，一站式结算基本实现，重点医疗救助对象“二次救助”扎实推进，因病致贫返贫保障体系全面建立。农村最低生活保障标准提至每人每年 5 808 元，农村特困人员年人均基本生活标准提至 13 189 元，符合城乡居民养老保险参保条件的贫困人员基本上实现应保尽保。符合城乡居民养老保险参保条件的贫困人员已参保 120 万人，基础养老金提标到每人每月 170 元，基本实现应保尽保。

——脱贫攻坚与乡村振兴衔接更加紧密。推动乡村振兴各项政策优先在贫困地区落实，加快贫困村创建新农村示范村工作步伐，贫困村“后队变前队”目标基本实现。全面开展农村人居环境综合整治，倾斜支持重点老区苏区、民族地区 27 个县用地指标共 8 100 亩，贫困村行政村村庄规划、人居环境综合整治完成率达 100%，生活垃圾得到有效处理的行政村达到 95%以上，20 户以上自然村雨污分流、污水处理设施覆盖率分别达到 65.7%、48.2%。全面补齐贫困地区基础设施短板，省定贫困村 200 人以上自然村路面硬化任务全面完成，自然村村道硬底化 1 654 千米全面完工，贫困行政村、自然村集中供水率分别达 95%、90%以上。基本公共服务水平进一步提升，贫困村公共服务站、标准化卫生站、通快递物流覆盖率分别达 99.8%、98.5%、80.2%，2 277 个省定贫困村全部连通 100M 以上光纤，并建立 4K 电视体验点，全省 14.2 万个 20 户以上自然村光网覆盖率达 95.4%、4G 网络覆盖率达 97.3%以上，农村基础设施显著改善。

——防止返贫长效机制初步建立。严把贫困退出关，按照设定时间表、留出缓冲期、严格评估、逐户销号的要求，坚持“两不愁三保障一相当”，制定实施相对贫困人口和相对贫困村退出机制。建立健全返贫监测预警体系，充分利用扶贫大数据系统，加强建档立卡动态管理，及时准确掌握已脱贫人口脱贫的稳定性，加强对边缘人口的监测预警，对返贫人口和新发生贫困人口及时提供帮助。2019 年，全省新纳入因灾致贫贫困人口 0.36 万户，共

0.78万人。着力激发贫困户内生动力，深入实施扶贫扶志强动力攻坚行动，大力推广以奖代补、以工代赈等帮扶做法，完善产业扶贫、就业扶贫的奖补措施。各地开展多种形式的新型职业农民培训、致富带头人培训、农业特色种养技术培训，惠及贫困群众近45万人。稳步推进扶贫小额信贷，2019年，全省累计发放扶贫小额贷款62 243笔，总额18.7亿元，分别增长57.4%、72.7%；共贴息8 184.1万元，贷款余额13.9亿元，惠及贫困户6.2万户。

——高质量推进东西部扶贫协作协议落地实施。2019年，全省向桂、川、黔、滇四省区提供财政援助资金50.93亿元；选派351名党政干部、4 278名专业技术人才到被帮扶地区开展工作；接收527名党政干部到广东挂职交流，接收3 768名专业技术人才到广东学习交流；转移13.66万建档立卡贫困人口到广东省就业，帮助24.93万建档立卡贫困人口实现就地就近就业；83个县（市、区、镇）与93个贫困县开展携手奔小康行动；引导491家企业到扶贫协作地区投资兴业，实际投资额212.01亿元，带动脱贫人数44.85万人，社会帮扶资金达31.47亿元。通过政银企三方对接，推动国开行广东省分行落地东西部扶贫协作融资项目11个，金额20.60亿元，走出金融扶贫新路子。

六、粤港澳台合作

（一）粤港澳合作

——合作机制聚力推进大湾区建设。召开粤港合作联席会议第二十一次会议、2019年粤澳合作联席会议，将落实《粤港澳大湾区发展规划纲要》、推进粤港澳大湾区建设作为主题，签署系列合作协议。出台实施粤港、粤澳合作框架协议年度重点工作，分别推出粤港74项、粤澳72项合作举措，涉及现代服务业、跨境基础设施、科技创新、重点合作平台、社会民生合作等方面，推进落实三地民众关注度高、受益面广、影响力大的相关政策措施，同时针对香港、澳门的不同特点与需求，量身打造针对性举措。达成一批重要合作成果，粤港合作联席会议对首批 10 个粤港青年创新创业基地进行了授牌，会后港方对媒体公布了《实施〈粤港合作框架协议〉2019 年重点工作》等 9 项成果。在粤澳合作联席会议上，粤澳双方单位签署了《关于促进横琴支持澳门经济适度多元发展　加快建设大湾区澳珠极点的合作备忘录》等 8 项合作协议。

——国际科技创新中心扎实推进。深入推进科技体制机制改革，广东省政府出台“科技创新 12 条”，着力构建更加灵活高效的粤港澳科技合作机制。在推进创新人才高地建设、加快建设省实验室和新型研发机构等方面，提出一系列具有改革性、开放性、普惠性的政策措施。深入开展科技交流与创新合作，实施粤港、粤澳科技创新联合资助计划。省科技厅与澳门科学技术发展基金签署《关于开展联合资助两地合作研发项目的工作计划》，澳门方面将连续 5 年每年投入约 1 600 万元支持该计划。支持港澳参与省实验室和重大创新基础设施，建成的 10 家广东省实验室中，共有 8 家香港科研机构、36 位香港科学家、5 位澳门科学家深度参加。推动创新要素流动和资源共享，向港澳开放广东省重大科技基础设施。建立国家超算广州中心南沙分中心、珠海分中心，分别开通与香港科技园和澳门间的网络专线，服务港澳地区用户近 200 家。

——粤港澳合作重大平台建设取得新进展。前海深港现代服务业合作区建设提速。发布《关于支持港澳青年在前海发展的若干措施》及实施细则，每年提供2 亿元支持港澳青年在前海创业发展。广州南沙粤港澳全面合作示范区建设稳步推进，编制《广州南沙粤港产业深度合作区总体规划》，已完成起步区用地报批及征地拆迁工作。珠海横琴新区开发建设取得新成果，《香港、澳门导游及领队在珠海市横琴新区执业实施方案（试行）》等一批惠港澳政策正式出台，为港澳企业和居民到横琴发展提供政策扶持，更有力地支持港澳经济适度多元发展。河套深港科技创新合作区建设有序推进，合作区“1+N”规划体系基本成型。

——粤港澳服务贸易自由化实现新突破。扩大对港澳服务业开放，支持符合条件的港澳银行、保险机构在广东设立经营机构，港资银行营业性机构在广东所有地级以上市实现全覆盖。拓宽港澳服务业人才来粤发展空间，在法律服务领域，共有50名香港律师、13名澳门律师派驻或受聘到合伙联营律师所执业，15名香港律师先后受聘到广东省内相关律师事务所担任法律顾问；在工程建筑领域，香港1 630名专业人士通过互认取得内地注册执业资格；在旅游服务领域，近2 000名港澳导游及领队报名申请执业岗前培训及招生；在仲裁领域，7名港澳籍人士获聘为全国首批港澳籍仲裁员。粤港澳跨境金融合作不断巩固和深化，跨境人民币业务快速发展，广东与港澳之间跨境人民币结算累计达14.72万亿元，人民币已成为粤港跨境收支第二大结算货币。推进服务贸易对外付汇税务备案电子化试点，便利企业办理税务备案业务。跨境金融服务体系不断创新，率先开展粤港电子支票联合结算、粤澳同城清算系统对接等跨境服务。

——粤港澳经贸合作基础更加坚实。建立高层次的大湾区联合推介和招商机制，广东省携手港澳联合推介粤港澳大湾区投资营商环境，在泰国、日本、美国等国家组织多场高层次推介和招商活动，促成一批高质量合作项目，取得良好成效。联手参与“一带一路”建设，支持大湾区企业联手“走出去”。推进高水平开放合作会展平台建设，成功举办第十一届中国加工贸易产品博览会、粤澳名优商品展、粤澳跨境电商交流会等，吸引“一带一路”展商进驻，为三地企业对接交流搭建平台，更好地对接大湾区与“一带一路”市场商机。口岸通关便利化水平进一步提高，经国务院批准同意澳门莲花口岸整体搬迁至横琴，实施“合作查验、一次放行”便利通关模式，皇岗口岸原址重建改造方案正式启动。

（二）粤台合作

——粤台贸易稳中向好。2019年，广东省克服中美经贸摩擦的影响，粤台贸易总额约721亿美元。其中，对台出口约86亿美元；自台进口约635亿美元；广东对台贸易逆差约549亿美元。

——台商投资持续增加。2019 年，广东省新增台资企业 851 家，原有台资企业增资扩产 216 家，新增合同台资（含增资）约 16 亿美元，实际到位约 11 亿美元。全省累计引进台资企业约 29 500 家，合同台资（含增资）累计约 868 亿美元，实际使用台资（含增资）累计约 684 亿美元。新增台湾居民个体工商户 196 家，累计 2 070 家；新增注册资金 1 500 多万元，累计达到 1.4 亿元。

——台企转型步伐加快。一批台企通过中博会、高交会、台博会等平台积极开拓内销市场，其中，广州、东莞两场台博会共达成约 25 亿元意向交易额。超过 140 位台商、台湾青年参加“电子商务与创新管理研修班（台商班）”“新生代研修班”等培训活动，台企经营管理能力持续提升。“响应一体化，投资东西北”主题活动得到台商积极响应，多次组团前往揭阳等粤东西北地区考察投资环境。

——促进台湾青年实习就业创业。2019 年，广州“粤港澳大湾区青年职业发展 5A 行动”、珠海《关于实施“珠海英才计划”加快集聚新时代创新创业人才的若干措施（试行）》、惠州仲恺高新区“恺旋人才卡”优惠待遇“一卡通”服务等，均把台湾青年纳入政策支持范围。截至 2019 年年底，全省新增台湾青年实习就业创业约 1 500 人。

——粤台农业融合发展。2019 年，经省政府批准设立广东省（汕尾）粤台农业合作试验区，广东省涉台农业园区已达 9 家。其中，在农业农村部 2019 年台湾农民创业园发展建设第三方评价中，梅州梅江台创园、珠海金湾台创园被评为“优秀”，汕头潮南台创园被评为“良好”。全省新增台农企业 27 家，新增合同台资（含增资）约 1 500 万美元，新增台资实际到位（含增资）约 1 200 万美元。截至 2019 年年底，广东省台农企业累计1 008家，合同台资累计约 20 亿美元，实际到位台资约 15 亿美元，其中，投资额超过 100 万美元以上的农业企业 219 家。

——粤台金融深化合作。2019 年，台湾工业银行在广东省设立台骏国际租赁有限公司佛山分公司，台湾中国信托银行深圳分行、台湾富邦华一银行广州分行正式开业。截至 2019 年年底，台湾金融机构在粤设立分支机构达到 44 家，其中，银行 14 家，基金、证券、保险公司 8 家，融资租赁公司 22 家。

七、泛珠三角合作

——聚力粤港澳大湾区建设。提升与港澳合作水平，充分发挥粤港、粤澳高层会晤、联席会议、联络办主任会议等合作机制，强化基础设施、产业投资、商务贸易、科技教育、文化旅游、环境保护等领域的交流合作。深入推进粤港澳服务贸易自由化，配合商务部做好大湾区服务贸易全面自由化调研。构建粤港澳大湾区联合推介和招商机制，携手港澳在泰国、日本、美国等国家组织多场高层次粤港澳大湾区推介和招商活动，提升粤港澳大湾区国际知名度和世界影响力。构建湾区内区域协同创新体系，着力推动深圳河套建设深港科技创新合作区、珠海横琴建设粤澳深度合作示范区，加快打造广深港科技创新走廊、广珠澳科技创新走廊。便利港澳居民来粤工作和生活，印发《关于推进粤港澳大湾区职称评价和职业资格认可的实施方案》，拓宽港澳专业人士在粤执业范围。出台《关于进一步完善我省港澳台居民养老保险措施的意见》，明确港澳人员在粤参加养老保险办理事项，维护港澳居民参保权益。

——推动基础设施建设。加快推进赣深高铁广东段建设，全力推动龙岩至龙川铁路梅州至龙川段开工建设，加快推进合浦至湛江、汕头至漳州、深圳至南宁、湛江至海口、罗定至岑溪等铁路项目前期工作。抓紧推进龙川至寻乌（省界）高速公路前期工作，加快推进玉林（省界）至湛江、云浮罗定至茂名信宜、广州从化至清远连州高速公路建设。推动广州港与赣州国际陆港共建“赣广组合港”。加快广州白云国际机场三期扩建，推动深圳机场三跑道扩建项目全面开工建设。对澳门第四条供水管道工程正式通水，平岗—广昌原水供应保障工程加快推进。深圳莲塘口岸通过对外开放验收；珠海青茂口岸内地方联检楼塔楼主体结构和澳方查验综合楼已封顶；新横琴口岸旅检区基础设施建设和查验大厅室内外装修已完成。

——加强产业协作发展。分层次打造高水平制造业创新平台，围绕新一代信息技术、高端装备、新材料等战略性新兴产业，布局建设20家省级制造业创新中心，成功创建2家国家制造业创新中心。完善企业技术创新体系，加快培育企业技术中心和示范企业，支持企业开展创新能力建设。建设公共技术服务平台，助力企业提高创新效率。积极创建国家级工业互联网先导示范区，引入港澳及国内外工业互联网领域创新资源，加快培育具备国际竞争力的工业互联网平台商、服务商，在研发管理协同、生产设备状态监控、智能排单调度等领域提供超过400项应用服务，累计支持和带动超过6 000家工业企业“上云上平台”，进一步降本提质增效。深化泛珠区域文化产业合作，依托“144小时便利签证”措施，共同设计推出多条粤港澳大湾区“一程多站”旅游线路，合力打造“一程多站”区域旅游品牌。开展粤港澳联合宣传推广，粤港澳三方共赴德国柏林、新加坡、美国洛杉矶地区举办粤港澳大湾区旅游联合推广系列活动。

——深化生态文明建设合作。协作加强区域生态环境保护，加强珍稀濒危植物保育，启动建设“南岭基地”。严格自然岸线保护，加强自然保护地和生态廊道建设，整治修复受损岸线、湿地和海岛，构建粤港澳大湾区海洋命运共同体。协同推进水环境治理，建立健全流域生态保护补偿机制，广东省与江西省、福建省、广西壮族自治区分别就东江流域、汀江—韩江流域、九洲江流域相应的生态补偿实施方案达成一致意见，与湖南省探讨推动北江流域补偿工作，累计拨付广西、福建、江西三省（区）跨省流域生态补偿资金共计12.98亿元。推进环境污染和生态破坏联防联控联治，推动泛珠三角9省（区）签订《泛珠三角9省（区）污染联防联治合作框架协议》，持续改善区域整体生态环境质量。召开粤桂固体废物污染联防联控联席会议，共同研究粤桂两省（区）固体废物污染联防联控有关事宜。

——推动社会事业领域协作发展。一是积极开展泛珠区域劳务协作。推动“粤菜师傅”和“南粤家政”工程导入省际扶贫协作工作；推动结对帮扶市州之间互派工作组或设立劳务工作站等专门工作机构，密切加强沟通对接，促进在粤稳定就业；开通远程常态招聘模式，为广西、云南、贵州、四川贫困劳动力就业提供更高效、方便、快捷的服务。二是加强教育科研合作。推动高等教育合作，大力引进香港科技大学等港澳知名高校来粤合作办学。推进粤港澳科研合作及产教融合，4 家粤港澳高校联合实验室立项为教育部重点实验室。深化学校结对帮扶，2019 全年先后派出 860 名骨干教师到东西部扶贫协作地区开展支教和教育教学交流，安排受扶地 1 034 名骨干教师来粤跟岗挂职和进行教育教学交流。三是提升防灾减灾水平。实施泛珠三角区域海洋灾害防治能力提升行动，完善海洋预警监测联动机制，切实提升大湾区海洋灾害风险防御能力。搭建流域沟通合作平台，与广西、福建两地分别召开贺江、韩江流域安全度汛协调会议，部署流域安全度汛和水库调度工作，为省界河流安全度汛提供重要保障。

八、区域经贸合作

——重点落实广东—黑龙江商务对口合作。作为主宾省参加第六届中俄博览会。组织由近 200 家企业组成的广东省经贸代表团参会参展，搭建广东主题展馆，重点展示广东省与黑龙江省对口合作成果及对俄经贸合作情况，集中展示广东先进制造、高新技术、绿色家电、电子信息及加工贸易企业优势产品等百余件名优产品。两省政府召开黑龙江—广东对口合作及经贸交流座谈会，广东省近 30 家重点企业负责人参会，会上签约14 个项目，金额 100 余亿元。协助黑龙江企业来粤开展活动，邀请黑龙江商务厅组团参加第十一届中国加工贸易产品博览会，协助举办第六届中俄博览会暨黑龙江境外经贸合作园区招商推介会，搭建粤黑政企交流、企业互助平台，推动资源对接，共同开拓国内外市场。

——组织省际重点商务交流活动。一是认真落实粤甘两省政府座谈会精神，组织广东省经贸代表团赴兰州参加第二十五届兰州投资贸易洽谈会系列活动。二是组织广东省经贸代表团参加陕西西安“第四届丝绸之路国际博览会暨中国东西部合作与投资贸易洽谈会”、贵州贵阳“2019 中国国际大数据产业博览会”等兄弟省市举办的重点国内经贸活动，合计组织164家企业。三是配合广西、黑龙江、西藏、四川、江西、内蒙古等兄弟省区市党政和经贸代表团来粤交流，组团参加“内蒙古味道——内蒙古绿色农畜产品展览交易会”等活动，邀请广东企业积极对接。

——认真落实东西部扶贫协作和对口援建工作任务。一是落实东西部扶贫协作工作任务。2019年，分别组织广东省经贸代表团合计300多家企业前往广西河池、百色等开展10多场产业对接以及家政扶贫协作活动，取得了良好的扶贫效果。二是落实援疆援藏援川工作任务。组织广东省经贸代表团合计150多家企业参与新疆、西藏、四川当地重点经贸活动。组织省内行业商协会和企业参加西藏林芝、四川甘孜等地在粤举办的系列经贸活动，支持各对口支援省区在广东举办的推介会、招商会和展销活动等。

——加强省外办事处和异地广东商会联系工作。参加全国广东商会会长会议并召开座谈会，加强对商会工作指导，支持异地广东商会当好省际交流合作的桥梁纽带。积极组织各省外办事处及异地广东商会参加中博会、海丝博览会和粤商大会，统筹安排广东商会及其会员企业赴惠州、肇庆等开展粤港澳大湾区投资考察活动。协助驻成都办事处、四川广东商会、重庆广东商会代表团一行赴韶关南雄市开展精准扶贫。

——组织加工贸易企业产品全国行活动。组织省政府驻外办事处负责同志和省外广东商会会长企业等参加在东莞举办的第十一届中国加工贸易产品博览会，并在会议期间与广西投资促进局共同主办2019年粤桂加工制造业投资合作洽谈会。第三届中国西部国际博览会进出口商品展暨中国西部（四川）国际投资大会期间，在广东综合形象馆设立东莞加工贸易企业产品专馆。

九、对口支援工作

2019年，广东省坚持以习近平新时代中国特色社会主义思想为指导，深入贯彻习近平总书记关于西藏、新疆工作系列重要讲话精神和党中央治藏治疆方略，坚持“一个龙头、两翼齐飞”援建工作思路，扎实推进对口支援各项工作，完成47.17亿元资金援助、303个对口支援项目建设任务，顺利完成了新一批援藏援疆队伍选派轮换。

——坚持提高政治站位，协同推进援建任务有效落实。省直各单位、各对口支援市认真贯彻落实省委、省政府决策部署，狠抓各项援建任务落实工作。广州市大力盘活疏附广州新城；深圳市计划外安排5 000万元支持塔什库尔干塔吉克自治县脱贫攻坚，助推一个民族整体脱贫；珠海、佛山、惠州、东莞、中山、江门6市积极支持当地发展特色产业促就业，通过开设扶贫产品直营店、展销中心等，大力开展消费扶贫工作。截至2019年年底，广东省对口支援的29个县（市、区）中，28个已实现脱贫摘帽。

——坚持规划计划引领，援建项目高效优质完成。2019年，广东省安排援建资金47.17亿元、项目303个。其中，援西藏资金7.31亿元、项目56个，援新疆喀什及兵团三师资金32.66亿元、项目114个，援四川甘孜资金7.2亿元、项目133个。按照“十三五”规划部署，广东省及时下达年度投资计划，提早拨付资金，严抓项目实施管理，克服了受援地施工期短、地质灾害频繁、维稳压力大等困难，圆满完成援建项目建设任务。其中，援藏、援疆、援四川甘孜均实现资金到位率、项目开工率、竣工验收通过率三个100%。同时，按照国家部署要求，及时启动并初步完成“十四五”对口支援规划前期研究工作。

——坚持突出重点工作，全面助力受援地稳定发展。一是智力援建夯实内在发展动力。全年选派135名医疗人才、228名教育人才赴林芝，184名医疗人才、461名“组团式”教育人才赴喀什，25名医疗人才、10名教育人才赴甘孜开展支医支教，为受援地共培训各类干部人才67 905人次，智力支援成效进一步显现。二是民生援建改善群众生产生活条件。在林芝投入1.8亿元，建成小康村22个，易地搬迁58户共326人，解决了察隅县、朗县和鲁朗基层村民饮水困难问题；在喀什投入7.31亿元，建设美丽乡村示范村2个，新建安居富民房20 005套，完成10个乡镇的贫困村庭院改造；在甘孜投入6.37亿元，打造乡村振兴示范村39个，改造农村危旧房585户，完成对70个村实施村容村貌整治，解决了8万人饮水安全问题。三是产业援建促进就地就近就业。帮助林芝达成招商引资签约项目 67 个、年度完成投资 39.91 亿元，助力当地农牧民转移就业 17 538 人；为喀什新引进劳动密集型产业项目 66 个，实际到位资金 30.4 亿元，新增就业岗位 1.42 万个；为甘孜引进企业投资项目 15 个、实际到位资金 10.33 亿元，创建 16 个就业扶贫基地，吸纳就业1 260人。发挥广东市场优势，大力开展消费扶贫，全年为林芝促成采购合同 1.6 亿元，帮助喀什销售特色农牧产品约 7 亿元，为甘孜在广东销售农特产品 3.7 亿元。四是“三交”活动增进民族团结融合。广东与西藏、新疆、四川等地多次组织党政代表团互访交流，全年援受双方在社会事业等方面开展各项合作交流达 168 项。在西藏林芝开展“粤藏结对结亲、交流交融”“粤藏一家亲”等活动，在新疆喀什实施“一中心两所”、足球援疆、社工服务、乡镇村结对等活动，在甘孜实施“结对子”活动、组织“走出去”“请进来”活动以开拓视野、互通观念。强化在粤西藏籍、新疆籍人员服务管理，办好西藏班、新疆班，促进融合发展。

——坚持加强队伍建设，夯实对口支援工作保障。省委、省政府高度重视援派干部人才选拔和管理工作，年中完成援藏干部人才队伍交接轮换，第九批援藏工作队 154 名援藏干部人才进驻林芝开展工作。中组部计划内广东省第九批 251 名援疆干部人才完成选拔，援疆骨干进疆开展压茬交接。省援藏、援疆、援川前方工作机构通过完善制度、强化管理，努力锻造一支忠诚、干净、担当、有为的援派干部人才队伍。

附　录

一、政策文件

（一）粤港澳大湾区发展规划纲要

粤港澳大湾区发展规划纲要

（2019年2月18日）

前 言

粤港澳大湾区包括香港特别行政区、澳门特别行政区和广东省广州市、深圳市、珠海市、佛山市、惠州市、东莞市、中山市、江门市、肇庆市（以下称珠三角九市），总面积5.6万平方公里，2017年末总人口约7 000万人，是我国开放程度最高、经济活力最强的区域之一，在国家发展大局中具有重要战略地位。建设粤港澳大湾区，既是新时代推动形成全面开放新格局的新尝试，也是推动“一国两制”事业发展的新实践。为全面贯彻党的十九大精神，全面准确贯彻“一国两制”方针，充分发挥粤港澳综合优势，深化内地与港澳合作，进一步提升粤港澳大湾区在国家经济发展和对外开放中的支撑引领作用，支持香港、澳门融入国家发展大局，增进香港、澳门同胞福祉，保持香港、澳门长期繁荣稳定，让港澳同胞同祖国人民共担民族复兴的历史责任、共享祖国繁荣富强的伟大荣光，编制本规划。

本规划是指导粤港澳大湾区当前和今后一个时期合作发展的纲领性文件。规划近期至2022年，远期展望到2035年。

第一章 规划背景

改革开放以来，特别是香港、澳门回归祖国后，粤港澳合作不断深化实化，粤港澳大湾区经济实力、区域竞争力显著增强，已具备建成国际一流湾区和世界级城市群的基础条件。

第一节 发展基础

区位优势明显。粤港澳大湾区地处我国沿海开放前沿，以泛珠三角区域为广阔发展腹地，在“一带一路”建设中具有重要地位。交通条件便利，拥有香港国际航运中心和吞吐量位居世界前列的广州、深圳等重要港口，以及香港、广州、深圳等具有国际影响力的航空枢纽，便捷高效的现代综合交通运输体系正在加速形成。

经济实力雄厚。经济发展水平全国领先，产业体系完备，集群优势明显，经济互补性强，香港、澳门服务业高度发达，珠三角九市已初步形成以战略性新兴产业为先导、先进制造业和现代服务业为主体的产业结构，2017 年大湾区经济总量约 10 万亿元。

创新要素集聚。创新驱动发展战略深入实施，广东全面创新改革试验稳步推进，国家自主创新示范区加快建设。粤港澳三地科技研发、转化能力突出，拥有一批在全国乃至全球具有重要影响力的高校、科研院所、高新技术企业和国家大科学工程，创新要素吸引力强，具备建设国际科技创新中心的良好基础。

国际化水平领先。香港作为国际金融、航运、贸易中心和国际航空枢纽，拥有高度国际化、法治化的营商环境以及遍布全球的商业网络，是全球最自由经济体之一。澳门作为世界旅游休闲中心和中国与葡语国家商贸合作服务平台的作用不断强化，多元文化交流的功能日益彰显。珠三角九市是内地外向度最高的经济区域和对外开放的重要窗口，在全国加快构建开放型经济新体制中具有重要地位和作用。

合作基础良好。香港、澳门与珠三角九市文化同源、人缘相亲、民俗相近、优势互补。近年来，粤港澳合作不断深化，基础设施、投资贸易、金融服务、科技教育、休闲旅游、生态环保、社会服务等领域合作成效显著，已经形成了多层次、全方位的合作格局。

第二节 机遇挑战

当前，世界多极化、经济全球化、社会信息化、文化多样化深入发展，全球治理体系和国际秩序变革加速推进，各国相互联系和依存日益加深，和平发展大势不可逆转，新一轮科技革命和产业变革蓄势待发，“一带一路”建设深入推进，为提升粤港澳大湾区国际竞争力、更高水平参与国际合作和竞争拓展了新空间。在新发展理念引领下，我国深入推进供给侧结构性改革，推动经济发展质量变革、效率变革、动力变革，为大湾区转型发展、创新发展注入了新活力。全面深化改革取得重大突破，国家治理体系和治理能力现代化水平明显提高，为创新大湾区合作发展体制机制、破解合作发展中的突出问题提供了新契机。

同时，粤港澳大湾区发展也面临诸多挑战。当前，世界经济不确定不稳定因素增多，保护主义倾向抬头，大湾区经济运行仍存在产能过剩、供给与需求结构不平衡不匹配等突出矛盾和问题，经济增长内生动力有待增强。在“一国两制”下，粤港澳社会制度不同，法律制度不同，分属于不同关税区域，市场互联互通水平有待进一步提升，生产要素高效便捷流动的良好局面尚未形成。大湾区内部发展差距依然较大，协同性、包容性有待加强，部分地区和领域还存在同质化竞争和资源错配现象。香港经济增长缺乏持续稳固支撑，澳门经济结构相对单一、发展资源有限，珠三角九市市场经济体制有待完善。区域发展空间面临瓶颈制约，资源能源约束趋紧，生态环境压力日益增大，人口红利逐步减退。

第三节 重大意义

打造粤港澳大湾区，建设世界级城市群，有利于丰富“一国两制”实践内涵，进一步密切内地与港澳交流合作，为港澳经济社会发展以及港澳同胞到内地发展提供更多机会，保持港澳长期繁荣稳定；有利于贯彻落实新发展理念，深入推进供给侧结构性改革，加快培育发展新动能、实现创新驱动发展，为我国经济创新力和竞争力不断增强提供支撑；有利于进一步深化改革、扩大开放，建立与国际接轨的开放型经济新体制，建设高水平参与国际经济合作新平台；有利于推进“一带一路”建设，通过区域双向开放，构筑丝绸之路经济带和21世纪海上丝绸之路对接融汇的重要支撑区。

第二章 总体要求

第一节 指导思想

深入贯彻习近平新时代中国特色社会主义思想和党的十九大精神，统筹推进“五位一体”总体布局和协调推进“四个全面”战略布局，全面准确贯彻“一国两制”、“港人治港”、“澳人治澳”、高度自治的方针，严格依照宪法和基本法办事，坚持新发展理念，充分认识和利用“一国两制”制度优势、港澳独特优势和广东改革开放先行先试优势，解放思想、大胆探索，不断深化粤港澳互利合作，进一步建立互利共赢的区域合作关系，推动区域经济协同发展，为港澳发展注入新动能，为全国推进供给侧结构性改革、实施创新驱动发展战略、构建开放型经济新体制提供支撑，建设富有活力和国际竞争力的一流湾区和世界级城市群，打造高质量发展的典范。

第二节 基本原则

创新驱动，改革引领。实施创新驱动发展战略，完善区域协同创新体系，集聚国际创新资源，建设具有国际竞争力的创新发展区域。全面深化改革，推动重点领域和关键环节改革取得新突破，释放改革红利，促进各类要素在大湾区便捷流动和优化配置。

协调发展，统筹兼顾。实施区域协调发展战略，充分发挥各地区比较优势，加强政策协调和规划衔接，优化区域功能布局，推动区域城乡协调发展，不断增强发展的整体性。

绿色发展，保护生态。大力推进生态文明建设，树立绿色发展理念，坚持节约资源和保护环境的基本国策，实行最严格的生态环境保护制度，坚持最严格的耕地保护制度和最严格的节约用地制度，推动形成绿色低碳的生产生活方式和城市建设运营模式，为居民提供良好生态环境，促进大湾区可持续发展。

开放合作，互利共赢。以“一带一路”建设为重点，构建开放型经济新体制，打造高水平开放平台，对接高标准贸易投资规则，加快培育国际合作和竞争新优势。充分发挥港澳独特优势，创新完善各领域开放合作体制机制，深化内地与港澳互利合作。

共享发展，改善民生。坚持以人民为中心的发展思想，让改革发展成果更多更公平惠及全体人民。提高保障和改善民生水平，加大优质公共产品和服务供给，不断促进社会公平正义，使大湾区居民获得感、幸福感、安全感更加充实、更有保障、更可持续。

“一国两制”，依法办事。把坚持“一国”原则和尊重“两制”差异有机结合起来，坚守“一国”之本，善用“两制”之利。把维护中央的全面管治权和保障特别行政区的高度自治权有机结合起来，尊崇法治，严格依照宪法和基本法办事。把国家所需和港澳所长有机结合起来，充分发挥市场化机制的作用，促进粤港澳优势互补，实现共同发展。

第三节　战略定位

充满活力的世界级城市群。依托香港、澳门作为自由开放经济体和广东作为改革开放排头兵的优势，继续深化改革、扩大开放，在构建经济高质量发展的体制机制方面走在全国前列、发挥示范引领作用，加快制度创新和先行先试，建设现代化经济体系，更好融入全球市场体系，建成世界新兴产业、先进制造业和现代服务业基地，建设世界级城市群。

具有全球影响力的国际科技创新中心。瞄准世界科技和产业发展前沿，加强创新平台建设，大力发展新技术、新产业、新业态、新模式，加快形成以创新为主要动力和支撑的经济体系；扎实推进全面创新改革试验，充分发挥粤港澳科技研发与产业创新优势，破除影响创新要素自由流动的瓶颈和制约，进一步激发各类创新主体活力，建成全球科技创新高地和新兴产业重要策源地。

“一带一路”建设的重要支撑。更好发挥港澳在国家对外开放中的功能和作用，提高珠三角九市开放型经济发展水平，促进国际国内两个市场、两种资源有效对接，在更高层次参与国际经济合作和竞争，建设具有重要影响力的国际交通物流枢纽和国际文化交往中心。

内地与港澳深度合作示范区。依托粤港澳良好合作基础，充分发挥深圳前海、广州南沙、珠海横琴等重大合作平台作用，探索协调协同发展新模式，深化珠三角九市与港澳全面务实合作，促进人员、物资、资金、信息便捷有序流动，为粤港澳发展提供新动能，为内地与港澳更紧密合作提供示范。

宜居宜业宜游的优质生活圈。坚持以人民为中心的发展思想，践行生态文明理念，充分利用现代信息技术，实现城市群智能管理，优先发展民生工程，提高大湾区民众生活便利水平，提升居民生活质量，为港澳居民在内地学习、就业、创业、生活提供更加便利的条件，加强多元文化交流融合，建设生态安全、环境优美、社会安定、文化繁荣的美丽湾区。

第四节 发展目标

到 2022 年，粤港澳大湾区综合实力显著增强，粤港澳合作更加深入广泛，区域内生发展动力进一步提升，发展活力充沛、创新能力突出、产业结构优化、要素流动顺畅、生态环境优美的国际一流湾区和世界级城市群框架基本形成。

——区域发展更加协调，分工合理、功能互补、错位发展的城市群发展格局基本确立；

——协同创新环境更加优化，创新要素加快集聚，新兴技术原创能力和科技成果转化能力显著提升；

——供给侧结构性改革进一步深化，传统产业加快转型升级，新兴产业和制造业核心竞争力不断提升，数字经济迅速增长，金融等现代服务业加快发展；

——交通、能源、信息、水利等基础设施支撑保障能力进一步增强，城市发展及运营能力进一步提升；

——绿色智慧节能低碳的生产生活方式和城市建设运营模式初步确立，居民生活更加便利、更加幸福；

——开放型经济新体制加快构建，粤港澳市场互联互通水平进一步提升，各类资源要素流动更加便捷高效，文化交流活动更加活跃。

到 2035 年，大湾区形成以创新为主要支撑的经济体系和发展模式，经济实力、科技实力大幅跃升，国际竞争力、影响力进一步增强；大湾区内市场高水平互联互通基本实现，各类资源要素高效便捷流动；区域发展协调性显著增强，对周边地区的引领带动能力进一步提升；人民生活更加富裕；社会文明程度达到新高度，文化软实力显著增强，中华文化影响更加广泛深入，多元文化进一步交流融合；资源节约集约利用水平显著提高，生态环境得到有效保护，宜居宜业宜游的国际一流湾区全面建成。

第三章　空间布局

坚持极点带动、轴带支撑、辐射周边，推动大中小城市合理分工、功能互补，进一步提高区域发展协调性，促进城乡融合发展，构建结构科学、集约高效的大湾区发展格局。

第一节　构建极点带动、轴带支撑网络化空间格局

极点带动。发挥香港—深圳、广州—佛山、澳门—珠海强强联合的引领带动作用，深化港深、澳珠合作，加快广佛同城化建设，提升整体实力和全球影响力，引领粤港澳大湾区深度参与国际合作。

轴带支撑。依托以高速铁路、城际铁路和高等级公路为主体的快速交通网络与港口群和机场群，构建区域经济发展轴带，形成主要城市间高效连接的网络化空间格局。更好发挥港珠澳大桥作用，加快建设深（圳）中（山）通道、深（圳）茂（名）铁路等重要交通设施，提高珠江西岸地区发展水平，促进东西两岸协同发展。

第二节　完善城市群和城镇发展体系

优化提升中心城市。以香港、澳门、广州、深圳四大中心城市作为区域发展的核心引擎，继续发挥比较优势做优做强，增强对周边区域发展的辐射带动作用。

——香港。巩固和提升国际金融、航运、贸易中心和国际航空枢纽地位，强化全球离岸人民币业务枢纽地位、国际资产管理中心及风险管理中心功能，推动金融、商贸、物流、专业服务等向高端高增值方向发展，大力发展创新及科技事业，培育新兴产业，建设亚太区国际法律及争议解决服务中心，打造更具竞争力的国际大都会。

——澳门。建设世界旅游休闲中心、中国与葡语国家商贸合作服务平台，促进经济适度多元发展，打造以中华文化为主流、多元文化共存的交流合作基地。

——广州。充分发挥国家中心城市和综合性门户城市引领作用，全面增强国际商贸中心、综合交通枢纽功能，培育提升科技教育文化中心功能，着力建设国际大都市。

——深圳。发挥作为经济特区、全国性经济中心城市和国家创新型城市的引领作用，加快建成现代化国际化城市，努力成为具有世界影响力的创新创意之都。

建设重要节点城市。支持珠海、佛山、惠州、东莞、中山、江门、肇庆等城市充分发挥自身优势，深化改革创新，增强城市综合实力，形成特色鲜明、功能互补、具有竞争力的重要节点城市。增强发展的协调性，强化与中心城市的互动合作，带动周边特色城镇发展，共同提升城市群发展质量。

发展特色城镇。充分发挥珠三角九市特色城镇数量多、体量大的优势，培育一批具有特色优势的魅力城镇，完善市政基础设施和公共服务设施，发展特色产业，传承传统文化，形成优化区域发展格局的重要支撑。建设智慧小镇，开展智能技术应用试验，推动体制机制创新，探索未来城市发展模式。加快推进特大镇行政管理体制改革，在降低行政成本和提升行政效率的基础上不断拓展特大镇功能。

促进城乡融合发展。建立健全城乡融合发展体制机制和政策体系，推动珠三角九市城乡一体化发展，全面提高城镇化发展质量和水平，建设具有岭南特色的宜居城乡。加强分类指导，合理划定功能分区，优化空间布局，促进城乡集约发展。提高城乡基础设施一体化水平，因地制宜推进城市更新，改造城中村、合并小型村，加强配套设施建设，改善城乡人居环境。

第三节　辐射带动泛珠三角区域发展

发挥粤港澳大湾区辐射引领作用，统筹珠三角九市与粤东西北地区生产力布局，带动周边地区加快发展。构建以粤港澳大湾区为龙头，以珠江—西江经济带为腹地，带动中南、西南地区发展，辐射东南亚、南亚的重要经济支撑带。完善大湾区至泛珠三角区域其他省区的交通网络，深化区域合作，有序发展“飞地经济”，促进泛珠三角区域要素流动和产业转移，形成梯度发展、分工合理、优势互补的产业协作体系。依托沿海铁路、高等级公路和重要港口，实现粤港澳大湾区与海峡西岸城市群和北部湾城市群联动发展。依托高速铁路、干线铁路和高速公路等交通通道，深化大湾区与中南地区和长江中游地区的合作交流，加强大湾区对西南地区的辐射带动作用。

第四章　建设国际科技创新中心

深入实施创新驱动发展战略，深化粤港澳创新合作，构建开放型融合发展的区域协同创新共同体，集聚国际创新资源，优化创新制度和政策环境，着力提升科技成果转化能力，建设全球科技创新高地和新兴产业重要策源地。

第一节　构建开放型区域协同创新共同体

加强科技创新合作。更好发挥内地与香港、澳门科技合作委员会的作用，推动香港、澳门融入国家创新体系、发挥更重要作用。充分发挥粤港澳科技和产业优势，积极吸引和对接全球创新资源，建设开放互通、布局合理的区域创新体系。推进“广州—深圳—香港—澳门”科技创新走廊建设，探索有利于人才、资本、信息、技术等创新要素跨境流动和区域融通的政策举措，共建粤港澳大湾区大数据中心和国际化创新平台。加快国家自主创新示范区与国家双创示范基地、众创空间建设，支持其与香港、澳门建立创新创业交流机制，共享创新创业资源，共同完善创新创业生态，为港澳青年创新创业提供更多机遇和更好条件。鼓励粤港澳企业和科研机构参与国际科技创新合作，共同举办科技创新活动，支持企业到海外设立研发机构和创新孵化基地，鼓励境内外投资者在粤港澳设立研发机构和创新平台。支持依托深圳国家基因库发起设立“一带一路”生命科技促进联盟。鼓励其他地区的高校、科研机构和企业参与大湾区科技创新活动。

加强创新基础能力建设。支持重大科技基础设施、重要科研机构和重大创新平台在大湾区布局建设。向港澳有序开放国家在广东建设布局的重大科研基础设施和大型科研仪器。支持粤港澳有关机构积极参与国家科技计划（专项、基金等）。加强应用基础研究，拓展实施国家重大科技项目。支持将粤港澳深化创新体制机制改革的相关举措纳入全面创新改革试验。

加强产学研深度融合。建立以企业为主体、市场为导向、产学研深度融合的技术创新体系，支持粤港澳企业、高校、科研院所共建高水平的协同创新平台，推动科技成果转化。实施粤港澳科技创新合作发展计划和粤港联合创新资助计划，支持设立粤港澳产学研创新联盟。

第二节 打造高水平科技创新载体和平台

加快推进大湾区重大科技基础设施、交叉研究平台和前沿学科建设，着力提升基础研究水平。优化创新资源配置，建设培育一批产业技术创新平台、制造业创新中心和企业技术中心。推进国家自主创新示范区建设，有序开展国家高新区扩容，将高新区建设成为区域创新的重要节点和产业高端化发展的重要基地。推动珠三角九市军民融合创新发展，支持创建军民融合创新示范区。支持港深创新及科技园、中新广州知识城、南沙庆盛科技创新产业基地、横琴粤澳合作中医药科技产业园等重大创新载体建设。支持香港物流及供应链管理应用技术、纺织及成衣、资讯及通信技术、汽车零部件、纳米及先进材料等五大研发中心以及香港科学园、香港数码港建设。支持澳门中医药科技产业发展平台建设。推进香港、澳门国家重点实验室伙伴实验室建设。

第三节 优化区域创新环境

深化区域创新体制机制改革。研究实施促进粤港澳大湾区出入境、工作、居住、物流等更加便利化的政策措施，鼓励科技和学术人才交往交流。允许香港、澳门符合条件的高校、科研机构申请内地科技项目，并按规定在内地及港澳使用相关资金。支持粤港澳设立联合创新专项资金，就重大科研项目开展合作，允许相关资金在大湾区跨境使用。研究制定专门办法，对科研合作项目需要的医疗数据和血液等生物样品跨境在大湾区内限定的高校、科研机构和实验室使用进行优化管理，促进临床医学研究发展。香港、澳门在广东设立的研发机构按照与内地研发机构同等待遇原则，享受国家和广东省各项支持创新的政策，鼓励和支持其参与广东科技计划。开展知识产权证券化试点。

促进科技成果转化。创新机制、完善环境，将粤港澳大湾区建设成为具有国际竞争力的科技成果转化基地。支持粤港澳在创业孵化、科技金融、成果转化、国际技术转让、科技服务业等领域开展深度合作，共建国家级科技成果孵化基地和粤港澳青年创业就业基地等成果转化平台。在珠三角九市建设一批面向港澳的科技企业孵化器，为港澳高校、科研机构的先进技术成果转移转化提供便利条件。支持珠三角九市建设国家科技成果转移转化示范区。充分发挥香港、澳门、深圳、广州等资本市场和金融服务功能，合作构建多元化、国际化、跨区域的科技创新投融资体系。大力拓展直接融资渠道，依托区域性股权交易市场，建设科技创新金融支持平台。支持香港私募基金参与大湾区创新型科技企业融资，允许符合条件的创新型科技企业进入香港上市集资平台，将香港发展成为大湾区高新技术产业融资中心。

强化知识产权保护和运用。依托粤港、粤澳及泛珠三角区域知识产权合作机制，全面加强粤港澳大湾区在知识产权保护、专业人才培养等领域的合作。强化知识产权行政执法和司法保护，更好发挥广州知识产权法院等机构作用，加强电子商务、进出口等重点领域和环节的知识产权执法。加强在知识产权创造、运用、保护和贸易方面的国际合作，建立完善知识产权案件跨境协作机制。依托现有交易场所，开展知识产权交易，促进知识产权的合理有效流通。开展知识产权保护规范化市场培育和“正版正货”承诺活动。发挥知识产权服务业集聚发展区的辐射作用，促进高端知识产权服务与区域产业融合发展，推动通过非诉讼争议解决方式（包括仲裁、调解、协商等）处理知识产权纠纷。充分发挥香港在知识产权保护及相关专业服务等方面具有的优势，支持香港成为区域知识产权贸易中心。不断丰富、发展和完善有利于激励创新的知识产权保护制度。建立大湾区知识产权信息交换机制和信息共享平台。

第五章　加快基础设施互联互通

加强基础设施建设，畅通对外联系通道，提升内部联通水平，推动形成布局合理、功能完善、衔接顺畅、运作高效的基础设施网络，为粤港澳大湾区经济社会发展提供有力支撑。

第一节　构建现代化的综合交通运输体系

提升珠三角港口群国际竞争力。巩固提升香港国际航运中心地位，支持香港发展船舶管理及租赁、船舶融资、海事保险、海事法律及争议解决等高端航运服务业，并为内地和澳门企业提供服务。增强广州、深圳国际航运综合服务功能，进一步提升港口、航道等基础设施服务能力，与香港形成优势互补、互惠共赢的港口、航运、物流和配套服务体系，增强港口群整体国际竞争力。以沿海主要港口为重点，完善内河航道与疏港铁路、公路等集疏运网络。

建设世界级机场群。巩固提升香港国际航空枢纽地位，强化航空管理培训中心功能，提升广州和深圳机场国际枢纽竞争力，增强澳门、珠海等机场功能，推进大湾区机场错位发展和良性互动。支持香港机场第三跑道建设和澳门机场改扩建，实施广州、深圳等机场改扩建，开展广州新机场前期研究工作，研究建设一批支线机场和通用机场。进一步扩大大湾区的境内外航空网络，积极推动开展多式联运代码共享。依托香港金融和物流优势，发展高增值货运、飞机租赁和航空融资业务等。支持澳门机场发展区域公务机业务。加强空域协调和空管协作，优化调整空域结构，提高空域资源使用效率，提升空管保障能力。深化低空空域管理改革，加快通用航空发展，稳步发展跨境直升机服务，建设深圳、珠海通用航空产业综合示范区。推进广州、深圳临空经济区发展。

畅通对外综合运输通道。完善大湾区经粤东西北至周边省区的综合运输通道。推进赣州至深圳、广州至汕尾、深圳至茂名、岑溪至罗定等铁路项目建设，适时开展广州经茂名、湛江至海安铁路和柳州至肇庆铁路等区域性通道项目前期工作，研究广州至清远铁路进一步延伸的可行性。有序推进沈海高速（G15）和京港澳高速（G4）等国家高速公路交通繁忙路段扩容改造。加快构建以广州、深圳为枢纽，高速公路、高速铁路和快速铁路等广东出省通道为骨干，连接泛珠三角区域和东盟国家的陆路国际大通道。

构筑大湾区快速交通网络。以连通内地与港澳以及珠江口东西两岸为重点，构建以高速铁路、城际铁路和高等级公路为主体的城际快速交通网络，力争实现大湾区主要城市间 1 小时通达。编制粤港澳大湾区城际（铁路）建设规划，完善大湾区铁路骨干网络，加快城际铁路建设，有序规划珠三角主要城市的城市轨道交通项目。加快深中通道、虎门二桥过江通道建设。创新通关模式，更好发挥广深港高速铁路、港珠澳大桥作用。推进莲塘/香园围口岸、粤澳新通道（青茂口岸）、横琴口岸（探索澳门莲花口岸搬迁）、广深港高速铁路西九龙站等新口岸项目的规划建设。加强港澳与内地的交通联系，推进城市轨道交通等各种运输方式的有效对接，构建安全便捷换乘换装体系，提升粤港澳口岸通关能力和通关便利化水平，促进人员、物资高效便捷流动。

提升客货运输服务水平。按照零距离换乘、无缝化衔接目标，完善重大交通设施布局，积极推进干线铁路、城际铁路、市域（郊）铁路等引入机场，提升机场集疏运能力。加快广州—深圳国际性综合交通枢纽建设。推进大湾区城际客运公交化运营，推广“一票式”联程和“一卡通”服务。构建现代货运物流体系，加快发展铁水、公铁、空铁、江河海联运和“一单制”联运服务。加快智能交通系统建设，推进物联网、云计算、大数据等信息技术在交通运输领域的创新集成应用。

第二节　优化提升信息基础设施

构建新一代信息基础设施。推进粤港澳网间互联宽带扩容，全面布局基于互联网协议第六版（IPv6）的下一代互联网，推进骨干网、城域网、接入网、互联网数据中心和支撑系统的 IPv6 升级改造。加快互联网国际出入口带宽扩容，全面提升流量转接能力。推动珠三角无线宽带城市群建设，实现免费高速无线局域网在大湾区热点区域和重点交通线路全覆盖。实现城市固定互联网宽带全部光纤接入。建设超高清互动数字家庭网络。

建成智慧城市群。推进新型智慧城市试点示范和珠三角国家大数据综合试验区建设，加强粤港澳智慧城市合作，探索建立统一标准，开放数据端口，建设互通的公共应用平台，建设全面覆盖、泛在互联的智能感知网络以及智慧城市时空信息云平台、空间信息服务平台等信息基础设施，大力发展智慧交通、智慧能源、智慧市政、智慧社区。推进电子签名证书互认工作，推广电子签名互认证书在公共服务、金融、商贸等领域应用。共同推动大湾区电子支付系统互联互通。增强通信企业服务能力，多措并举实现通信资费合理下降，推动降低粤港澳手机长途和漫游费，并积极开展取消粤港澳手机长途和漫游费的可行性研究，为智慧城市建设提供基础支撑。

提升网络安全保障水平。加强通信网络、重要信息系统和数据资源保护，增强信息基础设施可靠性，提高信息安全保障水平。积极推动先进技术在香港、澳门、广州、深圳等城市使用，促进保密通信技术在政府部门、金融机构等应用。建立健全网络与信息安全信息通报预警机制，加强实时监测、通报预警、应急处置工作，构建网络安全综合防御体系。

第三节 建设能源安全保障体系

优化能源供应结构。大力推进能源供给侧结构性改革，优化粤港澳大湾区能源结构和布局，建设清洁、低碳、安全、高效的能源供给体系。大力发展绿色低碳能源，加快天然气和可再生能源利用，有序开发风能资源，因地制宜发展太阳能光伏发电、生物质能，安全高效发展核电，大力推进煤炭清洁高效利用，控制煤炭消费总量，不断提高清洁能源比重。

强化能源储运体系。加强周边区域向大湾区以及大湾区城市间送电通道等主干电网建设，完善城镇输配电网络，提高电网输电能力和抗风险能力。加快推进珠三角大型石油储备基地建设，统筹推进新建液化天然气（LNG）接收站和扩大已建 LNG 接收站储转能力，依托国家骨干天然气管线布局建设配套支线，扩大油气管道覆盖面，提高油气储备和供应能力。推进广州、珠海等国家煤炭储备基地建设，建成煤炭接收与中转储备梯级系统。研究完善广东对香港、澳门输电网络、供气管道，确保香港、澳门能源供应安全和稳定。

第四节 强化水资源安全保障

完善水利基础设施。坚持节水优先，大力推进雨洪资源利用等节约水、涵养水的工程建设。实施最严格水资源管理制度，加快制定珠江水量调度条例，严格珠江水资源统一调度管理。加快推进珠三角水资源配置工程和对澳门第四供水管道建设，加强饮用水水源地和备用水源安全保障达标建设及环境风险防控工程建设，保障珠三角以及港澳供水安全。加强粤港澳水科技、水资源合作交流。

完善水利防灾减灾体系。加强海堤达标加固、珠江干支流河道崩岸治理等重点工程建设，着力完善防汛防台风综合防灾减灾体系。加强珠江河口综合治理与保护，推进珠江三角洲河湖系统治理。强化城市内部排水系统和蓄水能力建设，建设和完善澳门、珠海、中山等防洪（潮）排涝体系，有效解决城市内涝问题。推进病险水库和病险水闸除险加固，全面消除安全隐患。加强珠江河口水文水资源监测，共同建设灾害监测预警、联防联控和应急调度系统，提高防洪防潮减灾应急能力。

第六章　构建具有国际竞争力的现代产业体系

深化供给侧结构性改革，着力培育发展新产业、新业态、新模式，支持传统产业改造升级，加快发展先进制造业和现代服务业，瞄准国际先进标准提高产业发展水平，促进产业优势互补、紧密协作、联动发展，培育若干世界级产业集群。

第一节　加快发展先进制造业

增强制造业核心竞争力。围绕加快建设制造强国，完善珠三角制造业创新发展生态体系。推动互联网、大数据、人工智能和实体经济深度融合，大力推进制造业转型升级和优化发展，加强产业分工协作，促进产业链上下游深度合作，建设具有国际竞争力的先进制造业基地。

优化制造业布局。提升国家新型工业化产业示范基地发展水平，以珠海、佛山为龙头建设珠江西岸先进装备制造产业带，以深圳、东莞为核心在珠江东岸打造具有全球影响力和竞争力的电子信息等世界级先进制造业产业集群。发挥香港、澳门、广州、深圳创新研发能力强、运营总部密集以及珠海、佛山、惠州、东莞、中山、江门、肇庆等地产业链齐全的优势，加强大湾区产业对接，提高协作发展水平。支持东莞等市推动传统产业转型升级，支持佛山深入开展制造业转型升级综合改革试点。支持香港在优势领域探索“再工业化”。

加快制造业结构调整。推动制造业智能化发展，以机器人及其关键零部件、高速高精加工装备和智能成套装备为重点，大力发展智能制造装备和产品，培育一批具有系统集成能力、智能装备开发能力和关键部件研发生产能力的智能制造骨干企业。支持装备制造、汽车、石化、家用电器、电子信息等优势产业做强做精，推动制造业从加工生产环节向研发、设计、品牌、营销、再制造等环节延伸。加快制造业绿色改造升级，重点推进传统制造业绿色改造、开发绿色产品，打造绿色供应链。大力发展再制造产业。

第二节 培育壮大战略性新兴产业

依托香港、澳门、广州、深圳等中心城市的科研资源优势和高新技术产业基础，充分发挥国家级新区、国家自主创新示范区、国家高新区等高端要素集聚平台作用，联合打造一批产业链条完善、辐射带动力强、具有国际竞争力的战略性新兴产业集群，增强经济发展新动能。推动新一代信息技术、生物技术、高端装备制造、新材料等发展壮大为新支柱产业，在新型显示、新一代通信技术、5G 和移动互联网、蛋白类等生物医药、高端医学诊疗设备、基因检测、现代中药、智能机器人、3D 打印、北斗卫星应用等重点领域培育一批重大产业项目。围绕信息消费、新型健康技术、海洋工程装备、高技术服务业、高性能集成电路等重点领域及其关键环节，实施一批战略性新兴产业重大工程。培育壮大新能源、节能环保、新能源汽车等产业，形成以节能环保技术研发和总部基地为核心的产业集聚带。发挥龙头企业带动作用，积极发展数字经济和共享经济，促进经济转型升级和社会发展。促进地区间动漫游戏、网络文化、数字文化装备、数字艺术展示等数字创意产业合作，推动数字创意在会展、电子商务、医疗卫生、教育服务、旅游休闲等领域应用。

第三节 加快发展现代服务业

建设国际金融枢纽。发挥香港在金融领域的引领带动作用，巩固和提升香港国际金融中心地位，打造服务“一带一路”建设的投融资平台。支持广州完善现代金融服务体系，建设区域性私募股权交易市场，建设产权、大宗商品区域交易中心，提升国际化水平。支持深圳依规发展以深圳证券交易所为核心的资本市场，加快推进金融开放创新。支持澳门打造中国—葡语国家金融服务平台，建立出口信用保险制度，建设成为葡语国家人民币清算中心，发挥中葡基金总部落户澳门的优势，承接中国与葡语国家金融合作服务。研究探索建设澳门—珠海跨境金融合作示范区。

大力发展特色金融产业。支持香港打造大湾区绿色金融中心，建设国际认可的绿色债券认证机构。支持广州建设绿色金融改革创新试验区，研究设立以碳排放为首个品种的创新型期货交易所。支持澳门发展租赁等特色金融业务，探索与邻近地区错位发展，研究在澳门建立以人民币计价结算的证券市场、绿色金融平台、中葡金融服务平台。支持深圳建设保险创新发展试验区，推进深港金融市场互联互通和深澳特色金融合作，开展科技金融试点，加强金融科技载体建设。支持珠海等市发挥各自优势，发展特色金融服务业。在符合法律法规及监管要求的前提下，支持粤港澳保险机构合作开发创新型跨境机动车保险和跨境医疗保险产品，为跨境保险客户提供便利化承保、查勘、理赔等服务。

有序推进金融市场互联互通。逐步扩大大湾区内人民币跨境使用规模和范围。大湾区内的银行机构可按照相关规定开展跨境人民币拆借、人民币即远期外汇交易业务以及与人民币相关衍生品业务、理财产品交叉代理销售业务。大湾区内的企业可按规定跨境发行人民币债券。扩大香港与内地居民和机构进行跨境投资的空间，稳步扩大两地居民投资对方金融产品的渠道。在依法合规前提下，有序推动大湾区内基金、保险等金融产品跨境交易，不断丰富投资产品类别和投资渠道，建立资金和产品互通机制。支持香港机构投资者按规定在大湾区募集人民币资金投资香港资本市场，参与投资境内私募股权投资基金和创业投资基金。支持香港开发更多离岸人民币、大宗商品及其他风险管理工具。支持内地与香港、澳门保险机构开展跨境人民币再保险业务。不断完善“沪港通”“深港通”和“债券通”。支持符合条件的港澳银行、保险机构在深圳前海、广州南沙、珠海横琴设立经营机构。建立粤港澳大湾区金融监管协调沟通机制，加强跨境金融机构监管和资金流动监测分析合作。完善粤港澳反洗钱、反恐怖融资、反逃税监管合作和信息交流机制。建立和完善系统性风险预警、防范和化解体系，共同维护金融系统安全。

构建现代服务业体系。聚焦服务业重点领域和发展短板，促进商务服务、流通服务等生产性服务业向专业化和价值链高端延伸发展，健康服务、家庭服务等生活性服务业向精细和高品质转变，以航运物流、旅游服务、文化创意、人力资源服务、会议展览及其他专业服务等为重点，构建错位发展、优势互补、协作配套的现代服务业体系。推进粤港澳物流合作发展，大力发展第三方物流和冷链物流，提高供应链管理水平，建设国际物流枢纽。支持澳门加快建设葡语国家食品集散中心。推动粤港澳深化工业设计合作，促进工业设计成果产业化。深化粤港澳文化创意产业合作，有序推进市场开放。充分发挥香港影视人才优势，推动粤港澳影视合作，加强电影投资合作和人才交流，支持香港成为电影电视博览枢纽。巩固提升香港作为国际高端会议展览及采购中心的地位，支持澳门培育一批具有国际影响力的会议展览品牌。深化落实内地与香港、澳门关于建立更紧密经贸关系的安排（CEPA）对港澳服务业开放措施，鼓励粤港澳共建专业服务机构，促进会计审计、法律及争议解决服务、管理咨询、检验检测认证、知识产权、建筑及相关工程等专业服务发展。支持大湾区企业使用香港的检验检测认证等服务。

第四节　大力发展海洋经济

坚持陆海统筹、科学开发，加强粤港澳合作，拓展蓝色经济空间，共同建设现代海洋产业基地。强化海洋观测、监测、预报和防灾减灾能力，提升海洋资源开发利用水平。优化海洋开发空间布局，与海洋功能区划、土地利用总体规划相衔接，科学统筹海岸带（含海岛地区）、近海海域、深海海域利用。构建现代海洋产业体系，优化提升海洋渔业、海洋交通运输、海洋船舶等传统优势产业，培育壮大海洋生物医药、海洋工程装备制造、海水综合利用等新兴产业，集中集约发展临海石化、能源等产业，加快发展港口物流、滨海旅游、海洋信息服务等海洋服务业，加强海洋科技创新平台建设，促进海洋科技创新和成果高效转化。支持香港发挥海洋经济基础领域创新研究优势。在保障珠江河口水域泄洪纳潮安全的前提下，支持澳门科学编制实施海域中长期发展规划，进一步发展海上旅游、海洋科技、海洋生物等产业。支持深圳建设全球海洋中心城市。支持粤港澳通过加强金融合作推进海洋经济发展，探索在境内外发行企业海洋开发债券，鼓励产业（股权）投资基金投资海洋综合开发企业和项目，依托香港高增值海运和金融服务的优势，发展海上保险、再保险及船舶金融等特色金融业。

第七章　推进生态文明建设

牢固树立和践行绿水青山就是金山银山的理念，像对待生命一样对待生态环境，实行最严格的生态环境保护制度。坚持节约优先、保护优先、自然恢复为主的方针，以建设美丽湾区为引领，着力提升生态环境质量，形成节约资源和保护环境的空间格局、产业结构、生产方式、生活方式，实现绿色低碳循环发展，使大湾区天更蓝、山更绿、水更清、环境更优美。

第一节　打造生态防护屏障

实施重要生态系统保护和修复重大工程，构建生态廊道和生物多样性保护网络，提升生态系统质量和稳定性。划定并严守生态保护红线，强化自然生态空间用途管制。加强珠三角周边山地、丘陵及森林生态系统保护，建设北部连绵山体森林生态屏障。加强海岸线保护与管控，强化岸线资源保护和自然属性维护，建立健全海岸线动态监测机制。强化近岸海域生态系统保护与修复，开展水生生物增殖放流，推进重要海洋自然保护区及水产种质资源保护区建设与管理。推进“蓝色海湾”整治行动、保护沿海红树林，建设沿海生态带。加强粤港澳生态环境保护合作，共同改善生态环境系统。加强湿地保护修复，全面保护区域内国际和国家重要湿地，开展滨海湿地跨境联合保护。

第二节　加强环境保护和治理

开展珠江河口区域水资源、水环境及涉水项目管理合作，重点整治珠江东西两岸污染，规范入河（海）排污口设置，强化陆源污染排放项目、涉水项目和岸线、滩涂管理。加强海洋资源环境保护，更加重视以海定陆，加快建立入海污染物总量控制制度和海洋环境实时在线监控系统。实施东江、西江及珠三角河网区污染物排放总量控制，保障水功能区水质达标。加强东江、西江、北江等重要江河水环境保护和水生生物资源养护，强化深圳河等重污染河流系统治理，推进城市黑臭水体环境综合整治，贯通珠江三角洲水网，构建全区域绿色生态水网。强化区域大气污染联防联控，实施更严格的清洁航运政策，实施多污染物协同减排，统筹防治臭氧和细颗粒物（PM2.5）污染。实施珠三角九市空气质量达标管理。加强危险废物区域协同处理处置能力建设，强化跨境转移监管，提升固体废物无害化、减量化、资源化水平。开展粤港澳土壤治理修复技术交流与合作，积极推进受污染土壤的治理与修复示范，强化受污染耕地和污染地块安全利用，防控农业面源污染，保障农产品质量和人居环境安全。建立环境污染“黑名单”制度，健全环保信用评价、信息强制性披露、严惩重罚等制度。着力解决人民群众关心的环境保护历史遗留问题。

第三节　创新绿色低碳发展模式

挖掘温室气体减排潜力，采取积极措施，主动适应气候变化。加强低碳发展及节能环保技术的交流合作，进一步推广清洁生产技术。推进低碳试点示范，实施近零碳排放区示范工程，加快低碳技术研发。推动大湾区开展绿色低碳发展评价，力争碳排放早日达峰，建设绿色发展示范区。推动制造业智能化绿色化发展，采用先进适用节能低碳环保技术改造提升传统产业，加快构建绿色产业体系。推进能源生产和消费革命，构建清洁低碳、安全高效的能源体系。推进资源全面节约和循环利用，实施国家节水行动，降低能耗、物耗，实现生产系统和生活系统循环链接。实行生产者责任延伸制度，推动生产企业切实落实废弃产品回收责任。培育发展新兴服务业态，加快节能环保与大数据、互联网、物联网的融合。广泛开展绿色生活行动，推动居民在衣食住行游等方面加快向绿色低碳、文明健康的方式转变。加强城市绿道、森林湿地步道等公共慢行系统建设，鼓励低碳出行。推广碳普惠制试点经验，推动粤港澳碳标签互认机制研究与应用示范。

第八章　建设宜居宜业宜游的优质生活圈

坚持以人民为中心的发展思想，积极拓展粤港澳大湾区在教育、文化、旅游、社会保障等领域的合作，共同打造公共服务优质、宜居宜业宜游的优质生活圈。

第一节　打造教育和人才高地

推动教育合作发展。支持粤港澳高校合作办学，鼓励联合共建优势学科、实验室和研究中心。充分发挥粤港澳高校联盟的作用，鼓励三地高校探索开展相互承认特定课程学分、实施更灵活的交换生安排、科研成果分享转化等方面的合作交流。支持大湾区建设国际教育示范区，引进世界知名大学和特色学院，推进世界一流大学和一流学科建设。鼓励港澳青年到内地学校就读，对持港澳居民来往内地通行证在内地就读的学生，实行与内地学生相同的交通、旅游门票等优惠政策。推进粤港澳职业教育在招生就业、培养培训、师生交流、技能竞赛等方面的合作，创新内地与港澳合作办学方式，支持各类职业教育实训基地交流合作，共建一批特色职业教育园区。支持澳门建设中葡双语人才培训基地，发挥澳门旅游教育培训和旅游发展经验优势，建设粤港澳大湾区旅游教育培训基地。加强基础教育交流合作，鼓励粤港澳三地中小学校结为“姊妹学校”，在广东建设港澳子弟学校或设立港澳儿童班并提供寄宿服务。研究探索三地幼儿园缔结“姊妹园”。研究开放港澳中小学教师、幼儿教师到广东考取教师资格并任教。加强学校建设，扩大学位供给，进一步完善跨区域就业人员随迁子女就学政策，推动实现平等接受学前教育、义务教育和高中阶段教育，确保符合条件的随迁子女顺利在流入地参加高考。研究赋予在珠三角九市工作生活并符合条件的港澳居民子女与内地居民同等接受义务教育和高中阶段教育的权利。支持各级各类教育人才培训交流。

建设人才高地。支持珠三角九市借鉴港澳吸引国际高端人才的经验和做法，创造更具吸引力的引进人才环境，实行更积极、更开放、更有效的人才引进政策，加快建设粤港澳人才合作示范区。在技术移民等方面先行先试，开展外籍创新人才创办科技型企业享受国民待遇试点。支持大湾区建立国家级人力资源服务产业园。建立紧缺人才清单制度，定期发布紧缺人才需求，拓宽国际人才招揽渠道。完善外籍高层次人才认定标准，畅通人才申请永久居留的市场化渠道，为外籍高层次人才在华工作、生活提供更多便利。完善国际化人才培养模式，加强人才国际交流合作，推进职业资格国际互认。完善人才激励机制，健全人才双向流动机制，为人才跨地区、跨行业、跨体制流动提供便利条件，充分激发人才活力。支持澳门加大创新型人才和专业服务人才引进力度，进一步优化提升人才结构。探索采用法定机构或聘任制等形式，大力引进高层次、国际化人才参与大湾区的建设和管理。

第二节　共建人文湾区

塑造湾区人文精神。坚定文化自信，共同推进中华优秀传统文化传承发展，发挥粤港澳地域相近、文脉相亲的优势，联合开展跨界重大文化遗产保护，合作举办各类文化遗产展览、展演活动，保护、宣传、利用好湾区内的文物古迹、世界文化遗产和非物质文化遗产，支持弘扬以粤剧、龙舟、武术、醒狮等为代表的岭南文化，彰显独特文化魅力。增强大湾区文化软实力，进一步提升居民文化素养与社会文明程度，共同塑造和丰富湾区人文精神内涵。吸收中华优秀传统文化精华，大力弘扬廉洁修身、勤勉尽责的廉洁文化，形成崇廉尚洁的良好社会氛围，共同维护向善向上的清风正气，构建亲清新型政商关系，推动廉洁化风成俗。

共同推动文化繁荣发展。完善大湾区内公共文化服务体系和文化创意产业体系，培育文化人才，打造文化精品，繁荣文化市场，丰富居民文化生活。推进大湾区新闻出版广播影视产业发展；加强国家音乐产业基地建设，推动音乐产业发展。加强大湾区艺术院团、演艺学校及文博机构交流，支持博物馆合作策展，便利艺术院团在大湾区内跨境演出。支持新建香港故宫文化博物馆、西九文化区戏曲中心等重点文化项目，增强香港中西合璧的城市文化魅力。支持香港通过国际影视展、香港书展和设计营商周等具有国际影响力的活动，汇聚创意人才，巩固创意之都地位。支持深圳引进世界高端创意设计资源，大力发展时尚文化产业。支持香港、澳门、广州、佛山（顺德）弘扬特色饮食文化，共建世界美食之都。共同推进大湾区体育事业和体育产业发展，联合打造一批国际性、区域性品牌赛事。推进马匹运动及相关产业发展，加强香港与内地在马匹、饲草饲料、兽药、生物制品等进出境检验检疫和通关等方面的合作。

加强粤港澳青少年交流。支持“粤港澳青年文化之旅”、香港“青年内地交流资助计划”和澳门“千人计划”等重点项目实施，促进大湾区青少年交流合作。在大湾区为青年人提供创业、就业、实习和志愿工作等机会，推动青年人交往交流、交心交融，支持港澳青年融入国家、参与国家建设。强化内地和港澳青少年的爱国教育，加强宪法和基本法、国家历史、民族文化的教育宣传。开展青少年研学旅游合作，共建一批研学旅游示范基地。鼓励举办大湾区青年高峰论坛。

推动中外文化交流互鉴。发挥大湾区中西文化长期交汇共存等综合优势，促进中华文化与其他文化的交流合作，创新人文交流方式，丰富文化交流内容，提高文化交流水平。支持广州建设岭南文化中心和对外文化交流门户，扩大岭南文化的影响力和辐射力。支持中山深度挖掘和弘扬孙中山文化资源。支持江门建设华侨华人文化交流合作重要平台。支持澳门发挥东西方多元文化长期交融共存的特色，加快发展文化产业和文化旅游，建设中国与葡语国家文化交流中心。鼓励香港发挥中西方文化交流平台作用，弘扬中华优秀传统文化。

第三节　构筑休闲湾区

推进大湾区旅游发展，依托大湾区特色优势及香港国际航运中心的地位，构建文化历史、休闲度假、养生保健、邮轮游艇等多元旅游产品体系，丰富粤港澳旅游精品路线，开发高铁“一程多站”旅游产品，建设粤港澳大湾区世界级旅游目的地。优化珠三角地区“144 小时过境免签”政策，便利外国人在大湾区旅游观光。支持香港成为国际城市旅游枢纽及“一程多站”示范核心区，建设多元旅游平台。支持澳门建设世界旅游休闲中心，在澳门成立大湾区城市旅游合作联盟，推进粤港澳共享区域旅游资源，构建大湾区旅游品牌，研发具有创意的旅游产品，共同拓展旅游客源市场，推动旅游休闲提质升级。有序推动香港、广州、深圳国际邮轮港建设，进一步增加国际班轮航线，探索研究简化邮轮、游艇及旅客出入境手续。逐步简化及放宽内地邮轮旅客的证件安排，研究探索内地邮轮旅客以过境方式赴港参与全部邮轮航程。推动粤港澳游艇自由行有效实施，加快完善软硬件设施，共同开发高端旅游项目。探索在合适区域建设国际游艇旅游自由港。支持澳门与邻近城市探索发展国际游艇旅游，合作开发跨境旅游产品，发展面向国际的邮轮市场。支持珠三角城市建设国家全域旅游示范区。促进滨海旅游业高品质发展，加快“海洋—海岛—海岸”旅游立体开发，完善滨海旅游基础设施与公共服务体系。探索以旅游等服务业为主体功能的无居民海岛整岛开发方式。建设贯通潮州到湛江并连接港澳的滨海景观公路，推动形成连通港澳的滨海旅游发展轴线，建设一批滨海特色风情小镇。探索开通澳门与邻近城市、岛屿的旅游路线，探索开通香港—深圳—惠州—汕尾海上旅游航线。

第四节　拓展就业创业空间

完善区域公共就业服务体系，建设公共就业综合服务平台，完善有利于港澳居民特别是内地学校毕业的港澳学生在珠三角九市就业生活的政策措施，扩宽港澳居民就业创业空间。鼓励港澳居民中的中国公民依法担任内地国有企事业单位职务，研究推进港澳居民中的中国公民依法报考内地公务员工作。在深圳前海、广州南沙、珠海横琴建立港澳创业就业试验区，试点允许取得建筑及相关工程咨询等港澳相应资质的企业和专业人士为内地市场主体直接提供服务，并逐步推出更多试点项目及开放措施。支持港澳青年和中小微企业在内地发展，将符合条件的港澳创业者纳入当地创业补贴扶持范围，积极推进深港青年创新创业基地、前海深港青年梦工场、南沙粤港澳（国际）青年创新工场、中山粤港澳青年创新创业合作平台、中国（江门、增城）“侨梦苑”华侨华人创新产业聚集区、东莞松山湖（生态园）港澳青年创新创业基地、惠州仲恺港澳青年创业基地等港澳青年创业就业基地建设。实施“粤港暑期实习计划”“粤澳暑期实习计划”和“澳门青年到深圳实习及就业项目”，鼓励港澳青年到广东省实习就业。支持香港通过“青年发展基金”等帮助香港青年在大湾区创业就业。支持澳门建设中国与葡语国家青年创新创业交流中心。支持举办粤港、粤澳劳动监察合作会议和执法培训班。

第五节　塑造健康湾区

密切医疗卫生合作。推动优质医疗卫生资源紧密合作，支持港澳医疗卫生服务提供主体在珠三角九市按规定以独资、合资或合作等方式设置医疗机构，发展区域医疗联合体和区域性医疗中心。支持中山推进生物医疗科技创新。深化中医药领域合作，支持澳门、香港分别发挥中药质量研究国家重点实验室伙伴实验室和香港特别行政区政府中药检测中心优势，与内地科研机构共同建立国际认可的中医药产品质量标准，推进中医药标准化、国际化。支持粤澳合作中医药科技产业园开展中医药产品海外注册公共服务平台建设，发展健康产业，提供优质医疗保健服务，推动中医药海外发展。加强医疗卫生人才联合培养和交流，开展传染病联合会诊，鼓励港澳医务人员到珠三角九市开展学术交流和私人执业医务人员短期执业。研究开展非急重病人跨境陆路转运服务，探索在指定公立医院开展跨境转诊合作试点。完善紧急医疗救援联动机制。推进健康城市、健康村镇建设。

加强食品食用农产品安全合作。完善港澳与内地间的食品原产地可追溯制度，提高大湾区食品安全监管信息化水平。加强粤港澳食品安全合作，提升区域食品安全保障水平，建立健全食品安全信息通报案件查处和食品安全事故应急联动机制，建立食品安全风险交流与信息发布制度。保障内地供港澳食品安全，支持港澳参与广东出口食品农产品质量安全示范区和“信誉农场”建设，高水平打造惠州粤港澳绿色农产品生产供应基地、肇庆（怀集）绿色农副产品集散基地。

第六节　促进社会保障和社会治理合作

推进社会保障合作。探索推进在广东工作和生活的港澳居民在教育、医疗、养老、住房、交通等民生方面享有与内地居民同等的待遇。加强跨境公共服务和社会保障的衔接，探索澳门社会保险在大湾区内跨境使用，提高香港长者社会保障措施的可携性。研究建立粤港澳跨境社会救助信息系统，开展社会福利和慈善事业合作。鼓励港澳与内地社会福利界加强合作，推进社会工作领域职业资格互认，加强粤港澳社工的专业培训交流。深化养老服务合作，支持港澳投资者在珠三角九市按规定以独资、合资或合作等方式兴办养老等社会服务机构，为港澳居民在广东养老创造便利条件。推进医养结合，建设一批区域性健康养老示范基地。

深化社会治理合作。深入推进依法行政，加强大湾区廉政机制协同，打造优质高效廉洁政府，提升政府服务效率和群众获得感。在珠三角九市港澳居民比较集中的城乡社区，有针对性地拓展社区综合服务功能，为港澳居民提供及时、高效、便捷的社会服务。严格依照宪法和基本法办事，在尊重各自管辖权的基础上，加强粤港澳司法协助。建立社会治安治理联动机制，强化矛盾纠纷排查预警和案件应急处置合作，联合打击偷渡行为，更大力度打击跨境犯罪活动，统筹应对传统和非传统安全威胁。完善突发事件应急处置机制，建立粤港澳大湾区应急协调平台，联合制定事故灾难、自然灾害、公共卫生事件、公共安全事件等重大突发事件应急预案，不定期开展应急演练，提高应急合作能力。

第九章 紧密合作共同参与“一带一路”建设

深化粤港澳合作，进一步优化珠三角九市投资和营商环境，提升大湾区市场一体化水平，全面对接国际高标准市场规则体系，加快构建开放型经济新体制，形成全方位开放格局，共创国际经济贸易合作新优势，为“一带一路”建设提供有力支撑。

第一节 打造具有全球竞争力的营商环境

发挥香港、澳门的开放平台与示范作用，支持珠三角九市加快建立与国际高标准投资和贸易规则相适应的制度规则，发挥市场在资源配置中的决定性作用，减少行政干预，加强市场综合监管，形成稳定、公平、透明、可预期的一流营商环境。加快转变政府职能，深化“放管服”改革，完善对外资实行准入前国民待遇加负面清单管理模式，深化商事制度改革，加强事中事后监管。加强粤港澳司法交流与协作，推动建立共商、共建、共享的多元化纠纷解决机制，为粤港澳大湾区建设提供优质、高效、便捷的司法服务和保障，着力打造法治化营商环境。完善国际商事纠纷解决机制，建设国际仲裁中心，支持粤港澳仲裁及调解机构交流合作，为粤港澳经济贸易提供仲裁及调解服务。创新“互联网+政务服务”模式，加快清理整合分散、独立的政务信息系统，打破“信息孤岛”，提高行政服务效率。探索把具备条件的行业服务管理职能适当交由社会组织承担，建立健全行业协会法人治理结构。充分发挥行业协会商会在制定技术标准、规范行业秩序、开拓国际市场、应对贸易摩擦等方面的积极作用。加快珠三角九市社会信用体系建设，借鉴港澳信用建设经验成果，探索依法对区域内企业联动实施信用激励和失信惩戒措施。

第二节 提升市场一体化水平

推进投资便利化。落实内地与香港、澳门 CEPA 系列协议，推动对港澳在金融、教育、法律及争议解决、航运、物流、铁路运输、电信、中医药、建筑及相关工程等领域实施特别开放措施，研究进一步取消或放宽对港澳投资者的资质要求、持股比例、行业准入等限制，在广东为港澳投资者和相关从业人员提供一站式服务，更好落实 CEPA 框架下对港澳开放措施。提升投资便利化水平。在CEPA框架下研究推出进一步开放措施，使港澳专业人士与企业在内地更多领域从业投资营商享受国民待遇。

推动贸易自由化。加快国际贸易单一窗口建设，推进口岸监管部门间信息互换、监管互认、执法互助。研究优化相关管理措施，进一步便利港澳企业拓展内地市场。支持广州南沙建设全球进出口商品质量溯源中心。加快推进市场采购贸易方式试点。落实内地与香港、澳门CEPA服务贸易协议，进一步减少限制条件，不断提升内地与港澳服务贸易自由化水平。有序推进制定与国际接轨的服务业标准化体系，促进粤港澳在与服务贸易相关的人才培养、资格互认、标准制定等方面加强合作。扩大内地与港澳专业资格互认范围，拓展“一试三证”（一次考试可获得国家职业资格认证、港澳认证及国际认证）范围，推动内地与港澳人员跨境便利执业。

促进人员货物往来便利化。通过电子化、信息化等手段，不断提高港澳居民来往内地通行证使用便利化水平。研究为符合条件的珠三角九市人员赴港澳开展商务、科研、专业服务等提供更加便利的签注安排。统筹研究外国人在粤港澳大湾区内的便利通行政策和优化管理措施。加强内地与港澳口岸部门协作，扩展和完善口岸功能，依法推动在粤港澳口岸实施更便利的通关模式，研究在条件允许的情况下主要陆路口岸增加旅客出入境自助查验通道，进一步便利港澳与内地居民往来。研究制定港澳与内地车辆通行政策和配套交通管理措施，促进交通物流发展。进一步完善澳门单牌机动车便利进出横琴的政策措施，研究扩大澳门单牌机动车在内地行驶范围；研究制定香港单牌机动车进入内地行驶的政策措施；完善粤港、粤澳两地牌机动车管理政策措施，允许两地牌机动车通过多个口岸出入境。

第三节　携手扩大对外开放

打造“一带一路”建设重要支撑区。支持粤港澳加强合作，共同参与“一带一路”建设，深化与相关国家和地区基础设施互联互通、经贸合作及人文交流。签署实施支持香港、澳门全面参与和助力“一带一路”建设安排，建立长效协调机制，推动落实重点任务。强化香港全球离岸人民币业务枢纽地位，支持澳门以适当方式与丝路基金、中拉产能合作投资基金、中非产能合作基金和亚洲基础设施投资银行（以下简称亚投行）开展合作。支持香港成为解决“一带一路”建设项目投资和商业争议的服务中心。支持香港、澳门举办与“一带一路”建设主题相关的各类论坛或博览会，打造港澳共同参与“一带一路”建设的重要平台。

全面参与国际经济合作。依托港澳的海外商业网络和海外运营经验优势，推动大湾区企业联手走出去，在国际产能合作中发挥重要引领作用。积极引导华侨华人参与大湾区建设，更好发挥华侨华人、归侨侨眷以及港澳居民的纽带作用，增进与相关国家和地区的人文交流。加强与世界主要经济体联系，吸引发达国家先进制造业、现代服务业和战略性新兴产业投资，吸引跨国公司总部和国际组织总部落户大湾区。加快引进国际先进技术、管理经验和高素质人才，支持跨国公司在大湾区内设立全球研发中心、实验室和开放式创新平台，提升大湾区对全球资源的配置能力。加强粤港澳港口国际合作，与相关国家和地区共建港口产业园区，建设区域性港口联盟。充分发挥港澳在国家对外开放中的特殊地位与作用，支持香港、澳门依法以“中国香港”“中国澳门”名义或者其他适当形式，对外签署自由贸易协定和参加有关国际组织，支持香港在亚投行运作中发挥积极作用，支持澳门在符合条件的情况下加入亚投行，支持丝路基金及相关金融机构在香港、澳门设立分支机构。

携手开拓国际市场。充分发挥港澳对外贸易联系广泛的作用，探索粤港澳共同拓展国际发展空间新模式。鼓励粤港澳三地企业合作开展绿地投资、实施跨国兼并收购和共建产业园区，支持港澳企业与境外经贸合作区对接，共同开拓国际市场，带动大湾区产品、设备、技术、标准、检验检测认证和管理服务等走出去。发挥港澳在财务、设计、法律及争议解决、管理咨询、项目策划、人才培训、海运服务、建筑及相关工程等方面国际化专业服务优势，扩展和优化国际服务网络，为企业提供咨询和信息支持。发挥香港国际金融中心作用，为内地企业走出去提供投融资和咨询等服务。支持内地企业在香港设立资本运作中心及企业财资中心，开展融资、财务管理等业务，提升风险管控水平。支持香港与佛山开展离岸贸易合作。支持搭建“一带一路”共用项目库。加强内地与港澳驻海外机构的信息交流，联合开展投资贸易环境推介和项目服务，助力三地联合开展引进来和走出去工作。发挥澳门与葡语国家的联系优势，依托中国与葡语国家商贸合作服务平台，办好中国—葡语国家经贸合作论坛（澳门），更好发挥中葡合作发展基金作用，为内地和香港企业与葡语国家之间的贸易投资、产业及区域合作、人文及科技交流等活动提供金融、法律、信息等专业服务，联手开拓葡语国家和其他地区市场。

第十章　共建粤港澳合作发展平台

加快推进深圳前海、广州南沙、珠海横琴等重大平台开发建设，充分发挥其在进一步深化改革、扩大开放、促进合作中的试验示范作用，拓展港澳发展空间，推动公共服务合作共享，引领带动粤港澳全面合作。

第一节　优化提升深圳前海深港现代服务业合作区功能

强化前海合作发展引擎作用。适时修编前海深港现代服务业合作区总体发展规划，研究进一步扩展前海发展空间，并在新增范围内实施前海有关支持政策。联动香港构建开放型、创新型产业体系，加快迈向全球价值链高端。推进金融开放创新，拓展离岸账户（OSA）功能，借鉴上海自贸试验区自由贸易账户体系（FTA），积极探索资本项目可兑换的有效路径。支持香港交易所前海联合交易中心建成服务境内外客户的大宗商品现货交易平台，探索服务实体经济的新模式。加强深港绿色金融和金融科技合作。建设跨境经贸合作网络服务平台，助力企业走出去开拓国际市场。建设新型国际贸易中心，发展离岸贸易，打造货权交割地。建设国际高端航运服务中心，发展航运金融等现代航运服务业。建设离岸创新创业平台，允许科技企业区内注册、国际经营。支持在有条件的海关特殊监管区域开展保税研发业务。建设国际文化创意基地，探索深港文化创意合作新模式。

加强法律事务合作。合理运用经济特区立法权，加快构建适应开放型经济发展的法律体系，加强深港司法合作交流。加快法律服务业发展，鼓励支持法律服务机构为“一带一路”建设和内地企业走出去提供服务，深化粤港澳合伙联营律师事务所试点，研究港澳律师在珠三角九市执业资质和业务范围问题，构建多元化争议解决机制，联动香港打造国际法律服务中心和国际商事争议解决中心。实行严格的知识产权保护，强化知识产权行政保护，更好发挥知识产权法庭作用。

建设国际化城市新中心。支持在深圳前海设立口岸，研究加强与香港基础设施高效联通。扩大香港工程建设模式实施范围，推出更多对香港建筑及相关工程业界的开放措施。借鉴香港经验提升城市建设和营运管理水平，建设国际一流的森林城市，突出水城共融城市特色，打造可持续发展的绿色智慧生态城区。引进境内外高端教育、医疗资源，提供国际化高品质社会服务。支持国际金融机构在深圳前海设立分支机构。

第二节 打造广州南沙粤港澳全面合作示范区

携手港澳建设高水平对外开放门户。充分发挥国家级新区和自贸试验区优势，加强与港澳全面合作，加快建设大湾区国际航运、金融和科技创新功能的承载区，成为高水平对外开放门户。合理统筹解决广州南沙新增建设用地规模，调整优化城市布局和空间结构，强化与周边地区在城市规划、综合交通、公共服务设施等方面的一体化衔接，构建“半小时交通圈”。支持广州南沙与港澳合作建设中国企业走出去综合服务基地和国际交流平台，建设我国南方重要的对外开放窗口。

共建创新发展示范区。强化粤港澳联合科技创新，共同将广州南沙打造为华南科技创新成果转化高地，积极布局新一代信息技术、人工智能、生命健康、海洋科技、新材料等科技前沿领域，培育发展平台经济、共享经济、体验经济等新业态。支持粤港澳三地按共建共享原则，在广州南沙规划建设粤港产业深度合作园，探索建设粤澳合作葡语国家产业园，合作推进园区规划、建设、开发等重大事宜。在内地管辖权和法律框架下，营造高标准的国际化市场化法治化营商环境，提供与港澳相衔接的公共服务和社会管理环境，为港澳产业转型升级、居民就业生活提供新空间。

建设金融服务重要平台。强化金融服务实体经济的本源，着力发展航运金融、科技金融、飞机船舶租赁等特色金融。支持与港澳金融机构合作，按规定共同发展离岸金融业务，探索建设国际航运保险等创新型保险要素交易平台。研究探索在广东自贸试验区内设立粤港澳大湾区国际商业银行，服务大湾区建设发展。探索建立与粤港澳大湾区发展相适应的账户管理体系，在跨境资金管理、人民币跨境使用、资本项目可兑换等方面先行先试，促进跨境贸易、投融资结算便利化。

打造优质生活圈。高标准推进广州南沙城市规划建设，强化生态核心竞争力，彰显岭南文化、水乡文化和海洋文化特色，建设国际化城市。积极探索有利于人才发展的政策和机制，加快创建国际化人才特区。提升社会服务水平，为区内居民提供更加便利的条件。

第三节　推进珠海横琴粤港澳深度合作示范

建设粤港澳深度合作示范区。配合澳门建设世界旅游休闲中心，高水平建设珠海横琴国际休闲旅游岛，统筹研究旅客往来横琴和澳门的便利措施，允许澳门旅游从业人员到横琴提供相关服务。支持横琴与珠海保税区、洪湾片区联动发展，建设粤港澳物流园。加快推进横琴澳门青年创业谷和粤澳合作产业园等重大合作项目建设，研究建设粤澳信息港。支持粤澳合作中医药科技产业园发展，探索加强与国家中医药现代化科技产业创新联盟的合作，在符合相关法律法规前提下，为园区内的企业新药研发、审批等提供指导。探索符合条件的港澳和外籍医务人员直接在横琴执业。

加强民生合作。支持珠海和澳门在横琴合作建设集养老、居住、教育、医疗等功能于一体的综合民生项目，探索澳门医疗体系及社会保险直接适用并延伸覆盖至该项目。在符合横琴城市规划建设基本要求的基础上，探索实行澳门的规划及工程监管机制，由澳门专业人士和企业参与民生项目开发和管理。研究设立为澳门居民在横琴治病就医提供保障的医疗基金。研究在横琴设立澳门子弟学校。

加强对外开放合作。支持横琴与澳门联手打造中拉经贸合作平台，搭建内地与“一带一路”相关国家和地区的国际贸易通道，推动跨境交付、境外消费、自然人移动、商业存在等服务贸易模式创新。支持横琴为澳门发展跨境电商产业提供支撑，推动葡语国家产品经澳门更加便捷进入内地市场。研究将外国人签证居留证件签发权限下放至横琴。

第四节 发展特色合作平台

支持珠三角九市发挥各自优势，与港澳共建各类合作园区，拓展经济合作空间，实现互利共赢。支持落马洲河套港深创新及科技园和毗邻的深方科创园区建设，共同打造科技创新合作区，建立有利于科技产业创新的国际化营商环境，实现创新要素便捷有效流动。支持江门与港澳合作建设大广海湾经济区，拓展在金融、旅游、文化创意、电子商务、海洋经济、职业教育、生命健康等领域合作。加快江门银湖湾滨海地区开发，形成国际节能环保产业集聚地以及面向港澳居民和世界华侨华人的引资引智创业创新平台。推进澳门和中山在经济、社会、文化等方面深度合作，拓展澳门经济适度多元发展新空间。支持东莞与香港合作开发建设东莞滨海湾地区，集聚高端制造业总部、发展现代服务业，建设战略性新兴产业研发基地。支持佛山南海推动粤港澳高端服务合作，搭建粤港澳市场互联、人才信息技术等经济要素互通的桥梁。

第十一章 规划实施

第一节 加强组织领导

加强对规划实施的统筹指导，设立粤港澳大湾区建设领导小组，研究解决大湾区建设中政策实施、项目安排、体制机制创新、平台建设等方面的重大问题。广东省政府和香港、澳门特别行政区政府要加强沟通协商，稳步落实《深化粤港澳合作推进大湾区建设框架协议》与本规划确定的目标和任务。鼓励大湾区城市间开展多种形式的合作交流，共同推进大湾区建设。

第二节 推动重点工作

中央有关部门要结合自身职能，抓紧制定支持大湾区发展的具体政策和措施，与广东省政府和香港、澳门特别行政区政府加强沟通，坚持用法治化市场化方式协调解决大湾区合作发展中的问题。广东省政府和香港、澳门特别行政区政府要在相互尊重的基础上，积极协调配合，共同编制科技创新、基础设施、产业发展、生态环境保护等领域的专项规划或实施方案并推动落实。国家发展改革委要会同国务院港澳办等有关部门对本规划实施情况进行跟踪分析评估，根据新情况新问题研究提出规划调整建议，重大问题及时向党中央、国务院报告。

第三节　防范化解风险

做好防范化解重大风险工作，重点防控金融风险。强化属地金融风险管理责任，做好重点领域风险防范和处置，坚决打击违法违规金融活动，加强薄弱环节监管制度建设，守住不发生系统性金融风险的底线。广东省要严格落实预算法有关规定，强化地方政府债务限额管理，有效规范政府举债融资；加大财政约束力度，有效抑制不具有还款能力的项目建设；加大督促问责力度，坚决制止违法违规融资担保行为。

第四节　扩大社会参与

支持内地与港澳智库加强合作，为大湾区发展提供智力支持。建立行政咨询体系，邀请粤港澳专业人士为大湾区发展提供意见建议。支持粤港澳三地按照市场化原则，探索成立联合投资开发机构和发展基金，共同参与大湾区建设。支持粤港澳工商企业界、劳工界、专业服务界、学术界等建立联系机制，加强交流与合作。扩大大湾区建设中的公众参与，畅通公众意见反馈渠道，支持各类市场主体共同参与大湾区建设发展。

（二）中共中央　国务院关于支持深圳建设中国特色社会主义先行示范区的意见

中共中央　国务院
关于支持深圳建设中国特色社会主义先行示范区的意见

（2019 年 8 月 9 日）

党和国家作出兴办经济特区重大战略部署以来，深圳经济特区作为我国改革开放的重要窗口，各项事业取得显著成绩，已成为一座充满魅力、动力、活力、创新力的国际化创新型城市。当前，中国特色社会主义进入新时代，支持深圳高举新时代改革开放旗帜、建设中国特色社会主义先行示范区，有利于在更高起点、更高层次、更高目标上推进改革开放，形成全面深化改革、全面扩大开放新格局；有利于更好实施粤港澳大湾区战略，丰富"一国两制"事业发展新实践；有利于率先探索全面建设社会主义现代化强国新路径，为实现中华民族伟大复兴的中国梦提供有力支撑。为全面贯彻落实习近平新时代中国特色社会主义思想和习近平总书记关于深圳工作的重要讲话和指示批示精神，现就支持深圳建设中国特色社会主义先行示范区提出如下意见。

一、总体要求

（一）指导思想。以习近平新时代中国特色社会主义思想为指导，全面贯彻党的十九大和十九届二中、三中全会精神，紧紧围绕统筹推进"五位一体"总体布局和协调推进"四个全面"战略布局，坚持和加强党的全面领导，坚持新发展理念，坚持以供给侧结构性改革为主线，坚持全面深化改革，坚持全面扩大开放，坚持以人民为中心，践行高质量发展要求，深入实施创新驱动发展战略，抓住粤港澳大湾区建设重要机遇，增强核心引擎功能，朝着建设中国特色社会主义先行示范区的方向前行，努力创建社会主义现代化强国的城市范例。

（二）战略定位。

——高质量发展高地。深化供给侧结构性改革，实施创新驱动发展战略，建设现代化经济体系，在构建高质量发展的体制机制上走在全国前列。

——法治城市示范。全面提升法治建设水平，用法治规范政府和市场边界，营造稳定公平透明、可预期的国际一流法治化营商环境。

——城市文明典范。践行社会主义核心价值观，构建高水平的公共文化服务体系和现代文化产业体系，成为新时代举旗帜、聚民心、育新人、兴文化、展形象的引领者。

——民生幸福标杆。构建优质均衡的公共服务体系，建成全覆盖可持续的社会保障体系，实现幼有善育、学有优教、劳有厚得、病有良医、老有颐养、住有宜居、弱有众扶。

——可持续发展先锋。牢固树立和践行绿水青山就是金山银山的理念，打造安全高效的生产空间、舒适宜居的生活空间、碧水蓝天的生态空间，在美丽湾区建设中走在前列，为落实联合国2030年可持续发展议程提供中国经验。

（三）发展目标。到2025年，深圳经济实力、发展质量跻身全球城市前列，研发投入强度、产业创新能力世界一流，文化软实力大幅提升，公共服务水平和生态环境质量达到国际先进水平，建成现代化国际化创新型城市。到2035年，深圳高质量发展成为全国典范，城市综合经济竞争力世界领先，建成具有全球影响力的创新创业创意之都，成为我国建设社会主义现代化强国的城市范例。到本世纪中叶，深圳以更加昂扬的姿态屹立于世界先进城市之林，成为竞争力、创新力、影响力卓著的全球标杆城市。

二、率先建设体现高质量发展要求的现代化经济体系

（四）加快实施创新驱动发展战略。支持深圳强化产学研深度融合的创新优势，以深圳为主阵地建设综合性国家科学中心，在粤港澳大湾区国际科技创新中心建设中发挥关键作用。支持深圳建设5G、人工智能、网络空间科学与技术、生命信息与生物医药实验室等重大创新载体，探索建设国际科技信

息中心和全新机制的医学科学院。加强基础研究和应用基础研究，实施关键核心技术攻坚行动，夯实产业安全基础。探索知识产权证券化，规范有序建设知识产权和科技成果产权交易中心。支持深圳具备条件的各类单位、机构和企业在境外设立科研机构，推动建立全球创新领先城市科技合作组织和平台。支持深圳实行更加开放便利的境外人才引进和出入境管理制度，允许取得永久居留资格的国际人才在深圳创办科技型企业、担任科研机构法人代表。

（五）加快构建现代产业体系。大力发展战略性新兴产业，在未来通信高端器件、高性能医疗器械等领域创建制造业创新中心。开展市场准入和监管体制机制改革试点，建立更具弹性的审慎包容监管制度，积极发展智能经济、健康产业等新产业新业态，打造数字经济创新发展试验区。提高金融服务实体经济能力，研究完善创业板发行上市、再融资和并购重组制度，创造条件推动注册制改革。支持在深圳开展数字货币研究与移动支付等创新应用。促进与港澳金融市场互联互通和金融（基金）产品互认。在推进人民币国际化上先行先试，探索创新跨境金融监管。

（六）加快形成全面深化改革开放新格局。坚持社会主义市场经济改革方向，探索完善产权制度，依法有效保护各种所有制经济组织和公民财产权。支持深圳开展区域性国资国企综合改革试验。高标准高质量建设自由贸易试验区，加快构建与国际接轨的开放型经济新体制。支持深圳试点深化外汇管理改革。推动更多国际组织和机构落户深圳。支持深圳举办国际大型体育赛事和文化交流活动，建设国家队训练基地，承办重大主场外交活动。支持深圳加快建设全球海洋中心城市，按程序组建海洋大学和国家深海科考中心，探索设立国际海洋开发银行。

（七）助推粤港澳大湾区建设。进一步深化前海深港现代服务业合作区改革开放，以制度创新为核心，不断提升对港澳开放水平。加快深港科技创新合作区建设，探索协同开发模式，创新科技管理机制，促进人员、资金、技术和信息等要素高效便捷流动。推进深莞惠联动发展，促进珠江口东西两岸融合互动，创新完善、探索推广深汕特别合作区管理体制机制。

三、率先营造彰显公平正义的民主法治环境

（八）全面提升民主法治建设水平。在党的领导下扩大人民有序政治参与，坚持和完善人民代表大会制度，加强社会主义协商民主制度建设。用足用好经济特区立法权，在遵循宪法和法律、行政法规基本原则前提下，允许深圳立足改革创新实践需要，根据授权对法律、行政法规、地方性法规作变通规定。加强法治政府建设，完善重大行政决策程序制度，提升政府依法行政能力。加大全面普法力度，营造尊法学法守法用法的社会风尚。

（九）优化政府管理和服务。健全政企沟通机制，加快构建亲清政商关系，进一步激发和弘扬优秀企业家精神，完善企业破产制度，打造法治化营商环境。深化“放管服”改革，全面推行权力清单、责任清单、负面清单制度，推进“数字政府”改革建设，实现主动、精准、整体式、智能化的政府管理和服务。改革完善公平竞争审查和公正监管制度，推进“双随机、一公开”监管，推行信用监管改革，促进各类市场主体守法诚信经营。

（十）促进社会治理现代化。综合应用大数据、云计算、人工智能等技术，提高社会治理智能化专业化水平。加强社会信用体系建设，率先构建统一的社会信用平台。加快建设智慧城市，支持深圳建设粤港澳大湾区大数据中心。探索完善数据产权和隐私保护机制，强化网络信息安全保障。加强基层治理，改革创新群团组织、社会力量参与社会治理模式。

四、率先塑造展现社会主义文化繁荣兴盛的现代城市文明

（十一）全面推进城市精神文明建设。进一步弘扬开放多元、兼容并蓄的城市文化和敢闯敢试、敢为人先、埋头苦干的特区精神，大力弘扬粤港澳大湾区人文精神，把社会主义核心价值观融入社会发展各方面，加快建设区域文化中心城市和彰显国家文化软实力的现代文明之城。推进公共文化服务创新发展，率先建成普惠性、高质量、可持续的城市公共文化服务体系。支持深圳规划建设一批重大公共文化设施，鼓励国家级博物馆在深圳设立分馆，研究将深圳列为城市社区运动场地设施建设试点城市。鼓励深圳与香港、澳门联合举办多种形式的文化艺术活动，开展跨界重大文化遗产保护，涵养同宗同源的文化底蕴，不断增强港澳同胞的认同感和凝聚力。

（十二）发展更具竞争力的文化产业和旅游业。支持深圳大力发展数字文化产业和创意文化产业，加强粤港澳数字创意产业合作。支持深圳建设创新创意设计学院，引进世界高端创意设计资源，设立面向全球的创意设计大奖，打造一批国际性的中国文化品牌。用好香港、澳门会展资源和行业优势，组织举办大型文创展览。推动文化和旅游融合发展，丰富中外文化交流内容。有序推动国际邮轮港建设，进一步增加国际班轮航线，探索研究简化邮轮、游艇及旅客出入境手续。

五、率先形成共建共治共享共同富裕的民生发展格局

（十三）提升教育医疗事业发展水平。支持深圳在教育体制改革方面先行先试，高标准办好学前教育，扩大中小学教育规模，高质量普及高中阶段教育。充分落实高等学校办学自主权，加快创建一流大学和一流学科。建立健全适应“双元”育人职业教育的体制机制，打造现代职业教育体系。加快构建国际一流的整合型优质医疗服务体系和以促进健康为导向的创新型医保制度。扩大优质医疗卫生资源供给，鼓励社会力量发展高水平医疗机构，为港资澳资医疗机构发展提供便利。探索建立与国际接轨的医学人才培养、医院评审认证标准体系，放宽境外医师到内地执业限制，先行先试国际前沿医疗技术。

（十四）完善社会保障体系。实施科学合理、积极有效的人口政策，逐步实现常住人口基本公共服务均等化。健全多层次养老保险制度体系，构建高水平养老和家政服务体系。推动统一的社会保险公共服务平台率先落地，形成以社会保险卡为载体的“一卡通”服务管理模式。推进在深圳工作和生活的港澳居民民生方面享有“市民待遇”。建立和完善房地产市场平稳健康发展长效机制，加快完善保障性住房与人才住房制度。

六、率先打造人与自然和谐共生的美丽中国典范

（十五）完善生态文明制度。落实生态环境保护“党政同责、一岗双责”，实行最严格的生态环境保护制度，加强生态环境监管执法，对违法行为“零容忍”。构建以绿色发展为导向的生态文明评价考核体系，探索实施生态系统服务价值核算制度。完善环境信用评价、信息强制性披露等生态环境保

护政策，健全环境公益诉讼制度。深化自然资源管理制度改革，创新高度城市化地区耕地和永久基本农田保护利用模式。

（十六）构建城市绿色发展新格局。坚持生态优先，加强陆海统筹，严守生态红线，保护自然岸线。实施重要生态系统保护和修复重大工程，强化区域生态环境联防共治，推进重点海域污染物排海总量控制试点。提升城市灾害防御能力，加强粤港澳大湾区应急管理合作。加快建立绿色低碳循环发展的经济体系，构建以市场为导向的绿色技术创新体系，大力发展绿色产业，促进绿色消费，发展绿色金融。继续实施能源消耗总量和强度双控行动，率先建成节水型城市。

七、保障措施

（十七）全面加强党的领导和党的建设。落实新时代党的建设总要求，坚持把党的政治建设摆在首位，增强“四个意识”，坚定“四个自信”，做到“两个维护”。贯彻落实新时代党的组织路线，激励特区干部新时代新担当新作为。坚定不移推动全面从严治党向纵深发展，持之以恒正风肃纪反腐。

（十八）强化法治政策保障。本意见提出的各项改革政策措施，凡涉及调整现行法律的，由有关方面按法定程序向全国人大或其常委会提出相关议案，经授权或者决定后实施；涉及调整现行行政法规的，由有关方面按法定程序经国务院授权或者决定后实施。在中央改革顶层设计和战略部署下，支持深圳实施综合授权改革试点，以清单式批量申请授权方式，在要素市场化配置、营商环境优化、城市空间统筹利用等重点领域深化改革、先行先试。

（十九）完善实施机制。在粤港澳大湾区建设领导小组领导下，中央和国家机关有关部门要加强指导协调，及时研究解决深圳建设中国特色社会主义先行示范区工作推进中遇到的重大问题，重大事项按程序向党中央、国务院请示报告。广东省要积极创造条件、全力做好各项指导支持工作。深圳市要落实主体责任，继续解放思想、真抓实干，改革开放再出发，在新时代走在前列、新征程勇当尖兵。

（三）国务院办公厅关于支持国家级新区深化改革创新加快推动高质量发展的指导意见

国务院办公厅关于支持国家级新区深化改革创新加快推动高质量发展的指导意见

（国办发〔2019〕58 号）

各省、自治区、直辖市人民政府，国务院各部委、各直属机构：

国家级新区（以下简称新区）是承担国家重大发展和改革开放战略任务的综合功能平台。自上世纪 90 年代以来，新区建设发展取得了显著成效，但也不同程度地面临规划建设不够集约节约、主导产业优势不够突出、管理体制机制不够健全、改革创新和全方位开放不够深化等问题。为促进新区加大创新创业力度，加强改革系统集成，扩大高水平开放，打造实体经济发展高地，引领高质量发展，经国务院同意，现提出以下意见。

一、总体要求

（一）指导思想。

以习近平新时代中国特色社会主义思想为指导，全面贯彻党的十九大和十九届二中、三中、四中全会精神，坚持稳中求进工作总基调，坚持新发展理念，坚持以供给侧结构性改革为主线，突出高起点规划、高标准建设、高水平开放、高质量发展，用改革的办法和市场化、法治化的手段，大力培育新动能、激发新活力、塑造新优势，努力成为高质量发展引领区、改革开放新高地、城市建设新标杆。

（二）基本原则。

——实体为本，持续增强竞争优势。把推动制造业高质量发展放在突出位置，深化供给侧结构性改革，对接国际标准，适应发展趋势，遵循市场化原则，科学培育并紧紧围绕主导产业，突破一批关键核心技术，培育新业态新模式，促进新旧动能顺畅转换，做实做强做优实体经济。

——刀刃向内，加快完善体制机制。坚持向改革创新要动力，赋予新区更大改革自主权，发挥综合功能平台优势，加强改革系统集成探索，巩固在解决体制性障碍、机制性梗阻和强化政策性创新等方面取得的改革成果，注重各项改革协调推进、相得益彰，推动制度优势转化为治理效能。

——主动对标，全面提升开放水平。支持新区率先复制自贸试验区改革开放经验，对接国际先进规则，深度参与全球产业分工，在更深层次、更宽领域，以更大力度推进全方位高水平开放，不断提升国际市场影响力和竞争力。

——尊重规律，合理把握开发节奏。保持历史耐心和战略定力，高质量高标准推动新区规划建设。准确定位、突出优势和特色，处理好有所为与有所不为、先为与后为、快为与慢为的关系，尊重城市发展规律，合理把握开发节奏，促进绿色低碳发展，坚决防止盲目建设和无序扩张。

二、着力提升关键领域科技创新能力

（三）打造若干竞争力强的创新平台。深入实施创新驱动发展战略，促进科技与经济深度融合，重大科技创新和大众创业万众创新相互推动。高水平建设上海张江综合性国家科学中心、天津国家自主创新示范区，进一步释放天津滨海—中关村科技园、成都科学城等创新平台活力。鼓励高校、科研院所优先在新区设立科研中心、研发机构等，国家重大战略项目、科技创新—2030重大项目等优先在有条件的新区布局，鼓励建设主导产业协同创新公共服务平台和工程数据中心，建设国家大科学装置和国家科技创新基地。鼓励由优秀创新型企业牵头，与高校、科研院所和产业链上下游企业联合组建创新共同体，建设制造业创新中心，围绕优势产业、主导产业，瞄准国际前沿技术强化攻关，力争在重大“卡脖子”技术和产品上取得突破。

（四）完善创新激励和成果保护机制。健全科技成果转化激励机制和运行机制，支持新区科研机构开展赋予科研人员职务科技成果所有权或长期使用权试点，落实以增加知识价值为导向的分配政策，自主开展人才引进和职称评审。健全知识产权创造、运用、管理、保护机制，加强知识产权保护、运营服务、维权援助、仲裁等工作力量，鼓励和支持企业运用知识产权参与市场竞争，打造一批拥有知名品牌和核心知识产权的优势企业。

（五）积极吸纳和集聚创新要素。支持新区探索更加开放便利的海外科技人才引进和服务管理机制，建设海外人才离岸创新创业基地。允许高校、科研院所和国有企业的科技人才按规定在新区兼职兼薪、按劳取酬。支持有条件的新区开展优化非标准就业形式下劳动用工服务试点。充分利用首台（套）重大技术装备示范应用等政策措施，通过政府采购等方式，促进重大创新成果市场化应用和规模化推广。鼓励省级层面对新区创新平台基础设施建设、实验设备购置等予以补助，加大投入力度。鼓励创投、风投和各类产业投资基金加大对新区企业“双创”支持力度。

三、加快推动实体经济高质量发展

（六）做精做强主导产业。引导新区大力改造提升传统产业，培育壮大优质企业，加快引进先进制造业企业和产业链龙头企业。深入实施新一轮重大技术改造升级工程，完善企业技改服务体系，支持制造业企业运用新技术新工艺新材料新模式，加速向智能、绿色、服务型制造转型升级，推动制造业迈向中高端。瞄准产业链关键环节和突出短板，实施先进制造业集群培育行动，推动制造业强链补链固链，打造更强创新力、更高附加值的产业链。实施现代服务业优化升级行动，推动先进制造业和现代服务业深度融合发展。鼓励金融机构按照市场化原则，增加对新区制造业企业的中长期贷款和信用贷款投放规模。

（七）培育新产业新业态新模式。支持新区加快发展战略性新兴产业，培育发展一批特色产业集群，提高专业化和创新发展水平，培育一批具有全球竞争力的“瞪羚”企业、新领军者企业、专精特新“小巨人”企业和细分领域“单项冠军”企业。加快推动区块链技术和产业创新发展，探索“区块链+”模式，促进区块链和实体经济深度融合。

（八）精准引进建设一批重大产业项目。支持具备条件的新区建设制造业高质量发展国家级示范区、新型工业化产业示范基地，有针对性地引导外资项目和国家重大产业项目优先在新区布局。推动中西部和东北地区新区与东部地区建立精准承接制造业产业转移长效机制，探索完善地区间投入共担、利益共享、经济统计分成等跨区域合作机制，采取共建园区等形式深化产业合作。

四、持续增创体制机制新优势

（九）优化管理运营机制。优化新区管委会机构设置，健全法治化管理机制，科学确定管理权责，进一步理顺与所在行政区域以及区域内各类园区、功能区的关系。允许相关省（区、市）按规定赋予新区相应的地市级经济社会管理权限，下放部分省级经济管理权限。研究推动有条件的新区按程序开展行政区划调整，促进功能区与行政区协调发展、融合发展。创新完善新区管理机构选人用人和绩效激励机制，经批准可实施聘任制、绩效考核制，允许实行兼职兼薪、年薪制、协议工资制等薪酬制度。

（十）打造一流营商环境。复制借鉴京沪两地优化营商环境先进改革举措，进一步转变政府管理理念和方式，在深化“放管服”改革方面走在前列。开展体现新区特点的营商环境评价，下硬功夫打造好发展软环境。持续深化商事制度改革，大幅压缩企业开办时间。开展“证照分离”改革，重点是“照后减证”，对确需保留的工业产品生产许可开展“先证后核”等改革。提升“互联网+政务服务”水平，强化省级层面对相关数据交换和数据服务的支撑，推动将具备条件的政务服务事项全面纳入全国一体化在线政务服务平台办理。健全制度化监管规则，实施以“双随机、一公开”监管为基本手段、以重点监管为补充、以信用监管为基础的新型监管机制，完善与创新创业相适应的包容审慎监管方式。

五、推动全方位高水平对外开放

（十一）进一步增强国际竞争力。引导新区企业树立精益管理理念，推广先进生产管理模式，对接国际通行经贸规则、高端标准和品质要求，提升企业核心竞争力。支持新区建设国际合作园区，鼓励采取“一园多区”等模式，承接重大外资项目，积极引进跨国公司地区总部和研发、财务、采购、结算等功能性机构。支持有条件的新区开展资本项目收入结汇支付便利化试点。

鼓励新区共同搭建招商平台，开展联合招商，形成规模效应，提高引资水平。

（十二）提升投资贸易便利化水平。鼓励新区在政府职能转变、投资贸易便利化等重点领域加大改革力度，充分发挥引领示范作用。支持新区结合实际按程序复制推广自贸试验区改革创新经验。支持在确有发展需要、符合条件的新区设立综合保税区，建设外贸转型升级基地和外贸公共服务平台，推进关税保证保险改革。推动国际货运班列通关一体化，在有效监管、风险可控的前提下，研究依托内陆国家物流枢纽实行启运港退税的可行性。支持新区发展跨境电子商务，复制推广成熟经验做法。

六、高标准推进建设管理

（十三）加强规划统领与约束。推动各新区尊重科学、尊重规律、着眼长远，高质量编制发展规划。严控开发强度，实施建设用地总量和强度双控，注重规划留白留绿。建立新区各类规划统筹协调机制，强化规划实施相关保障措施，实现“多规合一”，实行网格化、信息化和精细化管理，确保规划严肃性、权威性，一张蓝图干到底。

（十四）探索高品质城市治理方式。深入推进智慧城市建设，提升城市精细化管理水平。优化主城区与新区功能布局，推动新区有序承接主城区部分功能。提高新区基础设施和公共服务设施建设水平，增强教育、医疗、文化等配套功能，率先全面执行绿色建筑标准，推进海绵城市建设，把宜居、绿色、便利等理念体现到规划建设的各个细节，创造体现品质和文化底蕴的生产生活环境。坚持房子是用来住的、不是用来炒的定位，落实职住平衡要求，严禁大规模无序房地产开发，支持合理自住需求，坚决遏制投机炒房行为。支持有条件的新区创新生态环境管理制度，推动开展气候投融资工作，提高生态环境质量。

（十五）创新土地集约利用方式。坚决落实节约集约用地政策，强化开发强度、投资强度、产出强度、人均用地指标等要求。建立“人地挂钩”“增存挂钩”机制，鼓励探索土地利用全生命周期管理制度。有关省（区、市）在安排年度新增建设用地等指标时，要充分考虑和保障新区重大项目用地需求，支持符合条件的重大建设项目纳入耕地占补平衡国家统筹。在坚持和完善工业用地招标拍卖挂牌出让制度的基础上，创新“标准地”出让、弹性出让、先租后让等工业用地配置方式。因城施策调整用地功能分区，适度增加混合用地供给。

七、组织实施

（十六）落实主体责任。有关省（区、市）人民政府要加强组织领导，明确工作责任，狠抓任务落实，加大力度支持新区高质量发展相关工作。在确定本省（区、市）年度财政预算支持规模时，要充分考虑国家级新区承担重大改革发展任务需要，强化财力支持保障。各新区要发挥主体作用，主动作为、锐意创新，完成好重大改革创新任务，探索可复制可推广的经验做法。要建立健全激励机制和容错纠错机制，培养担当敬业、干事创新的干部队伍。

（十七）加强指导支持。坚持和加强党的全面领导，把党的领导贯穿于新区建设发展全过程。有关部门要按照职能分工，在规划编制、政策实施、项目布局、资金安排、体制创新、试点示范、扩大开放等方面对新区予以积极支持。在有效防控风险的前提下，加大地方政府专项债券对新区建设发展的支持力度。国家发展改革委要会同有关方面强化统筹指导，建立健全统计体系，完善监测评估办法，加强动态跟踪和科学评估，协调解决新区遇到的困难和问题。重大事项及时向国务院请示报告。

国务院办公厅

2019 年 12 月 31 日

（四）广东省促进革命老区发展条例

广东省第十三届人民代表大会常务委员会
公 告

（第 48 号）

《广东省促进革命老区发展条例》已由广东省第十三届人民代表大会常务委员会第十五次会议于 2019 年 11 月 29 日通过，现予公布，自公布之日起施行。

广东省人民代表大会常务委员会

2019 年 11 月 29 日

第一章 总 则

第一条 为了传承弘扬老区精神，促进本省革命老区振兴发展，推动区域协调发展，根据有关法律法规，结合本省实际，制定本条例。

第二条 本省行政区域内促进革命老区发展的相关活动，适用本条例。

本条例所称革命老区，是指土地革命战争、抗日战争和解放战争时期在中国共产党领导下建立和发展起来的革命根据地，其中土地革命战争时期建立的中央革命根据地为原中央苏区。

本条例所称重点老区，是指本省原中央苏区和海陆丰革命老区困难县（市、区）。

本省革命老区及重点老区名录，由省人民政府确定并公布。

第三条 促进革命老区发展应当坚持统筹兼顾、分类指导、突出重点、倾斜支持的原则，构建政府主导、社会参与和自我发展相结合的机制，增强革命老区内生动力，加强基础设施建设，改善生态环境，提高基本公共服务水平，推动革命老区高质量发展。

第四条 省人民政府应当加强对促进革命老区发展工作的领导，将革命老区发展纳入国民经济社会发展规划和年度计划，制定促进革命老区发展政策，建立革命老区发展协调保障机制，统筹解决革命老区发展中的重大问题。

地级以上市、县级人民政府应当履行促进革命老区发展主体责任，建立健全革命老区发展的工作机制，制定本地区革命老区发展的政策措施，整合各类资源，组织动员各方力量促进革命老区发展。

第五条 县级以上人民政府革命老区工作主管部门负责组织协调本行政区域内促进革命老区发展工作。

县级以上人民政府其他有关部门应当按照职责分工，做好促进革命老区发展相关工作。

第六条 国有企业、事业单位等应当按照国家和省的有关规定，根据自身优势，在资金、项目、人才、技术上对革命老区振兴发展给予支持。

鼓励社会力量通过投资开发、产业共建、人才培养、科技推广、文化教育、旅游开发、捐资捐助等各种途径和方式，支持、参与促进革命老区发展。

第二章 基础设施

第七条 县级以上人民政府应当通过统筹财政资金、地方政府债券、政策性贷款等资源，加强革命老区基础设施建设，提高革命老区基础设施均衡通达程度。

省人民政府相关主管部门应当将革命老区符合条件的基础设施项目纳入省级基础设施专项规划，并在年度投资计划中给予倾斜支持。新增地方政府债券向革命老区重大基础设施建设倾斜。

省级财政专项资金对重点老区教育、卫生、政法、水利、信息网络建设等纳入中央预算内资金支持范围的公益类基础设施项目给予优先支持。

国家和省统一部署的国家干线铁路、高速公路、机场、港口、码头、水利工程、生态环境保护等重大项目资本金，免除重点老区出资责任，由省人民政府统筹解决。

第八条　省人民政府应当加强革命老区交通基础设施建设，统筹革命老区重大交通基础设施布局，优先推进革命老区高等级公路和红色旅游景区公路建设，支持有条件的革命老区加强铁路、机场、港口、码头、航道建设，形成内外连通、相互配套的综合交通运输体系。

地级以上市、县级人民政府应当优先支持革命老区农村公路建设，发展农村公交客运，改善革命老区乡镇和村庄的交通条件。

第九条　县级以上人民政府应当加强革命老区大中型水库水闸工程、病险水库水闸除险加固工程、灌区续建配套工程、饮水安全巩固提升工程、中小河流治理、山洪灾害防治工程和江海堤围加固工程等水利工程建设，设立公益性农村小型水利工程专项补助资金，优先支持革命老区小型水利基础设施的管护。

第十条　县级以上人民政府应当支持革命老区因地制宜发展水电、风电、太阳能、天然气、沼气等清洁能源，加快推动电网建设，实施农村电网升级改造工程。

省人民政府能源主管部门应当优先支持重点老区风电、光伏等发电项目建设，并协调电网企业优先接入。

第十一条　县级以上人民政府应当支持革命老区加强信息基础设施建设，实施宽带乡村、数字政府、智慧城市等工程，优先在革命老区布局下一代互联网、新一代移动通信网络等现代化信息基础设施。

第三章　基本公共服务

第十二条　省人民政府应当加大力度推进革命老区基本公共服务均等化，补齐基本公共服务领域短板，对重点老区实行统一分类分档、按比例分担的有关共同财政事权项目，统筹省级以上资金承担百分之百支出责任。

地级以上市、县级人民政府应当承担基本公共服务的组织落实责任，将自有财力和上级转移支付资金优先用于革命老区提升基本公共服务水平，保障民生政策落实到位。

鼓励推广运用政府和社会资本合作、政府购买服务等模式，提升革命老区基本公共服务供给质量和效率。

第十三条　县级以上人民政府应当加大对革命老区教育经费投入，优化教育资源配置，改善革命老区办学条件，强化师资力量配备，推进革命老区教育的信息化、现代化，提高革命老区教育质量。

省人民政府教育主管部门应当优先支持革命老区发展学前教育、义务教育、高中阶段教育、特殊教育，优先支持革命老区新建和改扩建县城中小学、乡镇中心小学和公办幼儿园；倾斜支持革命老区发展高等教育与职业教育，统筹安排省属高校“地方专项计划”对革命老区的招生规模。

省人民政府人力资源社会保障行政部门应当优先支持革命老区开展职业技能培训。

鼓励社会资本在革命老区捐资办学和发展民办教育。

第十四条　县级以上人民政府应当加强革命老区医疗卫生服务体系建设，实现三甲医院和三级中医院市级全覆盖，支持有条件的县（市、区）建设三甲医院，并完善革命老区县、乡镇、村三级医疗卫生服务网络。

省人民政府卫生健康主管部门应当优先支持革命老区实施“一镇一院”标准化和“一村一站”规范化建设工程；加强革命老区医疗卫生人才队伍建设，组建跨区域医联体，开展网络远程诊疗，推动优质医疗卫生资源和服务向革命老区延伸。

省统一部署的乡镇中心卫生院升级改造、县级中医院升级建设项目资金，由省级财政按照规定标准对重点老区予以全额补助，对其他革命老区按比例补助。

第十五条　县级以上人民政府应当加强革命老区公共文化体育设施的建设和维护，优先支持革命老区建设广播电视服务网络、公共图书馆、文化馆、博物馆、美术馆、体育场馆和新时代文明实践中心等；支持革命老区完善乡镇、街道和村居文化服务机构，加强全民健身设施建设，开展群众文化活动和全民健身活动。

省人民政府文化旅游、体育主管部门应当优先支持有条件的革命老区发展特色文化产业、特色体育产业，扶持革命老区发展全民健身事业。

第十六条　县级以上人民政府应当逐步提高革命老区社会保障水平，加强社会服务体系建设，优先支持革命老区建设社会福利中心。

县级以上人民政府应当落实国家优抚政策，按照国家规定提高“五老”人员、“三属”人员和在乡退伍红军老战士等优抚对象抚恤和定期生活补助标准，落实优抚对象医疗保障措施。

前款所称“五老”人员，是指 1949 年 9 月 30 日前参加革命的在册的老堡垒户、老游击队员、老交通员、老苏区干部、老党员；“三属”人员是指烈属、因公牺牲军人遗属、病故军人遗属。

第十七条　县级以上人民政府应当加强革命老区公共法律服务、中小企业服务、市场监管、信用信息、基层人力资源和社会保障等公共服务平台建设，支持专业人才培养工作，鼓励和支持社会力量参与提供公共服务。

第四章　产业发展

第十八条　县级以上人民政府应当支持革命老区因地制宜发展特色优势产业，从规划引导、项目安排、要素配置和财税扶持等方面对革命老区产业发展给予重点支持，增强革命老区发展内生动力。

鼓励企业通过资源开发、产业培育、市场开拓等形式推动革命老区产业发展，对在革命老区投资兴办的企业落实财政、税收、金融、土地等优惠政策。

第十九条　省人民政府相关主管部门管理的产业类和创新类发展专项资金在同等条件下应当倾斜支持革命老区。

对革命老区符合条件的产业项目，省有关产业投资基金给予优先支持，省有关部门优先支持其申报国家有关产业投资基金。

省级财政设立促进革命老区发展专项奖补资金，以重点老区企业所得税省级分成部分为参考进行奖补，支持其招商引资、企业科技创新和技术改造等。

第二十条　省人民政府应当优先支持革命老区省级产业园区提质增效，拓展空间，提升配套服务功能；优先支持重点老区创建国家级和省级高新技术产业开发区、经济技术开发区；支持符合条件的革命老区申报设立综合保税区。

县级以上人民政府应当支持革命老区建设特色小镇和特色小城镇，推进特色产业与城镇融合发展。

第二十一条　县级以上人民政府应当推进革命老区乡村振兴，建设省级现代农业产业园，优先支持革命老区发展乡村特色产业，优先将革命老区纳入“万企帮万村”行动范围。

县级以上人民政府应当支持革命老区因地制宜发展乡村休闲旅游、健康养生、农村电子商务等乡村新型服务业，采取多种措施完善相关配套设施。

第二十二条　省人民政府自然资源主管部门应当支持革命老区将自然资源条件好、集中连片、适宜规模化开垦的地块优先纳入省垦造水田计划，对重点老区单独选址公益类项目购买省级持有的水田指标设立保护价。

县级以上人民政府农业农村主管部门应当优先推进革命老区高标准农田建设，实施耕地提质改造工程和农田灌排工程，改善农业生产条件。

第五章　生态环境

第二十三条　县级以上人民政府应当加强革命老区生态建设，优先支持革命老区实施天然林保护、沿海沿江防护林建设、岩溶地区石漠化治理、水土流失预防和治理、湿地保护与恢复等重点生态工程。

县级以上人民政府自然资源主管部门应当优先支持符合条件的革命老区申报建设国家公园、自然保护区和自然公园，加强各类自然保护地的建设与管理，加大革命老区地质灾害防治、矿山环境治理等工程实施力度。

第二十四条　县级以上人民政府应当加强革命老区环境保护基础设施建设，推进重点流域生态环境整治；统筹安排生态宜居美丽乡村建设补助资金，优先支持革命老区农村人居环境整治。

县级以上人民政府应当严格执行产业环境准入规定，推动革命老区产业集中入园发展，支持革命老区工业企业清洁生产技术改造和产业园区循环化改造。

第二十五条　省人民政府应当建立健全森林资源保护、水资源保护、流域环境保护等重点领域生态补偿制度，优先将符合条件的革命老区纳入生态补偿范围，逐步加大对革命老区的生态补偿力度。

第六章　红色资源保护与利用

第二十六条　县级以上人民政府应当建立红色资源保护制度，实行红色资源名录管理，加强对革命遗址遗迹的保护、管理和研究。

省级财政在现有专项资金中优先支持革命老区对符合条件的革命遗址遗迹、故居、旧居、纪念设施、烈士墓等进行抢救、整理、保护和维修。

第二十七条　县级以上人民政府应当加强红色资源整合与开发利用，研究、挖掘和展示红色资源文化价值。

县级以上人民政府文化旅游主管部门应当支持革命老区建设红色旅游经典景区和线路，完善红色文化旅游配套设施，指导旅游企业开发、推广具有红色文化特色的旅游线路、产品及服务。

第二十八条　县级以上人民政府应当加强红色文化宣传教育，支持革命老区建立红色文化教育培训基地，传承弘扬老区精神。

国家机关、企事业单位、社会组织以及各类教育机构应当利用红色资源，开展爱国主义教育、党史教育和革命传统教育，培育和践行社会主义核心价值观。

报刊、广播、电视和网络等新闻媒体应当开展革命老区公益宣传，营造全社会关心支持革命老区发展的氛围。

第七章　保障机制

第二十九条　省人民政府应当建立促进革命老区振兴发展财政稳定投入机制，设立革命老区专项财力补助资金，逐步加大对革命老区转移支付力度。

地级以上市、县级人民政府应当在财政预算中安排革命老区发展专项补助资金，扶持革命老区欠发达乡镇、村的发展。

第三十条　建立健全信贷资金投向革命老区的激励机制，鼓励金融机构加大支农再贷款、扶贫再贷款对革命老区的支持力度。

第三十一条　省人民政府应当支持革命老区结合国土空间规划编制工作，合理调整城乡建设用地规模和城镇开发边界，保障重大基础设施、重大产业项目和重点民生项目建设用地。

省人民政府自然资源主管部门应当对重点老区给予建设用地计划指标扶持，优先安排建设项目使用林地定额；根据革命老区存量建设用地盘活情况、重大产业项目供地情况、土地利用年度计划执行情况等，给予计划指标奖励。

县级以上人民政府应当支持革命老区加大农村拆旧复垦力度，复垦农村旧住宅、废弃宅基地、空心村等闲置用地，腾退出来的建设用地指标优先以公开交易方式在省内流转。

第三十二条　县级以上人民政府应当制定革命老区人才引进、培养和使用的激励政策，鼓励和吸引教育、科技、医疗卫生、法律服务等方面的人才向革命老区流动。

省相关部门应当有计划组织省直部门、省属企业、医疗卫生机构、教育机构以及有帮扶任务的珠江三角洲地区的工作人员到重点老区开展服务。

省相关部门应当定期选派高校、科研院所中的专业技术人才到革命老区开展服务，通过科技项目规划、课题合作、技术研发、成果转化等活动，帮扶革命老区加快发展。

第三十三条　省人民政府应当健全区域合作机制，支持革命老区融入粤港澳大湾区建设，建设跨区域合作平台，发挥比较优势，推进区域协调发展；统筹安排珠江三角洲发达地区人民政府通过产业共建等方式，对口帮扶粤东西北地区的革命老区，提高革命老区自我发展能力。

第三十四条　省人民政府革命老区工作主管部门应当建立促进革命老区振兴发展的评估机制，定期评估本省促进革命老区发展政策的实施情况。

第八章　附　则

第三十五条　本条例自公布之日起施行。

二、2019年广东区域经济发展大事记

1月

1月14日，省委、省政府在广州召开全省“一核一带一区”区域发展格局建设推进会。省委书记李希出席会议并讲话，省长马兴瑞主持会议。

1月26日，省政协十二届二次会议召开，省政协主席王荣代表十二届省政协常务委员会作报告。

1月28日，省十三届人大二次会议召开，省长马兴瑞作政府工作报告。

2月

2月15日，省政府印发《支持自由贸易试验区深化改革创新若干措施分工方案》。

2月18日，中共中央、国务院印发《粤港澳大湾区发展规划纲要》。

2月18日，省对口支援西藏新疆工作领导小组第九次会议在广州召开。省委书记李希主持会议并讲话，省长马兴瑞出席会议。

2月27日，全省推进粤港澳大湾区建设工作会议在广州召开。省委书记李希出席会议并讲话，省长马兴瑞主持会议。

3月

3月18日，省政府印发《广东省人民政府关于促进高新技术产业开发区高质量发展的意见》。

3月27日，全省科技创新大会在广州召开。省委书记李希出席会议并讲话，省长马兴瑞主持会议。

4月

4月15日，第125届中国进出口商品交易会在广州开幕。

4月18日，第十一届中国加工贸易产品博览会在东莞开幕。

4月20日，农业农村部与广东省政府在广州签署《部省共同推进广东乡

村振兴战略实施合作框架协议（2018—2022 年）》。

5 月

5 月 7 日，2019 粤港澳经济技术贸易合作交流会在香港举行。

5 月 8 日，省政府印发《关于加强港澳青年创新创业基地建设的实施方案》。

5 月 10 日，省委、省政府在梅州市大埔县召开全省推动老区苏区振兴发展工作现场会。

5 月 11 日，省委、省政府印发《关于进一步推动我省革命老区和原中央苏区振兴发展的意见》。

5 月 19 日，首届粤港澳大湾区媒体峰会在广州举行。

5 月 27 日，2019 年粤澳合作联席会议在澳门召开。

5 月 28 日，经省政府同意，省政府办公厅印发《粤桂扶贫协作和区域合作工作清单（省级层面）》（修订）。

5 月 29—30 日，省委书记李希、省长马兴瑞率广东省党政代表团赴广西，就进一步做好粤桂扶贫协作进行深入交流对接。

6 月

6 月 14—16 日，省长马兴瑞率省政府代表团赴黑龙江参加中俄博览会暨开展对口合作交流活动。

6 月 21 日，经省政府同意，省发展改革委印发《东莞滨海湾新区发展总体规划（2019—2035 年）》。

6 月 24 日，首届粤港澳大湾区文化艺术节在广州开幕。

6 月 24 日，第十六届中国国际中小企业博览会在广州开幕。

7 月

7 月 2 日，珠江—西江经济带发展规划实施联席会议第六次会议暨粤桂联动加快珠江—西江经济带建设会议在广西梧州召开。

7 月 12 日，省委、省政府印发《广东省实施乡村振兴战略规划（2018—2022 年）》。

7 月 14—16 日，省委书记李希、省长马兴瑞率广东省党政代表团赴四川，就做好对甘孜的对口支援和对凉山的扶贫协作工作进行深入协商交流。

8月

8月9日，中共中央、国务院印发《关于支持深圳建设中国特色社会主义先行示范区的意见》。

8月19—20日，省委书记李希、省长马兴瑞率广东省党政代表团赴贵州，就进一步深化广东和贵州扶贫协作进行交流对接。

8月20—21日，省委书记李希、省长马兴瑞率广东省党政代表团赴云南，就做好决战决胜阶段扶贫协作进行深入交流对接。

8月23日，2019广东21世纪海上丝绸之路国际博览会、第27届广州博览会在广州举行。

8月30日，省政府办公厅印发《关于支持省级现代农业产业园建设的政策措施》。

9月

9月5—6日，2019年泛珠三角区域合作行政首长联席会议在广西南宁举行，福建、江西、湖南、广东、广西、海南、四川、贵州、云南、香港、澳门“9+2”各方行政首长出席会议。

9月20日，第五届珠江西岸先进装备制造业投资贸易洽谈会在佛山开幕。

9月28日，广东东西部扶贫协作产品交易市场开业暨第一届广东东西部扶贫协作产品交易博览会开幕式在广州举行。

10月

10月9日，2019粤港澳台青年企业家交流会在广州开幕。

10月14日，第126届中国进出口商品交易会在广州开幕。

10月20日，省政府办公厅印发《广东省科技领域省级与市县财政事权和支出责任划分改革实施方案》。

11月

11月12日，首届华侨华人粤港澳大湾区大会在广州开幕。

11月13日，第二十一届中国国际高新技术成果交易会在深圳开幕。

11月29日，第十届广东现代农业博览会暨2019粤港澳大湾区国际农产品采购商峰会在广东东西部扶贫协作产品交易市场开幕。

11月29日，《广东省促进革命老区发展条例》获省人大常委会审议通过，并公布施行。

12月

12月6日，2019中国（广东）—欧洲投资合作交流会在东莞举办。

12月23日，省委书记李希、省长马兴瑞在广州会见澳门特别行政区行政长官贺一诚。

12月24日，省政府印发《广东省城乡居民基本养老保险实施办法》。

12月31日，国务院办公厅印发《关于支持国家级新区深化改革创新加快推动高质量发展的指导意见》。